EL CUENTO
HISPÁNICO

EL CUENTO

A GRADED LITERARY ANTHOLOGY

HISPÁNICO

CUARTA *EDICIÓN*

EDITED BY

EDWARD J. MULLEN, UNIVERSITY OF MISSOURI–COLUMBIA

JOHN F. GARGANIGO, WASHINGTON UNIVERSITY

This is an book

El cuento hispánico
A Graded Literary Anthology

This book is printed on acid-free paper.

5 6 7 8 9 DOC   DOC 9 0 9 8 7 6

ISBN: 0-07-043955-9

This book was set in Garamond by Progressive Typographers.
The editors were Leslie Berriman, Vincent Smith, Susan Lake, and Danielle Havens.
The production supervisor was Phyllis Snyder.
The interior and cover were designed by Deborah Chusid.
The photo researcher was Barbara Salz.
The project supervisor was Phyllis Larimore.
Permissions research was provided by David Sweet.
R. R. Donnelley & Sons Company, Crawfordsville, was printer and binder.

Library of Congress Cataloging-in-Publication Data
El cuento hispánico: a graded literary anthology/edited by Edward
   J. Mullen, John F. Garganigo. – 4. ed.
     p. cm.
   ISBN 0-07-043955-9
    1. Spanish language–Readers.   2. Short stories, Spanish American.
3. Short stories, Spanish. I. Mullen, Edward J., [date]–
II. Garganigo, John F., [date]–
PC4117.C866 1993
468.6'421–dc20   93-2485
                                   CIP

Photo Credits

Page 3: Peter Menzel/Stock, Boston **9:** Spencer Grant/Stock, Boston **13:** Beryl Goldberg **19:** Peter Menzel/Stock, Boston **25:** United Nations **33, 39, 45:** R. M. Anderson Collection/Hispanic Society of America **55:** United Nations **63:** Cemav, courtesy Consulate General of Colombia **71:** Angel Hurtado/OAS **79:** Ellis Herwig/Stock, Boston **85, 95:** Angel Hurtado/OAS **107:** Alberto Saldarriaga, courtesy Consulate General of Colombia **113:** Courtesy Guy Pullen **123:** Michael Dwyer/Stock, Boston **135:** United Nations **139:** Mike Mazzaschi/Stock, Boston **149:** Angel Hurtado/OAS **157:** United Nations

PERMISSIONS

Permission to reprint the following literary selections is gratefully acknowledged.

Marco Denevi, "Apocalipsis." From *Cuentos y microcuentos.*

Jorge Luis Borges, "El brujo postergado." Copyright © 1974 by Jorge Luis Borges. Reprinted by permission of the Estate of Jorge Luis Borges.

Augusto Monterroso, "El eclipse." From *Obras completas y otros cuentos* by Augusto Monterroso (Barcelona: Seix Barral).

Ana María Matute, "El árbol de oro," "Rafael," and "Pecado de omisión." Reprinted with permission of Ediciones Destino, S.A., Barcelona.

Horacio Quiroga, "El hombre muerto," from *Los desterrados;* "El almohadón de plumas," from *Caras y caretas;* and "Tres cartas... y un pie," from *El salvaje y otros cuentos.*

Julio Cortázar, "Continuidad de los parques," "La puerta condenada," and "La noche boca arriba." Copyright © Julio Cortázar, 1956, and Heirs of Julio Cortázar. Reprinted by permission.

Gabriel García Márquez, "Un día de estos," "La prodigiosa tarde de Baltazar," and "Un señor muy viejo con unas alas enormes." Copyright © Gabriel García Márquez, 1962 and 1968. Reprinted by permission.

Luisa Valenzuela, "La droga." Reprinted with permission of Luisa Valenzuela.

Soledad Puértolas, "La indiferencia de Eva." From *Una enfermedad moral* (Barcelona: Editorial Planeta, 1982).

Juan Rulfo, "Talpa." Copyright © Juan Rulfo, 1953, and Heirs of Juan Rulfo.

Contents

EL CUENTO HISPÁNICO • CUARTA EDICIÓN

Contents

$\mathcal{T}$ERCER PASO   133

Preface

EL CUENTO HISPÁNICO: A Graded Literary Anthology, Fourth Edition, is designed for intermediate college Spanish reading courses. Its aim is to provide students with a collection of first-rate Spanish-language short stories with which to expand their reading skills. Although literary excellence has been the primary criterion in selecting stories, an effort also has been made to choose tales that can be read in one sitting.

To ease the transition from the edited materials normally taught at the first-year level, the book has been divided into three parts: **Primer paso, Segundo paso,** and **Tercer paso.** The first group contains five very brief stories that provide a transition between the elementary level of first-year readers and the more complex, sophisticated tone of unedited creative works. For this first step in reading, stories have been chosen that are accessible to low-intermediate students. They offer students an opportunity to gain confidence in reading and to review some of the points of grammar they may have forgotten. These first stories are short and easy to understand, and the exercise material that accompanies them is designed to review the basic tools for reading: verb forms, vocabulary recognition, and high-frequency idiomatic expressions. In this edition we have added a new **Estrategias para leer** feature that, in the **Primer paso,** contains prereading activities with topics such as cognate recognition, contextual guessing, and anticipating content.

The second and third parts of this anthology are primarily literary in nature; here the intrinsic artistic merit of each piece was the most important factor in its selection. In order to provide the student with a degree of continuity, in the **Segundo paso** we have presented three stories by each of four major twentieth-century Hispanic writers. A special feature of the fourth edition is the introduction of prereading activities in the **Segundo paso** that focus on recognizing literary devices. The **Tercer paso** presents a selection of twentieth-century Hispanic fiction at its best. Included are four exciting stories by Luisa Valenzuela, Jorge Luis Borges, Juan Rulfo, and, new to this edition, Soledad Puértolas. In addition to a wide variety of language-learning exercises (reading comprehension, vocabulary building, and so on), each story is prefaced by an introduction that will help students understand the story as they read it and guide them toward an analysis of the story as a work of literature.

The exercise materials in the fourth edition of *El cuento hispánico* have been considerably revised from the previous edition. Stories in the **Primer paso** are prefaced by a group of exercises under the general heading **Antes de leer.** These exercises should be completed before the stories are read. The exercises are designed to help students better understand the stories and to equip them with the skills that will enable them to read later selections in the book. The exercises headed by **Después de leer** follow the reading selection and contain comprehension questions that gauge whether students have understood the content of the story. Also, there are other postreading exercises that offer additional practice in building reading skills and, on occasion, provide further opportunities to check reading comprehension. The exercise materials were designed to complement each specific reading selection and therefore differ from story to story. Whereas exercises in the **Primer paso** are language-based, those in the **Segundo paso** are more directed toward literary analysis. Common throughout the book is a listing of idiomatic expressions and key verbs called **Palabras importantes y modismos,** which appears before each story. Studying these words before reading will help students understand the story that follows. Vocabulary exercises specific to the content of the reading appear under **Estudio de palabras** in the **Despues de leer** section. Some of these words and expressions will appear again in later stories.

For the preparation of the fourth edition, instructors using the text throughout the country were asked to comment on the exercise materials, the overall organization of the text, and the success of the stories in the classroom. We are very much indebted to those concerned instructors for, in effect, the content of this text is a direct result of their assistance. A word of acknowledgment is due to Robert Baum, who helped prepare a number of the new **Consideraciones** sections and was responsible for the majority of the **Estrategias** sections that appear in the **Segundo paso.** The authors wish to express their gratitude to the editorial staff at McGraw-Hill, in particular to Leslie Berriman, Vincent Smith, and Susan Lake, who are responsible for suggesting a number of fundamental changes that we hope will make this a still better text. Finally, a very special word of thanks is due to Mary Harris for her meticulous typing of portions of this manuscript and her very careful attention to detail.

Edward J. Mullen
John F. Garganigo

To the Student

THE STORIES IN *El cuento hispánico* have been selected for two purposes: to introduce you to some of the best short stories in the Spanish-speaking world and to help you improve your reading skills in Spanish. Learning to read a foreign language can be quite a challenge, for which we recommend the following techniques.

HINTS ON READING A FOREIGN LANGUAGE

1. Don't be discouraged when you first begin to read the selections in this anthology. You are *not* reading English; don't expect to read this material as rapidly as you would if it were written in your native language. In time you will be reading faster and with greater ease.
2. Give the story a *quick* first reading to get a general idea of what happens in it. Don't keep turning to the end vocabulary the first time through, but do remember to use the notes at the bottom of the page to help you understand what you are reading.
3. Take a quick look at the **Cuestionario,** which contains questions about what happens in the story. Looking at these questions *now* will give you an idea of what to look for when you read the story a second time.
4. Take a break from the assignment and do something else.
5. Now re-read the story, this time more slowly. If you can understand the plot, don't look up all of the words you don't know. You might occasionally write the definition of a few words above the line, but in general try to avoid this practice.
6. When you find a sentence or phrase you absolutely cannot understand, underline it and ask your instructor to explain it to you. Keeping track of these problem areas is an excellent way to review.
7. Use the **Palabras importantes y modismos** lists, the **Repaso de verbos** exercises, and the **Estrategias para leer** sections as guides in studying. Don't expect to be able to learn *all* the vocabulary and structures that are new to you in any given story.

primer paso

Un soldado uniformado a caballo

Los tres cuervos

José Antonio Campos (1868–1939) was born in Guayaquil, Ecuador. He was widely known in Latin America for his comic short stories written under the pseudonym of "Jack the Ripper." "Los tres cuervos" is a good example of Campos's skill in telling a tall tale. You will need to remember that because this story is almost entirely built around dialog, you will have to be alert to the change of speakers. Notice, too, how the story of the three crows changes, grows, and finally is explained at the end.

ANTES DE LEER

PALABRAS IMPORTANTES Y MODISMOS

The **Palabras importantes y modismos** list presents key words and expressions from the reading that follows. Look at these new words and their meanings. Then, with a classmate, create sentences using each one. After reading, you will have the opportunity to use the words again within the context of the reading. You will want to work with these key words and expressions in the same way with each reading in the book.

acabar de + *infinitivo*	to have just (*done something*)
de pronto	suddenly
el punto de vista	point of view
en seguida	immediately, at once
sin embargo	nevertheless

REPASO DE VERBOS

A. Complete las oraciones con el presente del indicativo de los verbos entre paréntesis.

1. _____ (ocurrir) cosas muy particulares en el campamento.
2. ¿No le _____ (parecer) a mi general que éste es un caso raro?
3. ¿Qué _____ (pensar) usted de ello?
4. Bueno, lo creo, pero no me lo _____ (explicar).
5. Yo _____ (pensar) lo mismo, capitán.

B. Complete las oraciones con el futuro de los verbos entre paréntesis.

1. ¡ _____ (haber) algún error!
2. Después de hablar con el coronel, el general _____ (hablar) con el comandante.
3. El sargento _____ (venir) al instante, mi general.
4. El enfermo _____ (tener) un dolor del estómago.
5. El general _____ (buscar) un testigo del hecho.

ESTRATEGIAS PARA LEER

Recognizing Cognates

The reading that follows contains some words that may be unfamiliar to you. The first step in learning how to read in a second language is to keep in mind that you don't have to stop reading every time you encounter a new word. You may be tempted to use the dictionary, but relying on it continually will not help you become a better reader. It is much more important to learn how to "find your way around" in a text, much as a traveler learns how to get around in unfamiliar territory through the use of a map.

The first useful landmark you will need to identify is the cognate—a word whose form and meaning are similar in both languages. An example of a cognate is the word **cultura** (*culture*).

Read each of the following sentences. Try to guess the meaning first of the highlighted words, then of the complete sentence. All of these cognates appear in the story "Los tres cuervos."

1. Se sabe, de una *manera positiva,* que uno de nuestros *soldados* se sintió al principio un poco *enfermo;*... más tarde sintió un *terrible* dolor en el *estómago* y por fin *vomitó* tres cuervos vivos.
2. ¡*Coronel,* no sé qué pensar! Voy a *comunicárselo* en seguida al *Ministerio*...
3. El *soldado* Pantaleón dejó una novia en su pueblo que, según *la fama,* es una muchacha morena, linda y muy viva.

4. ¿Qué es el cuervo? No lo *confundamos* con el cuervo *europeo,* mi *general,...* *La especie* que aquí conocemos es muy *distinta...*

5. Entonces, *imbécil* ¿cómo has *relatado* la noticia de que el soldado Pantaleón había *vomitado* una ala de cuervo?

Los tres cuervos

 —¡MI GENERAL!

—¡Coronel!

—Es mi deber comunicarle que ocurren cosas muy particulares[1] en el campamento.

5 —Diga usted, coronel.

—Se sabe, de una manera positiva, que uno de nuestros soldados se sintió al principio un poco enfermo; luego creció su enfermedad; más tarde sintió un terrible dolor en el estómago y por fin vomitó tres cuervos vivos.

—¿Vomitó qué?

10 —Tres cuervos, mi general.

—¡Cáspita!

—¿No le parece a mi general que éste es un caso muy particular?

—¡Particular, en efecto!

—¿Y qué piensa usted de ello?

15 —¡Coronel, no sé qué pensar! Voy a comunicarlo en seguida al Ministerio...

—Tres cuervos, mi general.

—¡Habrá[2] algún error!

—No, mi general; son tres cuervos.

—¿Usted los ha visto?

20 —No, mi general; pero son tres cuervos.

—Bueno, lo creo, pero no me lo explico.[3] ¿Quién le informó a usted?

—El comandante[4] Epaminondas.

—Hágale usted venir en seguida, mientras yo transmito la noticia.

—Al momento,[5] mi general.

25 —¡Comandante Epaminondas!

—¡Presente, mi general!

—¿Qué historia es aquélla de los tres cuervos que ha vomitado uno de nuestros soldados enfermos?

—¿Tres cuervos?

30 —Sí, comandante.

—Yo sé de dos, nada más, mi general; pero no de tres.

—Bueno, dos o tres, poco importa. La cuestión está en descubrir[6] si en realidad había verdaderos cuervos en este caso.

[1]*strange* [2]*There must be* [3]*pero... but I can't understand it* [4]*major* [5]*Al... Immediately* [6]*La... The problem is to find out*

—Claro que había, mi general.

35 —¿Dos cuervos?

—Sí, mi general.

—¿Y cómo ha sido eso?

—Pues la cosa más sencilla, mi general. El soldado Pantaleón dejó una novia en su pueblo que, según la fama, es una muchacha morena, linda y muy viva.

40 —¡Comandante!

—¡Presente, mi general!

—Sea usted breve y omita todo detalle innecesario.

—¡A la orden, mi general!

—Y al fin ¿qué hubo de[7] los cuervos?

45 —Pues bien, el muchacho estaba triste... y no quería comer nada, hasta que cayó enfermo del estómago y... de pronto ¡puf!... dos cuervos.

—¿Usted tuvo ocasión de verlos?

—No, mi general, pero oí la noticia.

—¿Y quién se la dijo a usted[8]?

50 —El capitán Aristófanes.

—Pues dígale usted al capitán que venga inmediatamente.

—¡En seguida, mi general!

—¡Capitán Aristófanes!

—¡Presente, mi general!

55 —¿Cuántos cuervos ha vomitado el soldado Pantaleón?

—Uno, mi general.

—Acabo de saber que son dos, y antes me habían dicho que eran tres.

—No, mi general, no es más que uno, afortunadamente; pero sin embargo me parece que basta uno para considerar el caso como extraordinario...

60 —Pienso lo mismo, capitán.

—Un cuervo, mi general, no tiene nada de particular, si lo consideramos desde el punto de vista zoológico. ¿Qué es el cuervo? No lo confundamos con el cuervo europeo, mi general,... La especie que aquí conocemos es muy distinta...

—¡Capitán!

65 —¡Presente, mi general!

—¿Estamos en la clase de Historia Natural?

—No, mi general.

—Entonces, vamos al caso.[9] ¿Qué hubo del cuervo que vomitó el soldado Pantaleón?

70 —Es positivo, mi general.

—¿Usted lo vio?...

—No, mi general; pero lo supe por el teniente[10] Pitágoras, que fue testigo del hecho.

—Está bien. Quiero ver en seguida al teniente Pitágoras...

---

[7]qué... *what about* [8]quién... *who told you* [9]Entonces... *All right, let's get straight to the point.*
[10]*first lieutenant*

75 —¡Teniente Pitágoras!

—¡Presente, mi general!

—¿Qué sabe usted del cuervo?

—Pues, mi general; el caso es raro en verdad; pero ha sido muy exagerado.

—¿Cómo así?

80 —Porque no fue un cuervo entero, sino parte de un cuervo, nada más. Fue una ala[11] de cuervo, mi general. Yo, como es natural, me sorprendí mucho y corrí a informar a mi capitán Aristófanes; pero parece que él no oyó la palabra *ala* y creyó que era un cuervo entero; a su vez fue a informar a mi comandante Epaminondas, quien entendió que eran dos cuervos y él se lo dijo[12] al coronel, quien creyó que

85 eran tres.

—Pero... ¿y esa ala o lo que sea?

—Yo no la he visto, mi general, sino el sargento Esopo. A él se le debe la noticia.

—¡Ah diablos! ¡Que venga ahora mismo el sargento Esopo!

90 —¡Vendrá al instante, mi general!

—¡Sargento Esopo!

—¡Presente, mi general!

—¿Qué tiene el soldado Pantaleón?

—Está enfermo, mi general.

95 —Pero ¿qué tiene?

—Está muy enfermo.

—¿Desde cuándo?

—Desde anoche, mi general.

—¿A qué hora vomitó el ala del cuervo que dicen?

100 —No ha vomitado ninguna ala, mi general.

—Entonces, imbécil ¿cómo has relatado la noticia de que el soldado Pantaleón había vomitado una ala de cuervo?

—Con perdón, mi general. Yo desde chico sé un versito que dice:

Yo tengo una muchachita

105 Que tiene los ojos negros

Y negra la cabellera[13]

Como las alas del cuervo.

Yo tengo una muchachita...

—¡Basta, idiota!

110 —Bueno, mi general, lo que pasó fue que cuando vi a mi compañero que estaba tan triste por la ausencia de su novia, me acordé del versito y me puse a cantar[14]...

—¡Ah diablos!

—Eso fue todo, mi general, y de ahí ha corrido la historia.[15]

115 —¡Retírate al instante, imbécil!

[11]*wing* [12]*se... he told* [13]*negra... long black hair* [14]*me... I began to sing* [15]*y... and from there the story spread*

Luego se dio el jefe un golpe en la frente y dijo:

—¡Pero qué calamidad! ¡Creo que puse cinco o seis cuervos en mi informa-ción,[16] como suceso extraordinario de campaña!

[16] *report*

$\mathscr{D}$ESPUÉS DE LEER

CUESTIONARIO

1. Según el coronel, ¿qué pasó en el campamento?
2. ¿A quién le va a comunicar la historia el general?
3. ¿Quién le informó al coronel sobre la historia de los tres cuervos?
4. ¿Qué dice el comandante Epaminondas respecto a los tres cuervos?
5. ¿Quién le contó la historia de los cuervos al comandante?
6. ¿Cómo es la novia del soldado Pantaleón?
7. Según el capitán Aristófanes, ¿cuántos cuervos ha vomitado el soldado?
8. ¿Vio el capitán Aristófanes el famoso cuervo de la historia?
9. Según el capitán, ¿quién fue testigo del hecho?
10. Según el sargento Esopo, ¿de dónde viene la historia de los tres cuervos?

ESTUDIO DE PALABRAS

A. Complete las oraciones con palabras o expresiones de **Palabras impor-tantes y modismos.**

1. Voy a comunicárselo _____ al Ministerio.
2. Estaba muy triste y _____ cayó enfermo.
3. Pero _____ me parece que el caso es extraordinario.
4. El general _____ saber que ocurren cosas muy raras en el campamento.
5. Desde el _____ del general el caso del soldado es muy serio.

B. Indique el verbo relacionado a cada uno de los siguientes sustantivos.

1. comunicación	4. explicación	7. canto
2. entendimiento	5. pensamiento	8. cuestión
3. información	6. transmisión	9. creencia

COMPRENSIÓN

To achieve a humorous effect, the author of "Los tres cuervos" uses the long-standing convention of the tall tale in which information changes as it passes from person to person. Put the following list of speakers in the order (1–7) in which they appear in the story.

_____ solado	_____ teniente	_____ coronel
_____ capitán	_____ comandante	_____ general
_____ sargento		

Este robot manejado por computadora
es símbolo de la tecnología moderna

Apocalipsis

Marco Denevi (1922–   ) is a popular contemporary writer of fiction and playwright from Argentina. Since first winning acclaim in 1955 with his novel *Rosaura a las diez,* he has been one of Argentina's most prolific writers. In particular, Denevi is very skilled in writing extremely short stories. In *Falsificaciones* (1966), a book of short prose fantasies, he borrowed facts, situations, and characters from classical mythology and world literature and rewrote them to comment on contemporary society. In particular, Denevi is concerned about the effects of technology on modern man, a theme that appears with regularity in his entire work.

*A*NTES DE LEER

PALABRAS IMPORTANTES Y MODISMOS

The **Palabras importantes y modismos** list presents key words and expressions from the reading that follows. Look at these new words and their meanings. Then, with a classmate, create sentences using each one. After reading, you will have the opportunity to use the words again within the context of the reading. You will want to work with these key words and expressions in the same way with each reading in the book.

a fines de ~ al final de   at the end of
alcanzar : llegar a poseer   to reach, achieve conseguir, lograr,
bastar : ser bastante   to be sufficient, enough ser suficiente
dar un paso · empezar a   to take a step comenzar a
empezar (ie) a + *infinitivo*   to begin (*doing something*)
terminar por + *infinitivo*   to end up by (*doing something*)

REPASO DE VERBOS

Complete las oraciones con el pretérito de los verbos entre paréntesis.

1. Yo _____ (apretar) un botón y las máquinas empezaron a funcionar.
2. La cosa _____ (ocurrir) así: las máquinas habían alcanzado tal perfección que los hombres no tenían que hacer nada.
3. Los hombres _____ (desaparecer) porque ya no eran necesarios.
4. Pablo _____ (desconectar) las máquinas y de pronto el mundo cambió.
5. En la oscuridad me _____ (tropezar) con una máquina que tranquilamente limpiaba la cocina.
6. Hoy pienso que la extinción de la raza humana es imposible. Ayer, por un momento, _____ (pensar) de modo diferente.
7. Acababa de entrar en la casa cuando me _____ (dar) cuenta de que las máquinas se multiplicaban.
8. Nosotros _____ (llegar) a las cinco de la tarde.
9. Ellos _____ (comenzar) a pensar en la posibilidad de la extinción de la raza humana.
10. Ayer nosotros _____ (ver) la llegada de las nuevas máquinas, las máquinas capaces de pensar por los hombres.

ESTRATEGIAS PARA LEER

Anticipating Content

Because of the high correlation between subject familiarity and reading comprehension, a reader should take full advantage of all the clues that may serve as a guide to understanding the content of what is to be read. Among such clues, one might consider information about the author of the piece. Reading a novel by Agatha Christie, we expect to be involved in the process of solving a mystery, since we know that Agatha Christie wrote this kind of fiction. In addition to biographical information, titles are also important. Elements such as titles, prefaces, and epigraphs, while not a part of the story proper, do convey a voice and a perspective—a point of view that enables the reader to construct an image of a work before it is actually read.

Before reading this story, do the following.

1. Review the meaning of the word *apocalypse.*
2. Try to recall other works of fiction that deal with the theme of the apocalypse.
3. Quickly reread the brief biographical introduction to Denevi. Is there information supplied here that seems to relate to the title of the story?
4. Suppose for a moment that you were an author writing on the theme of the apocalypse. Can you imagine some of the scenarios you might employ to describe the events implied by this term?

Apocalipsis

LA EXTINCIÓN DE la raza de los hombres se sitúa aproximadamente a fines del siglo XXXII. La cosa ocurrió así: las máquinas habían alcanzado tal perfección que los hombres ya no necesitaban comer, ni dormir, ni hablar, ni leer, ni escribir, ni pensar, ni hacer nada. Les bastaba apretar[1] un botón y las máquinas lo hacían todo por ellos. Gradualmente fueron desapareciendo las mesas, las sillas, las rosas, los discos con las nueve sinfonías de Beethoven, las tiendas de antigüedades,[2] los vinos de Burdeos,[3] las golondrinas,[4] los tapices flamencos,[5] todo Verdi, el ajedrez, los telescopios, las catedrales góticas, los estadios de fútbol, la Piedad de Miguel Ángel,[6] los mapas, las ruinas del Foro Trajano,[7] los automóviles, el arroz, las sequoias gigantes, el Partenón. Sólo había máquinas. Después los hombres empezaron a notar que ellos mismos iban desapareciendo paulatinamente[8] y que en cambio las máquinas se multiplicaban. Bastó poco tiempo para que el número de los hombres quedase reducido a la mitad y el de las máquinas se duplicase. Las máquinas terminaron por ocupar todos los sitios disponibles.[9] No se podía dar un paso ni hacer un ademán[10] sin tropezarse con una de ellas. Finalmente los hombres fueron eliminados. Como el último se olvidó de desconectar las máquinas, desde entonces seguimos funcionando.

[1]*to push* [2]*antiques* [3]*Bordeaux* [4]*swallows* [5]*los... Flemish tapestries* [6]la... *Michelangelo's* Pietà: *a representation of the Virgin Mary holding the body of Jesus Christ in her lap* [7]las... *the ruins of Trajan's (Roman) forum* [8]*gradually* [9]*available* [10]*gesture*

*D*ESPUÉS DE LEER

CUESTIONARIO

1. ¿En qué siglo, según el autor, se sitúa la extinción de la raza humana?
2. ¿Qué es lo que ya no necesitaba la gente?
3. ¿Qué cosas gradualmente fueron desapareciendo?
4. ¿Qué es lo que había quedado?

5. ¿Quiénes empezaron a desaparecer?
6. ¿Qué se le olvidó al último hombre?
7. ¿Quién está hablando en la última frase del cuento? ¿Cuál es la importancia de esta voz?

ESTUDIO DE PALABRAS

A. Complete las oraciones con palabras o expresiones de **Palabras importantes y modismos.**

1. No se podía _____ sin tropezarse con una de las máquinas.
2. _____ del siglo XXXII la raza de los hombres va a ser extinta.
3. A los hombres les _____ apretar un botón y las máquinas lo hacían todo por ellos.
4. Los hombres _____ notar que las máquinas se multiplicaban.
5. Las máquinas _____ ocupar todos los sitios.
6. Las máquinas habían _____ tal perfección que los hombres ya no necesitaban comer.

B. While recognizing cognates is an easy first step in word guessing, it is also possible to use your knowledge of how individual words are constructed to find out what they mean. Recognizing suffixes and prefixes can enable you to deduce meaning quickly. Listed below are three common Spanish suffixes and examples of each.

1. -mente	normalmente	*normally*
2. -dad, -tad	individualidad	*individuality*
	libertad	*freedom*
3. -ología	sicología	*psychology*

Based on the preceding models, guess the meaning of the following words.

1. biología
2. clandestinamente
3. inmortalidad
4. perfectamente
5. personalidad
6. sociología
7. facultad
8. criminología

El barrio de Santa Cruz, Sevilla, España

El loco de Sevilla

Miguel de Cervantes Saavedra (1547–1616) is traditionally considered to be Spain's greatest writer and one of the most important figures in world literature. Although he was a playwright as well as a writer of short fiction, he is universally recognized for his masterpiece, *Don Quijote de la Mancha*, which was published in two parts, the first appearing in 1605 and the second in 1615. *Don Quijote* has been considered the first modern novel. It is a work of great artistic complexity and one in which the treatment of illusion versus reality, and madness versus sanity were treated with considerable depth. "El loco de Sevilla" first appeared in Part II, Chapter One, of *Don Quijote*. This delightful tale, which deals with the theme of madness versus sanity, exemplifies the kind of humor that has made this novel one of the most readable books of all time.

ANTES DE LEER

PALABRAS IMPORTANTES Y MODISMOS

darle la gana a alguien + *infinitivo*	to feel like (*doing something*)
enterarse de	to find out about
estar cuerdo/a	to be sane
estar loco/a	to be insane
gozar de	to enjoy
hacerle caso a alguien	to pay attention to someone

irse   to leave, go away
tener (ie) confianza en   to have confidence in
tomar la decisión   to make the decision

REPASO DE VERBOS

Complete las oraciones con la forma apropiada de **ser** o **estar.**

1. El licenciado _____ en el manicomio.
2. Me voy porque no tengo que _____ aquí más.
3. Yo _____ Neptuno, el dios de la lluvia.
4. _____ mejor que Ud. se quede aquí por ahora.
5. El capellán _____ conversando con el licenciado.
6. La bondad y la misericordia de Dios _son_ infinitas.
7. Yo _estoy_ enfermo.
8. Tú _estás_ cuerdo.
9. Las intenciones del rector y de los parientes _son_ malas.
10. El licenciado _es_ amigo de los otros locos.

ESTRATEGIAS PARA LEER

Using Contextual Clues to Guess Word Meaning

Word-guessing is not limited to recognizing cognates but can also involve the use of the context, the parts of a written text that surround a word or passage. This is a strategy that you already use, even if not consciously, when reading a text in English. If you are aware of the overall meaning of a sentence, it is often possible to guess the meaning of an unfamiliar word without resorting to a dictionary. Look at the following example.

> Professor Foster was a sensitive man, overly sensitive, to put it mildly. He often resented the slightest intrusion into his territory and, in particular, *took umbrage* at the remarks students made in class.

Umbrage is not a common word but the context gives it away. It means a feeling of resentment often not justified. Using contextual clues is somewhat like filling in blanks to arrive at a good approximation of what a word means.

Using the context in which the italicized words in the following list appear, try to guess their meaning.

1. El arzobispo envió a un capellán a hablar con el loco para determinar si estaba completamente *sensato* antes de ponerlo en libertad.
2. En el *manicomio* de Sevilla había un hombre a quien sus parientes habían puesto por estar loco.
3. El médico decidió que el loco estaba bien de la cabeza porque en su conversación no le había dicho nada *disparatado.*

4. El rector *retenía* al loco porque deseaba su dinero.
5. A los parientes del loco les gustaba mucho el dinero; por eso lo habían puesto en el hospital para *disfrutar* de su fortuna.

El loco de Sevilla

EN EL MANICOMIO[1] de Sevilla, había un licenciado[2] a quien sus parientes habían puesto por estar loco. Después de estar allí varios años, el hombre decidió que estaba cuerdo, y le escribió al arzobispo rogándole que le dejara salir[3] del manicomio porque sus parientes lo tenían allí sólo para gozar de una parte de su abundante fortuna.

El arzobispo, después de recibir varias cartas discretas del licenciado envió a un capellán[4] a conversar con el loco para determinar si estaba completamente cuerdo antes de ponerlo en libertad. Después de hablar un buen rato con el loco, el capellán decidió que el licenciado estaba bien de la cabeza porque en su conversación no le había dicho nada disparatado.[5] En su opinión, el rector[6] del manicomio retenía al licenciado para no dejar de recibir los regalos que le hacían los parientes que deseaban su dinero. Convencido de las malas intenciones del rector y de los parientes, el capellán tomó la decisión de llevarse al licenciado a que el arzobispo lo viera.[7]

Al enterarse de los planes del capellán, el rector le aconsejó pensar bien lo que iba a hacer porque el licenciado no estaba curado, pero el capellán no le hizo caso. Después de vestirse con su ropa de cuerdo, el licenciado le rogó al capellán que le dejara despedirse de los otros locos. Éste consintió, y se acercaron a una jaula[8] que encerraba a un loco furioso:

—Hermano, me voy a mi casa. Dios, por su infinita bondad y misericordia,[9] me ha curado de mi locura. Ya que el poder de Dios no tiene límite, tenga confianza en Él para que también le devuelva su juicio. Le mandaré regalos de comida porque creo que nuestra locura resulta de los estómagos vacíos y de los cerebros llenos de aire.

Otro loco escuchó estas palabras del licenciado y preguntó quién se iba del manicomio sano y cuerdo. El licenciado curado contestó:

—Yo, hermano, me voy porque no tengo que estar aquí más, y por esto le doy muchísimas gracias a Dios.

—¡Cuidado! Que no le engañe Satanás —respondió el loco. —Quédese aquí[10] para no tener que volver en el futuro.

—Yo estoy cuerdo —replicó el licenciado— y no tendré que regresar jamás.

---

[1]*insane asylum* [2]*university graduate* [3]*le escribió... he wrote to the archbishop, asking him to release him* [4]*priest* [5]*foolish* [6]*director* [7]*el capellán... the priest decided to take the young man to the archbishop so that he could see him* [8]*se... they approached a cage* [9]*bondad... kindness and mercy* [10]*Quédese... Stay here*

—¿Ud. cuerdo? —dijo el loco. —Está bien. Siga con Dios, pero yo le juro a Júpiter,[11] a quien represento en este mundo, que voy a castigar a Sevilla, la cual peca por sacarte de esta casa, de una manera que nunca se olvidará. ¿No te das cuenta,[12] licenciadillo, que soy Júpiter y que tengo en mis manos rayos con que puedo destruir el mundo? Sin embargo, voy a castigar a este pueblo de otra manera; yo no lloveré en esta región durante tres años enteros. ¿Tú libre, tú sano, tú cuerdo, y yo loco, yo enfermo, y yo atado?

Al oír esto, nuestro licenciado se volvió[13] al capellán y le contestó:

—Padre, no le haga caso a este loco que dice que es Júpiter y que se niega a llover. Yo soy Neptuno, el dios de la lluvia, y lloveré todo lo que me dé la gana.

—No sería bueno enojar al señor Júpiter —respondió el capellán. —Es mejor que Ud. se quede aquí por ahora, y luego, en un momento más oportuno, volveremos por Ud.

El capellán, medio avergonzado,[14] en seguida les mandó desnudar[15] al licenciado y meterlo de nuevo en su celda.

[11]*Jupiter, the chief god in Roman mythology* [12]*¿No... Don't you realize* [13]*turned* [14]*ashamed*
[15]*en... immediately ordered them to undress*

$\mathcal{D}$ESPUÉS DE LEER

CUESTIONARIO

1. ¿Quién estaba en el manicomio de Sevilla?
2. Después de estar allí varios años, ¿qué decidió el hombre?
3. ¿Quiénes lo habían puesto en el manicomio?
4. ¿A quién envió el arzobispo a conversar con el loco?
5. Al principio, ¿creyó el capellán que el loco estaba curado, o no?
6. Según el licenciado, cuando habla con el primer loco furioso, ¿de qué resulta la locura?
7. ¿A quién representa en este mundo el segundo loco?
8. ¿Cómo va a castigar el segundo loco al pueblo de Sevilla?
9. Al oír esto, ¿qué le dice el licenciado al capellán?
10. Al final del cuento, ¿qué decide hacer el capellán?

ESTUDIO DE PALABRAS

A. Complete las oraciones con palabras o expresiones de **Palabras importantes y modismos**.

1. En el manicomio de Sevilla, había un licenciado a quien sus parientes habían puesto por _____ .
2. Sus parientes lo tenían en el manicomio sólo para _____ una parte de su abundante fortuna.

3. Después de estar en el manicomio varios años, el hombre decidió que
_____.

4. El capellán _____ de llevarse al licenciado a que el arzobispo lo viera.

5. Al _____ los planes del capellán, el rector le aconsejó pensar bien lo
que iba a hacer.

6. Hermano, _____ de mi casa.

7. Yo soy Neptuno, el dios de la lluvia, y lloveré todo lo que me _____.

8. Padre, no le _____ este loco que dice que es Júpiter.

9. Ya que el poder de Dios no tiene límite, Ud. debe _____ Él para que
también le devuelva su juicio.

B. Empareje las palabras con sus sinónimos.

1. __d__ dejar
2. __g__ enviar
3. __j__ conversar
4. __b__ volver
5. __i__ nunca
6. __h__ contestar
7. __e__ de nuevo
8. __c__ ponerse la ropa
9. __a__ determinar
10. __f__ enterarse de

a. decidir
b. regresar
c. vestirse
d. permitir
e. otra vez
f. saber
g. mandar
h. responder
i. jamás
j. charlar

C. Indique el verbo relacionado a cada uno de los sustantivos que siguen.

1. vuelta   volver
2. consejo aconsejar (to give advise)
3. despedida
4. castigo castigar
5. lluvia   llover

D. Words in Spanish, like their English equivalents, often end in suffixes, sylla-
bles affixed to the ends of words. Because these endings shape the meaning of
words, it is important to be able to recognize them. Just as words ending in
-mente are easy to recognize as adverbs, so is the meaning of words ending in
-ísimo (*very*), which is attached to adjectives and adverbs.

grandísimo   *very big*
lentísimo   *very/extremely slowly*
muchísimo   *very much*

Another common suffix is the **-ismo** ending, which, when attached to nouns,
means a doctrine: **comunismo.** Also important are the suffixes **-ado** and **-ido,**
which are used to form the past participle in the compound tenses. When used as

adjectives, they correspond to words in English that commonly end in *-ed* or *-en:* **estudiado** (*studied*). Guess the meaning of the following words.

1. socialismo
2. republicanismo
3. modernismo
4. hablado
5. sorprendido

6. curado
7. esperado
8. destruido
9. mencionado

COMPRENSIÓN

You now have had an opportunity to review the formation of the simple present and future. Using these tenses, re-tell the story, "El loco de Sevilla." Re-telling a story will help you focus on the story-line and help you understand how the author has arranged the time sequence of events. Be sure to identify the following characters.

1. el capellán
2. el licenciado
3. los parientes

4. otro loco
5. "Júpiter"
6. "Neptuno"

Vista de la ciudad de Toledo, antigua capital de España

El brujo postergado

Jorge Luis Borges (1899–1986) is one of the greatest writers of the Spanish language. During his long career he wrote more than thirty volumes of short stories, essays, and poetry, and his works have been translated into more than twenty languages. Like Edgar Allan Poe, he believed that the short story was the basic unit of literature. The story included here, set in medieval Spain, reflects Borges's interests in early Spanish culture. However, "El brujo postergado" clearly shows that Borges is less concerned with regional issues and traits than with universal human problems.

ANTES DE LEER

PALABRAS IMPORTANTES Y MODISMOS

al pie de	at the foot or bottom of
hacer saber	to make something known
no tener (ie) más remedio	to have no other choice
oír decir	to hear (*something*) said
optar por + *infinitivo*	to decide in favor of (*doing something*)
rogar (ue)	to beg, plead

REPASO DE VERBOS

Complete el siguiente párrafo con el pretérito o el imperfecto de los verbos entre paréntesis.

A los cuatro años _____[1] (morir) el Papa y nuestro Cardenal _____[2] (ser) elegido para el papado por todos los demás. Cuando don Illán _____[3] (saber) esto, él _____[4] (besar) los pies de Su Santidad, le _____[5] (recordar) la antigua promesa y le _____[6] (pedir) el cardenalato para su hijo. El Papa lo _____[7] (amenazar) con la cárcel, diciéndole que bien _____[8] (saber) que él no _____[9] (ser) más que un brujo. El miserable don Illán _____[10] (decir) que _____[11] (ir) a volver a España.

ESTRATEGIAS PARA LEER

Using Time Markers to Recognize the Chronology of a Story

While reading strategies such as guessing the meaning of words through cognate recognition, anticipating content, and using contextual clues are helpful, the reader also needs to recognize the chronological organization of the story as indicated by words that mark the progression of time. The most obvious, of course, are the tense markers of verb endings (**hablé, seremos,** and so on). Specific dates (**nací en 1942, él murió en 1967,** for example) also help readers put events in order. Other important time markers are adverbs and adverbial phrases. In Spanish, there are three principal groups of adverbs of time: those indicating past time (**ayer, anteayer, antes, entonces, ya**), present time (**hoy, ahora**), and the future (**después, luego, mañana**). Also of importance are function words such as *until* (**hasta que**), which indicate the continuance of an action to a specified point in time.

The following sentences tell a story. Renumber them in a logical sequence. The first and last sentences of the story are already in their correct positions.

1. _____ Un oficial de la iglesia quería saber lo más posible sobre el arte de la magia.
2. _____ Todos se quedaron en la casa del médico *hasta que* llegó un amigo del médico que era abogado. El abogado le dio al oficial muchos documentos sobre la magia.
3. _____ *Después,* el oficial de la iglesia y el profesor fueron a la casa de un médico.
4. _____ *Cuando* el oficial de la iglesia vio al profesor, empezaron a hablar de la magia.
5. _____ Primero el oficial de la iglesia fue a hablar con un profesor.
6. _____ Ahora el oficial de la iglesia está contento porque ha aprendido mucho de sus nuevos amigos: el profesor, el médico y el abogado.

Another time marker, particularly prevalent in the story you are about to read, is the use of the preposition **a** followed by days, months, and years to mean *later* or *after*.

Number the following expressions in chronological order.

_____ a los cuatro   _____ a los tres días   _____ a los diez días
años   _____ a los seis
_____ a los dos años   meses

El brujo postergado

EN SANTIAGO HABÍA un deán[1] que tenía codicia de[2] aprender el arte de la magia. Oyó decir que don Illán de Toledo la sabía más que ninguno, y fue a Toledo a buscarlo.

El día que llegó, enderezó[3] a la casa de don Illán y lo encontró leyendo en una
5   habitación apartada. Éste lo recibió con bondad y le dijo que postergara[4] el motivo de su visita hasta después de comer. Le señaló un alojamiento[5] muy fresco y le dijo que lo alegraba mucho su venida. Después de comer, el deán le refirió la razón de aquella visita y le rogó que le enseñara la ciencia mágica. Don Illán le dijo que adivinaba[6] que era deán, hombre de buena posición y buen porvenir, y que temía
10 ser olvidado luego por él. El deán le prometió y aseguró que nunca olvidaría aquella merced,[7] y que estaría siempre a sus órdenes. Ya arreglado el asunto, explicó don Illán que las artes mágicas no se podían aprender sino en sitio apartado,[8] y tomándolo por la mano, lo llevó a una pieza contigua,[9] en cuyo piso había una gran argolla de fierro.[10] Antes le dijo a la sirvienta que tuviese perdices[11] para la
15 cena, pero que no las pusiera a asar[12] hasta que la mandaran. Levantaron la argolla entre los dos y descendieron por una escalera de piedra bien labrada, hasta que al deán le pareció que habían bajado tanto que el lecho del Tajo[13] estaba sobre ellos. Al pie de la escalera había una celda y luego una biblioteca y luego una especie de gabinete[14] con instrumentos mágicos. Revisaron[15] los libros y en eso estaban
20 cuando entraron dos hombres, con una carta para el deán, escrita por el obispo, su tío, en la que le hacía saber que estaba muy enfermo y que si quería encontrarlo vivo, no demorase. Al deán lo contrariaron mucho estas nuevas, lo uno por la dolencia de su tío, lo otro por tener que interrumpir los estudios. Optó por escribir una disculpa y la mandó al obispo. A los tres días llegaron unos hombres de luto[16]
25 con otras cartas para el deán, en las que se leía que el obispo había fallecido,[17] que estaban eligiendo sucesor, y que esperaban por la gracia de Dios que lo elegirían a él. Decían también que no se molestara en venir,[18] puesto que parecía mucho mejor que lo eligieran en su ausencia.

---

[1]*church official* [2]tenía... *was eager to* [3]*he went directly* [4]le... *he told him to postpone* (**Postergar** also means *to pass over for promotion.*) [5]*room* [6]*he guessed* [7]aquella... *that favor* [8]sitio... *a distant place* [9]pieza... *adjoining room* [10]argolla... *iron ring* [11]*partridges* [12]pero... *but that she not cook them* [13]*Spanish river on whose banks Toledo is located* [14]especie... *kind of cabinet* [15]*They went through* [16]de... *dressed in mourning* [17]*died* [18]no... *he shouldn't bother to come*

A los diez días vinieron dos escuderos[19] muy bien vestidos, que se arrojaron a
30 sus pies y besaron sus manos, y lo saludaron obispo. Cuando don Illán vio estas
cosas, se dirigió con mucha alegría al nuevo prelado[20] y le dijo que agradecía al
Señor que tan buenas nuevas llegaran a su casa. Luego le pidió el decanazgo
vacante[21] para uno de sus hijos. El obispo le hizo saber que había reservado el
decanazgo para su propio hermano, pero que había determinado favorecerlo y
35 que partiesen juntos para Santiago.

Fueron para Santiago los tres, donde los recibieron con honores. A los seis
meses recibió el obispo mandaderos del Papa[22] que le ofrecía el arzobispado de
Tolosa, dejando en sus manos el nombramiento de sucesor. Cuando don Illán supo
esto, le recordó la antigua promesa y le pidió ese título para su hijo. El arzobispo le
40 hizo saber que había reservado el obispado para su propio tío, hermano de su
padre, pero que había determinado favorecerlo y que partiesen juntos para Tolosa.
Don Illán no tuvo más remedio que asentir.

Fueron para Tolosa los tres, donde los recibieron con honores y misas. A los
dos años, recibió el arzobispo mandaderos del Papa que le ofrecía el capelo de
45 Cardenal,[23] dejando en sus manos el nombramiento de sucesor. Cuando don Illán
supo esto, le recordó la antigua promesa y le pidió ese título para su hijo. El
Cardenal le hizo saber que había reservado el arzobispado para su propio tío,
hermano de su madre, pero que había determinado favorecerlo y que partiesen
juntos para Roma. Don Illán no tuvo más remedio que asentir. Fueron para Roma
50 los tres, donde los recibieron con honores y misas y procesiones. A los cuatro años
murió el Papa y nuestro Cardenal fue elegido para el papado por todos los demás.
Cuando don Illán supo esto, besó los pies de Su Santidad, le recordó la antigua
promesa y le pidió el cardenalato[24] para su hijo. El Papa lo amenazó con la cárcel,
diciéndole que bien sabía él que no era más que un brujo y que en Toledo había
55 sido profesor de artes mágicas. El miserable don Illán dijo que iba a volver a España
y le pidió algo para comer durante el camino. El Papa no accedió. Entonces don
Illán (cuyo rostro se había remozado[25] de un modo extraño) dijo con una voz sin
temblor:

—Pues tendré que comerme las perdices que para esta noche encargué.
60 La sirvienta se presentó y don Illán le dijo que las asara. A estas palabras,[26] el
Papa se halló en la celda subterránea en Toledo, solamente deán de Santiago, y tan
avergonzado de su ingratitud que no atinaba a[27] disculparse. Don Illán dijo que
bastaba con esa prueba, le negó su parte de las perdices y lo acompañó hasta la
calle, donde le deseó feliz viaje y lo despidió con cortesía.

[19]*squires* [20]*prelate; high-ranking ecclesiastic, such as a bishop* [21]*decanazgo... vacant
deanship* [22]*mandaderos... messengers from the Pope* [23]*capelo... cardinal's hat* [24]*cardinalship* [25]*se... had grown younger* [26]*A... With these words* [27]*no... he couldn't manage to*

$\mathscr{D}$ESPUÉS DE LEER

CUESTIONARIO

1. ¿De qué tenía codicia un deán que vivía en Santiago?
2. ¿Adónde fue el deán?
3. ¿Qué promesa le hizo el deán a don Illán?
4. Cuando don Illán y el deán estaban en la biblioteca, ¿quiénes llegaron y qué dijeron?
5. ¿Qué le pidió don Illán al deán cuando éste fue nombrado obispo? ¿Cómo le respondió el deán?
6. Cuando don Illán supo que el deán había sido nombrado arzobispo de Tolosa, ¿qué le pidió al arzobispo? ¿Cómo le respondió el nuevo arzobispo?
7. Cuando el deán fue nombrado Cardenal, ¿qué le pidió don Illán al Cardenal? ¿Cómo le respondió el nuevo Cardenal?
8. Cuando el deán fue elegido Papa, ¿por qué amenazó con la cárcel a don Illán?
9. ¿Qué pasó cuando don Illán dijo que iba a comer las perdices?
10. ¿Qué ocurrió al final del cuento?

ESTUDIO DE PALABRAS

A. Complete las oraciones con palabras o expresiones de **Palabras importantes y modismos.**

1. Había un cuarto _____ la escalera.
2. En una carta oficial el presidente le _____ al público que estaba enfermo.
3. El niño que tenía hambre _____ que su madre le diera algo de comer.
4. El obispo _____ que un hombre misterioso sabía el arte de la magia.
5. En vez de quedarse en la iglesia el hombre _____ salir.
6. Estaba lloviendo y yo no _____ que buscar mi paraguas.

B. Complete las oraciones con la preposición apropiada.

1. El deán encontró a don Illán leyendo _____ (a/en) una habitación apartada.
2. Don Illán le dijo que postergara el motivo de su visita hasta después _____ (de/que) comer.
3. Temía ser olvidado luego _____ (por/para) él.
4. Los recibieron _____ (con/de) honores en la ciudad.
5. El arzobispo le hizo saber que había reservado el obispado _____ (por/para) su propio tío.

C. Indique el verbo relacionado a cada uno de los sustantivos que siguen.

1. una oferta
2. un fallecimiento
3. una recepción
4. un agradecimiento
5. unos mandaderos
6. un favor

D. Empareje los palabras con sus sinónimos.

1. _____ deán
2. _____ codicia
3. _____ apartada
4. _____ venida
5. _____ asunto
6. _____ nuevas
7. _____ fallecido
8. _____ elegir

a. llegada
b. caso
c. noticias
d. muerto
e. separada
f. avaricia
g. decano
h. escoger

Templo maya en Tikal, Guatemala

El eclipse

Augusto Monterroso (1921–   ) is a Guatemalan humorist and writer of short fiction who has resided in Mexico since 1944. He writes in the satirical vein of Marco Denevi. The story included here is from his first collection of short fiction, *Obras completas y otros cuentos* (1959). Reading the story today, following the 500th anniversary of the arrival of the Spaniards in the Americas, seems to heighten the irony implicit in Monterroso's unique vision of the meeting of the indigenous American and Western European cultures.

*A*NTES DE LEER

PALABRAS IMPORTANTES Y MODISMOS

al + *infinitivo*	upon, on (*doing something*)
confiar en	to trust
disponerse a + *infinitivo*	to get ready to (*do something*)
engañar	to deceive, fool
fijo/a en	fixed on
mientras	while
sentirse (ie) perdido/a	to feel lost
una vez	once
valerse de	to make use of

REPASO DE VERBOS

A. Complete las oraciones con el presente del subjuntivo.

1. Aquí no hay nadie que _____ (saber) el idioma de los indios.
2. Dudo que él _____ (terminar) antes de las ocho.
3. Es posible que el español _____ (saber) dónde está el templo.
4. Espero que tú no _____ (perder) la vida.
5. Es mejor que Ud. la _____ (mostrar) a alguien.

B. Complete las oraciones con el imperfecto del subjuntivo.

1. Si el rey _____ (saber) quién había perdido el libro, se lo devolvería.
2. No había nadie que le _____ (decir) la verdad.
3. Ellos querían que yo les _____ (enseñar) la luna.
4. Fray Bartolomé llegó antes de que los indígenas _____ (salir) a saludarlo.
5. Él habla como si no _____ (entender) el idioma de los indígenas.

ESTRATEGIAS PARA LEER

Scanning for Specific Information

Up to this point, you have practiced techniques that help you read for the general idea of a text, that is, you have *skimmed* the text looking over everything quickly to get the gist and general direction of the reading. Sometimes you will also want to read for specific information. When you read the index of a book, for example, or an ad in a newspaper, you are interested in locating specific information. For this reason, you let your eye pass over or *scan* the text very quickly until you find exactly what you are looking for.

Scan the story for the following information.

1. ¿Quién está perdido?
2. ¿Dónde está ahora?
3. ¿De qué país ha venido?
4. ¿Quiénes lo rodean?
5. ¿Quién muere?
6. ¿Qué recitaba uno de los indígenas mientras se moría el hombre sacrificado?

El eclipse

CUANDO FRAY BARTOLOMÉ Arrazola se sintió perdido, aceptó que ya nada podría salvarlo. La selva poderosa de Guatemala lo había apresado, implacable y definitiva.[1] Ante su ignorancia topográfica se sentó con tranquilidad a esperar la muerte. Quiso morir allí sin ninguna esperanza, aislado, con el

---

[1] lo... *had inexorably and definitively trapped him*

pensamiento fijo en la España distante, particularmente en el convento de Los Abrojos, donde Carlos Quinto[2] condescendiera una vez a bajar de su eminencia para decirle que confiaba en el celo religioso de su labor redentora.[3]

Al despertar se encontró rodeado por un grupo de indígenas de rostro impasible[4] que se disponían a sacrificarlo ante un altar, un altar que a Bartolomé le pareció como el lecho[5] en que descansaría, al fin, de sus temores, de su destino, de sí mismo.

Tres años en el país le habían conferido un mediano dominio[6] de las lenguas nativas. Intentó algo. Dijo algunas palabras que fueron comprendidas.

Entonces floreció en él una idea que tuvo por digna de su talento y de su cultura universal y de su arduo conocimiento de Aristóteles.[7] Recordó que para ese día se esperaba un eclipse total de sol. Y dispuso, en lo más íntimo, valerse de aquel conocimiento para engañar a sus opresores y salvar la vida.

—Si me matáis —les dijo—, puedo hacer que el sol se oscurezca en su altura.

Los indígenas lo miraron fijamente y Bartolomé sorprendió la incredulidad en sus ojos. Vio que se produjo un pequeño consejo, y esperó confiado, no sin cierto desdén.

Dos horas después el corazón de fray Bartolomé Arrazola chorreaba[8] su sangre vehemente sobre la piedra de los sacrificios (brillante bajo la opaca luz de un sol eclipsado), mientras uno de los indígenas recitaba sin ninguna inflexión de voz, sin prisa, una por una, las infinitas fechas en que se producirían eclipses solares y lunares, que los astrónomos de la comunidad maya habían previsto y anotado en sus códices[9] sin la valiosa ayuda de Aristóteles.

[2]Carlos... *Charles V, grandson of Ferdinand and Isabella; king of Spain from 1516–1556.*
[3]*redemptive* [4]*expressionless* [5]*bed* [6]*le... had given him an average grasp* [7]*Aristotle, Greek philosopher (384–322 B.C.)* [8]*gushed* [9]*codices, i.e., a manuscript book*

𝒟ESPUÉS DE LEER

CUESTIONARIO

1. ¿Dónde se perdió fray Bartolomé Arrazola?
2. ¿Cuál es su actitud hacia la muerte?
   ¿De qué país es fray Bartolomé y cómo sabemos esto?
4. ¿Qué querían hacer los indios con fray Bartolomé?
5. ¿Cuántos años había vivido fray Bartolomé en Guatemala?
6. ¿Entendía fray Bartolomé las lenguas nativas? ¿Cuál es el significado de esto para el cuento?
7. ¿Qué idea se le ocurrió a fray Bartolomé y qué tiene que ver con Aristóteles?
8. ¿A quiénes trató de engañar fray Bartolomé? ¿Tuvo éxito?
9. ¿Qué le pasó a fray Bartolomé?
10. ¿Por qué es irónica la última frase del cuento?

ESTUDIO DE PALABRAS

A. Complete las oraciones con palabras o expresiones de **Palabras importantes y modismos.**

1. Fray Bartolomé _____ en la densa selva tropical.
2. _____ despertar, fray Bartolomé se encontró rodeado por un grupo de indios.
3. _____ un indio recitaba las infinitas fechas en que se producirían eclipses solares, el corazón de fray Bartolomé chorreaba sangre.
4. Bartolomé no podía _____ a sus opresores. Ellos sabían mucho de la astronomía.
5. Quiero _____ mis conocimientos de la lengua española para trabajar en España.
6. _____ hace años, Carlos Quinto condescendió a bajar de su trono para saludar a sus súbditos.
7. Carlos Quinto le dijo que _____ el celo religioso de su labor.
8. Los indios _____ sacrificarlo ante un altar, cuando hubo eclipse total del sol.
9. Fray Bartolomé mantenía la vista _____ la España distante tratando de recordar su juventud.

B. Prefixes are easy to recognize in Spanish because they are similar to the Latin prefixes that are used in English. Being able to recognize them will help in word-guessing. The following is a list of common prefixes and examples of each.

1. a-   *not:* amoral
2. des-   *take away:* desprestigio
3. en-, em- *to put into; to attach:* encarcelar
4. in-, im- *the opposite:* imposible, intolerable
5. re-   *to do again:* rehacer

Give an English equivalent for each of the following.

1. anormal
2. embotellar
3. renacer
4. empaquetar
5. desconfiar
6. reincorporar
7. inútil
8. descargar
9. incómodo
10. repintar

segundo paso

Visiones de España

ANA MARÍA MATUTE (1926–   ) is a Spanish novelist and short story writer who has in recent years gained international recognition for her stark yet poetic portraits of life in post-civil war Spain. Among her most important novels are *Los Abel* (1948), *En esta tierra* (1955), and *Primera Memoria* (1960), for which she won the **Premio Nadal,** a prestigious Spanish literary award. Her latest works include *La torre vigía* (1971) and *El río* (1973).

One of the most important features of Matute's work is her ability to explore the world of childhood with unusual sensitivity. It is often through the eyes of young children and adolescents that she evokes vivid portraits of life in rural Spain. Her characters, often estranged and alienated from the society in which they live, can be seen as symbols of the political and intellectual isolation Spain experienced after the civil war.

The first two selections that follow are from her *Historias de la Artámila* (1961), a collection of twenty-two short stories. As you read them, try to keep in mind the following thematic and stylistic features.

> Even if the stories are located in one region, in fact the atmosphere is generally Spanish and it is made up of the somber, realistic presentation of many cases of frustration, predicament, and tragedy in the lives of simple people in the countryside: peasants, villagers, miners, wanderers, gypsies, village doctors, teachers, and estate owners. Another element to link the stories is the frequent reference to the presence, participation, and feelings of the narrator as a small girl, mostly accompanying an elder brother and belonging to a well-to-do family.

There is a Chekhovian quality in this beautiful book, an emphasis on the intense lyrical and emotional impact of little things and apparently insignificant happenings. Ana María Matute combines this appreciation of little things with a sensitive and realistic presentation, through the memory of personal experience, of the present tragedy of the Spanish people. This is a book of protest, subtle and lyrical but nonetheless strong and brave.* ❧

* Rafael Bosch, "Review of *Historias de la Artámila,*" *Books Abroad* (Summer 1963): 303.

Estos jóvenes estudian al aire libre en España

El árbol de oro

"**E**l árbol de oro" is one of the most popular stories from *Historias de la Artá-mila*. In this tale, as in others in that collection, Matute reconstructs with great artistry a memory from her childhood. Of particular interest is the way the author combines realism with the world of the supernatural. Here we have the presentation of two distinct perceptions of reality—the narrator's realistic perspective and the imaginative, poetic world of Ivo, a boy who claims that he can see a golden tree through a crack in the wall of his country schoolhouse.

ANTES DE LEER

PALABRAS IMPORTANTES Y MODISMOS

acercarse a	to approach
a las afueras de	on the outskirts of
asistir a	to attend
dar con	to come upon
dejarse + *infinitivo*	to let or allow oneself to be + *p. part.*
de tal forma	in such a way
olvidar	to forget
por fin	finally
tener su atractivo	to have its own appeal
volverse (ue) + *adjetivo*	to become + *adj.*

ESTRATEGIAS PARA LEER

Understanding Point of View (punto de vista)

When reading works of fiction, both to decode their literal meaning as well as to appreciate their artistic impact, one of the fundamental strategies a reader needs to master is that of determining the point of view or perspective from which the writer presents the actions of the work. The two basic points of view assumed by narrators in works of fiction are either that of the first person (**narración en primera persona**) or omniscient point of view (**narración omnisciente**). Stories told from the first-person point of view often appear to be more intimate because the narrator is able to establish an emotional bond with the reader. They also often seem to be coherent and unified to the reader, since he or she is listening to one voice. In contrast, the omniscient narrator is able to depict from the outside what is taking place in the story and describes externally the behavior of the characters (**personajes**).

One of the special characteristics of Matute's fiction is her ability to tell stories from the point of view of narrators who are young children. In the story you are about to read, Matute becomes a narrator, using the first-person point of view to recreate a moment from her own past. A narrator who appears as one of the characters in a story is called a first-person participant (**el narrador protagonista**).

Before you read the story, carefully scan the first paragraph. Underline the verbs and determine what predominant point of view the author has elected to use. Remember that the opening sentences of a work of fiction play a key role in determining the meaning of the entire text and often, although not definitively, establish the predominant point of view.

El árbol de oro

ASISTÍ DURANTE UN otoño a la escuela de la señorita Leocadia, en la aldea, porque mi salud no andaba bien y el abuelo retrasó mi vuelta a la ciudad. Como era el tiempo frío y estaban los suelos embarrados[1] y no se veía rastro de muchachos, me aburría dentro de la casa, y pedí al abuelo asistir a la
5 escuela. El abuelo consintió, y acudí a aquella casita alargada[2] y blanca de cal, con el tejado pajizo[3] y requemado por el sol y las nieves, a las afueras del pueblo.

La señorita Leocadia era alta y gruesa, tenía el carácter más bien áspero y grandes juanetes[4] en los pies, que la obligaban a andar como quien arrastra cadenas. Las clases en la escuela, con la lluvia rebotando en el tejado y en los
10 cristales, con las moscas pegajosas de la tormenta y persiguiéndose alrededor de la bombilla,[5] tenían su atractivo. Recuerdo especialmente a un muchacho de unos diez años, hijo de un aparcero[6] muy pobre, llamado Ivo. Era un muchacho delgado, de ojos azules, que bizqueaba[7] ligeramente al hablar. Todos los muchachos y

[1]estaban... *the streets were muddy* [2]*long* [3]*thatched* [4]*bunions* [5]*light bulb* [6]*sharecropper* [7]*squinted*

muchachas de la escuela admiraban y envidiaban un poco a Ivo, por el don que
poseía de atraer la atención sobre sí, en todo momento. No es que fuera ni inteligente ni gracioso, y, sin embargo, había algo en él, en su voz quizás, en las cosas
que conseguía cautivar a quien le escuchase. También la señorita Leocadia se
dejaba prender de aquella red de plata que Ivo tendía[8] a cuantos atendían sus
enrevesadas conversaciones, y —yo creo que muchas veces contra su voluntad—
la señorita Leocadia le confiaba a Ivo tareas deseadas por todos, o distinciones que
merecían alumnos más estudiosos y aplicados.

Quizá lo que más se envidiaba de Ivo era la posesión de la codiciada llave de la
torrecita.[9] Esta era, en efecto, una pequeña torre situada en un ángulo de la
escuela, en cuyo interior se guardaban los libros de lectura. Allí entraba Ivo a
buscarlos, y allí volvía a dejarlos, al terminar la clase. La señorita Leocadia se lo
encomendó a él, nadie sabía en realidad por qué.

Ivo estaba muy orgulloso de esta distinción, y por nada del mundo la hubiera
cedido. Un día, Mateo Heredia, el más aplicado y estudioso de la escuela, pidió
encargarse de la tarea —a todos nos fascinaba el misterioso interior de la torrecita,
donde no entramos nunca—, y la señorita Leocadia pareció acceder.[10] Pero Ivo se
levantó, y acercándose a la maestra empezó a hablarle en su voz baja, bizqueando
los ojos y moviendo mucho las manos, como tenía por costumbre. La maestra dudó
un poco, y al fin dijo:

—Quede todo como estaba. Que siga encargándose Ivo de la torrecita.

A la salida de la escuela le pregunté:

—¿Qué le has dicho a la maestra?

Ivo me miró de través y vi relampaguear[11] sus ojos azules.

—Le hablé del árbol de oro.

Sentí una gran curiosidad.

—¿Qué árbol?

Hacía frío y el camino estaba húmedo, con grandes charcos[12] que brillaban al
sol pálido de la tarde. Ivo empezó a chapotear[13] en ellos, sonriendo con misterio.

—Si no se lo cuentas a nadie...

—Te lo juro, que a nadie se lo diré.

Entonces Ivo me explicó:

—Veo un árbol de oro. Un árbol completamente de oro: ramas, tronco, hojas...
¿sabes? Las hojas no se caen nunca. En verano, en invierno, siempre. Resplandece
mucho; tanto, que tengo que cerrar los ojos para que no me duelan.

—¡Qué embustero[14] eres!— dije, aunque con algo de zozobra.[15] Ivo me miró
con desprecio.

—No te lo creas— contestó. —Me es completamente igual que te lo creas o
no... ¡Nadie entrará nunca en la torrecita, y a nadie dejaré ver mi árbol de oro! ¡Es
mío! La señorita Leocadia lo sabe, y no se atreve a darle la llave a Mateo Heredia, ni
a nadie... ¡Mientras yo viva, nadie podrá entrar allí y ver mi árbol!

[8]*se... let herself be caught in the silver net he cast* [9]*little tower* [10]*to consent* [11]*gleam* [12]*puddles*
[13]*to splash* [14]*liar* [15]*uneasiness*

55   Lo dijo de tal forma que no pude evitar preguntarle:

    —¿Y cómo lo ves... ?

    —Ah, no es fácil— dijo, con aire misterioso. —Cualquiera no podría verlo. Yo sé la rendija[16] exacta.

    —¿Rendija... ?

60   —Sí, una rendija de la pared. Una que hay corriendo el cajón de la derecha:[17] me agacho[18] y me paso horas y horas... ¡Cómo brilla el árbol! ¡Cómo brilla! Fíjate que si algún pájaro se le pone encima también se vuelve de oro. Eso me digo yo: si me subiera a una rama, ¿me volvería acaso de oro también?

    No supe qué decirle, pero, desde aquel momento, mi deseo de ver el árbol 65 creció de tal forma que me desasosegaba.[19] Todos los días, al acabar la clase de lectura, Ivo se acercaba al cajón de la maestra, sacaba la llave y se dirigía a la torrecita. Cuando volvía, le preguntaba:

    —¿Lo has visto?

    —Sí— me contestaba. Y, a veces, explicaba alguna novedad:

70   —Le han salido unas flores raras. Mira: así de grandes, como mi mano lo menos, y con los pétalos alargados. Me parece que esa flor es parecida al arzadú.[20]

    —¡La flor del frío!— decía yo, con asombro. —¡Pero el arzadú es encarnado![21]

    —Muy bien— asentía él, con gesto de paciencia. —Pero en mi árbol es oro 75 puro.

    —Además, el arzadú crece al borde de los caminos... y no es un árbol.

    No se podía discutir con él. Siempre tenía razón, o por lo menos lo parecía.

    Ocurrió entonces algo que secretamente yo deseaba; me avergonzaba[22] sentirlo, pero así era: Ivo enfermó, y la señorita Leocadia encargó a otro la llave de la 80 torrecita. Primeramente, la disfrutó Mateo Heredia. Yo espié su regreso, el primer día, y le dije:

    —¿Has visto un árbol de oro?

    —¿Qué andas graznando[23]?— me contestó de malos modos, porque no era simpático, y menos conmigo. Quise dárselo a entender, pero no me hizo caso. 85 Unos días después, me dijo:

    —Si me das algo a cambio, te dejo un ratito la llave y vas durante el recreo. Nadie te verá...

    Vacié mi hucha,[24] y, por fin, conseguí la codiciada llave. Mis manos temblaban de emoción cuando entré en el cuartito de la torre. Allí estaba el cajón. Lo aparté y 90 vi brillar la rendija en la oscuridad. Me agaché y miré.

    Cuando la luz dejó de cegarme, mi ojo derecho sólo descubrió una cosa: la seca tierra de la llanura alargándose[25] hacia el cielo. Nada más. Lo mismo que se veía desde las ventanas altas. La tierra desnuda y yerma,[26] y nada más que la tierra. Tuve una gran decepción y la seguridad de que me habían estafado. No sabía cómo ni de 95 qué manera, pero me habían estafado.

---

[16]*crack* [17]*corriendo... pulling out the right drawer* [18]*me... I bend down* [19]*me... it made me restless* [20]*name of a flowering plant* [21]*flesh-colored* [22]*me... I felt ashamed* [23]*chattering about* [24]*piggy bank* [25]*extending* [26]*barren*

Olvidé la llave y el árbol de oro. Antes de que llegaran las nieves regresé a la ciudad.

Dos veranos más tarde volví a las montañas. Un día, pasando por el cementerio —era ya tarde y se anunciaba la noche en el cielo: el sol, como una bola roja, caía a lo lejos, hacia la carrera terrible y sosegada de la llanura—, vi algo extraño. De la tierra grasienta[27] y pedregosa, entre las cruces caídas, nacía un árbol grande y hermoso, con las hojas anchas de oro: encendido y brillante todo él, cegador. Algo me vino a la memoria, como un sueño, y pensé: «Es un árbol de oro». Busqué al pie del árbol, y no tardé en dar con una crucecilla de hierro negro, mohosa[28] por la lluvia. Mientras la enderezaba, leí: IVO MÁRQUEZ, DE DIEZ AÑOS DE EDAD.

Y no daba tristeza alguna, sino, tal vez, una extraña y muy grande alegría.

[27]*grimy* [28]*moldy*

DESPUÉS DE LEER

CUESTIONARIO

1. ¿A qué escuela asistió la narradora de este cuento?
2. ¿Cómo era la señorita Leocadia?
3. ¿Quién era Ivo?
4. ¿Qué don poseía Ivo?
5. ¿Qué es quizá lo que más se envidiaba de Ivo?
6. ¿Qué le pidió un día Mateo Heredia a la señorita Leocadia?
7. ¿Qué es lo que Ivo veía en la torrecita?
8. ¿Cómo obtuvo por fin la narradora la llave de la torrecita?
9. ¿Qué vio la narradora cuando entró en la torrecita?
10. Cuando la narradora volvió a las montañas años más tarde, ¿qué cosa rara descubrió en el cementerio?

ESTUDIO DE PALABRAS

Complete las oraciones con palabras o expresiones de **Palabras importantes y modismos.**

1. Las clases en la escuela, con la lluvia rebotando en el tejado, _____.
2. Ivo vio a la maestra en la calle e inmediatamente _____ ella para saludarla.
3. Lo dijo _____ que no pude evitar preguntárselo.
4. Finalmente (yo) _____ el árbol de oro y regresé a la ciudad.
5. Durante el otoño (yo) _____ a la escuela de la señorita Leocadia.
6. La escuela se encontraba _____ del pueblo.
7. Fíjate que si algún pájaro se pone encima del árbol también _____ de oro.
8. De pronto (yo) _____ una crucecilla de hierro negro.
9. El muchacho limpió su cuarto y _____ consiguió la llave que tanto deseaba.

10. También la señorita Leocadia _____ prender de aquella red de plata que Ivo tendía a cuantos atendían sus conversaciones.

CONSIDERACIONES

1. ¿Bajo qué circunstancias asiste la narradora del cuento a la escuela en la aldea? ¿Cómo es la escuela?
2. La narradora emplea esta frase descriptiva al describir a Ivo: «...aquella red de plata que Ivo tendía...» ¿A qué se refiere esta metáfora?
3. ¿Cómo se describe a la señorita Leocadia? ¿Qué expresión se utiliza para describir su forma de andar?
4. ¿Por qué para los chicos tenía tanta importancia la torrecita?
5. El cuento describe el aspecto físico de Ivo y algunos aspectos de su personalidad. ¿Cuáles son?
6. Describa el árbol que Ivo dice que se ve desde el interior de la torrecita.
7. La narradora habla de su deseo de ver el árbol, pero le resulta imposible verlo. ¿Cómo se puede explicar esto?
8. ¿Cuál es la verdad que descubre la narradora cuando está en la torrecita?
9. Dos veranos más tarde la narradora del cuento vuelve a la aldea de las montañas. Explique en unas frases lo que ve cuando pasa por el cementerio. ¿Cuáles son sus sentimientos?
10. ¿Por qué deseaba la narradora que se enfermara Ivo? ¿Por qué se alegra tanto la narradora al final de la historia?

ANÁLISIS DEL TEXTO

1. Discuta la importancia del paisaje en este cuento.
2. Discuta el uso de la prefiguración con respecto a la figura de Ivo.
3. Discuta la manera en que la autora maneja la sicología infantil como recurso literario.
4. ¿Quién es el protagonista de este cuento? ¿Por qué?
5. ¿Cuál es el efecto emocional de la última oración del cuento?

PERSPECTIVA PERSONAL

1. ¿Cree Ud. que Ivo realmente vio un árbol de oro? ¿Cómo se explica todo esto?
2. Cuando Ud. era joven, ¿tuvo una experiencia similar a la de la autora de este cuento?
3. ¿Cómo le afectaron a Ud. emotivamente las últimas líneas de este cuento?

BIBLIOGRAFÍA

Díaz, Janet W. *Ana María Matute*. New York: Twayne Publishers, 1971.

Jones, Margaret E. W. *The Literary World of Ana María Matute*. Lexington: University of Kentucky, 1970.

Un pastor con su rebaño, Extremadura, España

Rafael

"**R**afael," published in Matute's collection *El río* (1963), demonstrates the author's interest in human psychology. Set in a small town during the period surrounding the Spanish civil war, it focuses on a lonely and misunderstood boy who is mentally retarded. The story's power and poignancy are derived in part from its being told from the perspective of a child. When reading, pay attention to the details that foreshadow the ending.

*A*NTES DE LEER

PALABRAS IMPORTANTES Y MODISMOS

a causa de	because of
a menudo	often
asomarse a	to lean out
a través de	through
echar mano de	to get hold of
incluso	even, including
mayor	older
menor	younger
no acabar de entender (ie) (algo)	to not fully understand (*something*)
resultar	to turn out to be
tener que + *infinitivo*	to have to (*do something*)

ESTRATEGIAS PARA LEER

The Use of Metaphor (metáforas)

The first paragraph of "Rafael" quickly establishes a present moment, a past moment, and indications of movement toward a future moment. This is information that can be easily understood by the reader on a literal or factual level. In any given narrative, however, there may be moments that can and should be understood in ways that transcend the literal. We are here referring to *figurative language,* and metaphor is one example of the figurative use of language. When a man says that his love is a rose, he most assuredly does not mean that the one he loves *is* a rose, at least not in a literal sense. If understood *metaphorically,* however, the loved one shares the considerable attributes of the rose: beauty, perfection of form, singularity, and so forth. With this in mind, the reader of Matute's "Rafael" should consider the metaphorical implications of the giving of a caged blackbird. Although this particular incident could be tied to a subtext (the Spanish civil war) or understood in a very literal sense, it can also be understood metaphorically.

Before reading "Rafael," scan lines 31–46, looking for clues that might allow a reader to interpret this incident metaphorically. When you have completed this exercise, you may be able to find other incidents and scenes in the story which, when read metaphorically, add both narrative and thematic depth to Matute's tale.

Rafael

RAFAEL ERA UN muchacho rubio, de ojos azules, hijo de unos acomodados[1] labradores del pueblo. Tenía otros hermanos, mayores y menores que él, que vivían y trabajaban en el campo, como la mayoría de los habitantes. Pero Rafael era distinto, y por ello resultaba un estorbo[2] para la familia.
5 En consecuencia, lo mandaron a las montañas, con el rebaño,[3] y, muy raramente bajaba al pueblo.

Yo recuerdo muy bien a Rafael... atravesando el Sestil,[4] tras nuestra casa, con su rebaño. Nosotros queríamos a Rafael porque era dulce, amable, y decía cosas muy especiales. A causa de estas cosas especiales que hacía, y decía, le apartaban sus
10 hermanos y sus padres. Pero, por ello mismo, se atraía nuestro afecto.[5] No acabábamos de entender del todo[6] lo que le pasaba a Rafael, cuya vista siempre nos alegraba. Cuando se recortaba su menuda figurilla sobre las rocas del barranco,[7] nosotros salíamos, y, haciendo bocina[8] con las manos, le llamábamos. Entonces él cantaba. Según decían las personas mayores, lo hacía muy mal, y las criadas llora

---

[1]*comfortably off* [2]resultaba... *he turned out to be an annoyance* [3]*flock* [4]*name of a hill* [5]se... *he endeared himself to us* [6]No... *We never completely understood* [7]Cuando... *When his small figure was etched against the rocks of the ravine* [8]*a horn*

15 ban de risa oyéndole. Pero a nosotros nos gustaba, e, incluso, a veces, nos conmovía...

Rafael quería mucho a mi padre. Únicamente con él tenía confianza, y le comunicaba secretos. A nosotros nos gustaba verle llegar, con su gesto huidizo,[9] y decirnos:

20 —¿Está vuestro padre? Tengo que hablarle.

Mi padre le escuchaba con paciencia. Rafael tenía una obsesión: casarse. Ninguna chica del pueblo le quería, y él se fabricó novias, a su gusto. Recuerdo que, una vez, se hizo un anillo con papel de estaño.[10]

—¿Ve?[11]— dijo con una sonrisa medio pícara, medio inocente.

25 —Es muy bonito— comentó mi padre. El pedazo de papel de plata brillaba al sol, en el dedo rugoso y oscuro. Rafael bajó la voz...

Luego echó mano de una cartera[12] viejísima, y enseñó las fotografías de sus novias. Eran actrices de cine, recortadas de periódicos y revistas. Todos alabamos su buen gusto, y, confieso, que nosotros, los niños, creíamos vagamente, pero con

30 mucha satisfacción, en aquellos amores tan hermosos.

Pasaron los años y llegó la guerra. [13]Cuando volvimos a Mansilla, todo había cambiado, menos Rafael. Las gentes eran menos ingenuas, menos corteses, menos desinteresadas. Sólo Rafael, ya sin juventud, continuaba como antes. Seguía conduciendo su rebaño, por sobre el Sestil, a través del césped de septiembre. Hablaba

35 menos, quizá, y sus ojos tenían una tristeza que nunca le habíamos conocido.

Un día la cocinera nos dijo:

—A Rafael se le ha metido en la cabeza[14] que todos los niños rubios del pueblo, son hijos suyos.

A menudo se le veía espiando a los niños.... Había, en especial, dos niños muy

40 rubios, a los que adoraba. Les llevaba almendras, [15]caramelos; les fabricaba flautas de cañas (silbatos). Un día les trajo un mirlo, [16] en una jaula (toscamente fabricada por él), y, al día siguiente nos dijeron:

—¡Pobre Rafael! El padre de Alfredín y Mateo se ha cansado ya de esta historia.[17] Le esperó escondido, le agarró por una oreja, y le molió a palos, con una

45 estaca así de gorda.[18] Luego pateó la jaula, y el mirlo salió volando que era una gloria.

—¿Y qué le ha pasado a Rafael?

—¿Qué le va a pasar? Con las narices sangrando, molido, se sentó junto a la tapia; y lloraba.

50 El mirlo había huido, y Rafael no encontró nunca su amor. No le volvimos a ver por las montañas. Cayó enfermo, permanecía encerrado en su casa, y sólo los días de la Cruz,[19] cuando pasaba la procesión, se asomaba a la ventana. Su rostro, cenizoso[20] y triste, era como el de un desconocido.

---

[9]gesto... *evasive expression* [10]papel... *tinfoil* [11]*See?* [12]*wallet* [13]*Spanish civil war* (*1936–1939*)
[14]A... *Rafael has gotten it into his head* [15]*almonds* [16]*blackbird* [17]se... *has gotten tired of this story*
(*game*) [18]le molió... *he beat him with a big stake* [19]días... *commemorating the discovery of the*
cross of Christ by St. Elena [20]Su... *His face, ashen*

$\mathscr{D}$ESPUÉS DE LEER

CUESTIONARIO

1. ¿Cómo era Rafael?
2. ¿Tenía hermanos Rafael?
3. ¿Por qué mandaron a Rafael a las montañas?
4. ¿Por qué quería la narradora a Rafael?
5. ¿A quién quería mucho Rafael?
6. ¿Qué obsesión tenía Rafael?
7. ¿A quiénes les llevaba almendras y caramelos Rafael?
8. ¿Qué le hizo el padre de Alfredín y Mateo a Rafael?
9. ¿Encontró Rafael su amor?
10. ¿Cuándo se asomaba a la ventana Rafael?

ESTUDIO DE PALABRAS

Complete las oraciones con palabras o expresiones de **Palabras importantes y modismos.**

1. Rafael tenía otros hermanos, ＿＿ y ＿＿ que él, que vivían y trabajaban en el campo.
2. Rafael era distinto y por ello ＿＿ un estorbo (*hindrance*) para la familia.
3. Luego Rafael ＿＿ una cartera viejísima, y enseñó las fotografías de sus novias.
4. Seguía conduciendo su rebaño (*flock*) ＿＿ del césped (*field*).
5. Sólo los días de la Cruz cuando pasaba la procesión, Rafael ＿＿ la ventana.
6. Rafael estaba tranquilo e ＿＿ alegre, algo que me sorprendió.
7. Nosotros ＿＿ lo que le pasaba a Rafael.
8. Es urgente, (yo) ＿＿ hablarle ahora mismo.
9. Rafael cruzaba la calle frecuentemente. ＿＿ lo veíamos hacer esto, algo prohibido por su padre.
10. ＿＿ estas cosas que hacía, su padre le mandó quedarse en casa.

CONSIDERACIONES

1. Considere la presentación de Rafael. ¿Cuáles son los adjetivos que la narradora usa para describirlo?
2. El texto establece que Rafael y los mayores no se llevaban bien. Entonces, ¿por qué se entendían tan bien Rafael y los menores del pueblo?
3. ¿Cómo se puede predecir el triste desenlace (*conclusion*) del cuento? Busque los detalles que lo indican a lo largo de la narración.
4. ¿Qué se debe decir o pensar de los secretos que tenía Rafael? ¿Por qué razón revelaba sus secretos al padre de la narradora?

5. Escriba su propia versión del párrafo donde el padre de Alfredín ataca a Rafael (líneas 36–46).
6. Hay un gran cambio de tonalidad en el cuento. ¿Cuándo se ve y cuáles son las implicaciones de dicho cambio?
7. Comente la importancia del último párrafo en este cuento. ¿Cuáles son las palabras clave que dictan el tono general?
8. ¿Se puede especular sobre la enfermedad que sufre Rafael?

ANÁLISIS DEL TEXTO

1. ¿Cuál es el tema de «Rafael»?
2. ¿Cuál es el punto de vista narrativo predominante en este cuento? ¿Por qué lo usa la autora?
3. Comente los cambios físicos que experimenta Rafael a lo largo del cuento.
4. Discuta la relación entre el mirlo, la jaula y Rafael.
5. Discuta la importancia de la referencia a la guerra con lo que pasa en este cuento.

PERSPECTIVA PERSONAL

1. ¿Simpatiza Ud. con Rafael o lo desprecia? ¿Trata Matute de influir en su reacción para con él de cierta manera? Busque en el cuento ejemplos que justifiquen su opinión.
2. Rafael inventa o se imagina muchas cosas. ¿Hizo Ud. algo parecido durante su propia juventud? Explique.
3. ¿Qué explicación puede Ud. ofrecer para la situación que existe al final del cuento? ¿Jamás ha sentido Ud. tal aislamiento?

BIBLIOGRAFÍA

Díaz, Janet W. *Ana María Matute.* New York: Twayne Publishers, 1971.

Doyle, Michael Scott. "Entrevista con Ana María Matute." *Anales de la literatura española contemporánea, 10* (1985): 237–247.

Jones, Margaret E. W. *The Literary World of Ana María Matute.* Lexington: University of Kentucky, 1970.

La vida cotidiana en un pueblo español

Pecado de omisión

While both "El árbol de oro" and "Pecado de omisión" deal with the lives of children, they are very different stories. In the latter, Matute treats two of her recurrent themes: solitude and violence. When a village mayor takes in an orphaned distant cousin and then condemns him to the utter solitude of a shepherd's life, the result is a shattering finale of suddenly unleashed violence. As you read the story, look for the psychological elements that precipitate its emotional climax.

ANTES DE LEER

PALABRAS IMPORTANTES Y MODISMOS

acudir a	to go or to come to
a gatas	crawling, on all fours
a la zaga	behind
darse cuenta de	to realize
darse media vuelta	to turn halfway around
de prisa	hurriedly
de un lado para otro	from one place to another
echarse una copa	to have a drink
irse de	to go away to work as
llevarse bien con	to get along with

ni siquiera	not even
ser listo/a	to be smart
soler (ue) + *infinitivo*	to be used to, be in the habit of (*doing something*)

ESTRATEGIAS PARA LEER
Understanding Titles (títulos)

The title of a story is presented out of context for the reader, for it refers to and introduces events that have yet to be read and understood. A title could, as in the case of Edgar Allan Poe's "The Purloined Letter," appear to be completely referential, alluding to an object or perhaps a name that will then prove to be important to the reader. On the other hand, with Matute's "Pecado de omisión" (*"Sin of Omission"*), the meaning of the title could be problematic to decipher. This can be a source of tension, as the reader will want to make sense of the title and, in turn, will want to understand the relationship that is given to exist between title and story. Although it may not be as clearly referential as the title of the famous story by Poe, the title to Ana María Matute's story offers the following implications to the reader: (1) **omisión** clearly suggests a failure to do or include something (whether an object, action, or person); (2) **pecado** is a rather severe and unequivocal judgment of this particular act of **omisión.** The title suggests a failure of tremendous proportions.

Before reading "Pecado de omisión" for the first time, scan the first paragraph and the lines of ensuing dialog, carefully marking any words or phrases that seem to offer an explanation of the title itself. After you have read the entire story, it will prove helpful during your second reading to mark the passages that you feel clarify the title, for the events that unfold will require the reader to reconsider the implications and consequences of the title.

Pecado de omisión

A LOS TRECE años se le murió la madre, que era lo último que le quedaba. Al quedar huérfano[1] ya hacía lo menos tres años que no acudía a la escuela, pues tenía que buscarse el jornal[2] de un lado para otro. Su único pariente era un primo de su padre, llamado Emeterio Ruiz Heredia. Emeterio
5 era el alcalde y tenía una casa de dos pisos asomada a[3] la plaza del pueblo, redonda y rojiza bajo el sol de agosto. Emeterio tenía doscientas cabezas de ganado[4] paciendo por las laderas de Sagrado, y una hija moza, bordeando[5] los veinte, morena, robusta, riente y algo necia. Su mujer, flaca y dura como un chopo, no era de buena lengua[6] y sabía mandar. Emeterio Ruiz no se llevaba bien con aquel primo lejano, y
10 a su viuda, por cumplir, la ayudó buscándole jornales extraordinarios. Luego, al chico, aunque lo recogió una vez huérfano, sin herencia ni oficio, no le miró a derechas.[7] Y como él los de su casa.[8]

[1]*an orphan* [2]*day's wages* [3]asomada... *facing* [4]*cattle* [5]*bordering on* [6]no... *had a sharp tongue* [7]a... *justly* [8]Y... *And neither did his (Ruiz's) family.*

La primera noche que Lope durmió en casa de Emeterio lo hizo debajo del granero.[9] Se le dio cena y un vaso de vino. Al otro día, mientras Emeterio se metía la
15 camisa dentro del pantalón, apenas apuntando el sol en el canto de los gallos, le llamó por el hueco de la escalera, espantando a las gallinas que dormían entre los huecos:

—¡Lope!

Lope bajó descalzo,[10] con los ojos pegados de legañas.[11] Estaba poco crecido
20 para sus trece años y tenía la cabeza grande, rapada.[12]

—Te vas de pastor a Sagrado.

Lope buscó las botas y se las calzó. En la cocina, Francisca, la hija, había calentado patatas con pimentón.[13] Lope las engulló[14] de prisa, con la cuchara de aluminio goteando a cada bocado.

25 —Tú ya conoces el oficio. Creo que anduviste una primavera por las lomas[15] de Santa Áurea, con las cabras del Aurelio Bernal.

—Sí, señor.

—No irás solo. Por allí anda Roque el Mediano. Iréis juntos.

—Sí, señor.

30 Francisca le metió una hogaza[16] en el zurrón,[17] un cuartillo de aluminio, sebo de cabra y cecina.[18]

—Andando— dijo Emeterio Ruiz Heredia.

Lope le miró. Lope tenía los ojos negros y redondos, brillantes.

—¿Qué miras? ¡Arreando!

35 Lope salió, zurrón al hombro. Antes, recogió el cayado,[19] grueso y brillante por el uso, que aguardaba, como un perro, apoyado en la pared.

Cuando iba ya trepando por la loma de Sagrado, lo vio don Lorenzo, el maestro. A la tarde, en la taberna, don Lorenzo lió un cigarrillo junto a Emeterio, que fue a echarse una copa de anís.

40 —He visto al Lope— dijo. —Subía para Sagrado. Lástima de chico.

—Sí— dijo Emeterio, limpiándose los labios con el dorso de la mano. —Va de pastor. Ya sabe: hay que ganarse el currusco.[20] La vida está mala. El «esgraciao» del[21] Pericote no le dejó ni una tapia en que apoyarse y reventar.[22]

—Lo malo —dijo don Lorenzo, rascándose la oreja con su uña larga y amari-
45 llenta— es que el chico vale. Si tuviera medios podría sacarse partido de[23] él. Es listo. Muy listo. En la escuela...

Emeterio le cortó, con la mano frente a los ojos:

—¡Bueno, bueno! Yo no digo que no. Pero hay que ganarse el currusco. La vida está peor cada día que pasa.

50 Pidió otra de anís. El maestro dijo que sí, con la cabeza.

Lope llegó a Sagrado, y voceando encontró a Roque el Mediano. Roque era algo retrasado y hacía unos quince años que pastoreaba para Emeterio. Tendría

---

[9]*barn* [10]*barefoot* [11]*sleep (secretions of the eye)* [12]*shaven* [13]*ground pepper* [14]*devoured* [15]*hills*
[16]*loaf of bread* [17]*shepherd's bag* [18]*un... an aluminum jug, goat suet, and dried beef* [19]*staff*
[20]*hay... one has to earn a living* [21]*«esgraciao»... worthless* [22]*ni... not even a fence to lean on and die* [23]*sacarse... make use of*

cerca de cincuenta años y no hablaba casi nunca. Durmieron en el mismo chozo de barro, bajo los robles, aprovechando el abrazo de las raíces. En el chozo sólo
55 cabían echados y tenían que entrar a gatas, medio arrastrándose. Pero se estaba fresco en el verano y bastante abrigado en el invierno.

El verano pasó. Luego el otoño y el invierno. Los pastores no bajaban al pueblo, excepto el día de la fiesta. Cada quince días un zagal[24] les subía la «collera»,[25] pan, cecina, sebo, ajos. A veces, una bota de vino. Las cumbres de Sagrado
60 eran hermosas, de un azul profundo, terrible, ciego. El sol, alto y redondo, como una pupila impertérrita,[26] reinaba allí. En la neblina del amanecer, cuando aún no se oía el zumbar de las moscas ni crujido alguno, Lope solía despertar, con la techumbre de barro encima de los ojos. Se quedaba quieto un rato, sintiendo en el costado el cuerpo de Roque el Mediano, como un bulto alentante.[27] Luego, arras-
65 trándose, salía para el cerradero. En el cielo, cruzados como estrellas fugitivas, los gritos se perdían, inútiles y grandes. Sabía Dios hacia qué parte caerían. Como las piedras. Como los años. Un año, dos, cinco.

Cinco años más tarde, una vez, Emeterio le mandó llamar, por el zagal. Hizo reconocer a Lope por el médico, y vio que estaba sano y fuerte, crecido como un
70 árbol.

—¡Vaya roble!— dijo el médico, que era nuevo. Lope enrojeció y no supo qué contestar.

Francisca se había casado y tenía tres hijos pequeños, que jugaban en el portal de la plaza. Un perro se le acercó, con la lengua colgando. Tal vez le recordaba.
75 Entonces vio a Manuel Enríquez, el compañero de la escuela que siempre le iba a la zaga. Manuel vestía un traje gris y llevaba corbata. Pasó a su lado y les saludó con la mano.

Francisca comentó:

—Buena carrera, ése. Su padre lo mandó estudiar y ya va para abogado.
80 Al llegar a la fuente volvió a encontrarlo. De pronto, quiso llamarle. Pero se le quedó el grito detenido, como una bola, en la garganta.

—¡Eh!— dijo solamente. O algo parecido.

Manuel se volvió a mirarle, y le conoció. Parecía mentira: le conoció. Sonreía.

—¡Lope! ¡Hombre, Lope... !
85 ¿Quién podía entender lo que decía? ¡Qué acento tan extraño tienen los hombres, qué raras palabras salen por los oscuros agujeros de sus bocas! Una sangre espesa iba llenándole las venas, mientras oía a Manuel Enríquez.

Manuel abrió una cajita plana,[28] de color de plata, con los cigarrillos más blancos, más perfectos que vio en su vida. Manuel se la tendió, sonriendo.
90 Lope avanzó su mano. Entonces se dio cuenta de que era áspera, gruesa. Como un trozo de cecina. Los dedos no tenían flexibilidad, no hacían el juego. Qué rara mano la de aquel otro: una mano fina, con dedos como gusanos grandes, ágiles, blancos, flexibles. Qué mano aquélla, de color de cera, con las uñas brillantes, pulidas. Qué mano extraña: ni las mujeres la tenían igual. La mano de Lope rebus-

---

[24]*young shepherd*   [25]*provisions*   [26]*intrepid*   [27]bulto... *breathing mass*   [28]*flat*

95 có, torpe. Al fin, cogió el cigarrillo, blanco y frágil, extraño, en sus dedos amazacotados:[29] inútil, absurdo, en sus dedos. La sangre de Lope se le detuvo entre las cejas. Tenía una bola de sangre agolpada,[30] quieta, fermentando entre las cejas. Aplastó el cigarrillo con los dedos y se dio media vuelta. No podía detenerse, ni ante la sorpresa de Manuelito, que seguía llamándole:

100 　　—¡Lope! ¡Lope!

Emeterio estaba sentado en el porche, en mangas de camisa, mirando a sus nietos. Sonreía viendo a su nieto mayor, y descansando de la labor, con la bota de vino al alcance de la mano. Lope fue directo a Emeterio y vio sus ojos interrogantes y grises.

105 　　—Anda, muchacho, vuelve a Sagrado, que ya es hora...

En la plaza había una piedra cuadrada, rojiza. Una de esas piedras grandes como melones que los muchachos transportan desde alguna pared derruida.[31] Lentamente, Lope la cogió entre sus manos. Emeterio le miraba, reposado, con una leve curiosidad. Tenía la mano derecha metida entre la faja[32] y el estómago. Ni

110 siquiera le dio tiempo de sacarla: el golpe sordo, el salpicar[33] de su propia sangre en el pecho, la muerte y la sorpresa, como dos hermanas, subieron hasta él, así, sin más.

Cuando se lo llevaron esposado,[34] Lope lloraba. Y cuando las mujeres, aullando como lobas, le querían pegar e iban tras él, con los mantos alzados sobre las

115 cabezas, en señal de duelo, de indignación:

«Dios mío, él, que le había recogido. Dios mío, él, que le hizo hombre. Dios mío, se habría muerto de hambre si él no le recoge...» Lope sólo lloraba y decía:

　　—Sí, sí, sí...

[29]*rough*　[30]*built up*　[31]*ruined*　[32]*belt*　[33]*splashing*　[34]*handcuffed*

*D*ESPUÉS DE LEER

CUESTIONARIO

1. ¿Cuántos años tenía Lope cuando se le murió la madre?
2. ¿Con quién se fue a vivir?
3. ¿Dónde durmió la primera noche?
4. ¿Adónde mandó Emeterio Ruiz a su primo?
5. ¿Qué opinó don Lorenzo, el maestro de Lope?
6. ¿Dónde en Sagrado vivían Lope y Roque el Mediano?
7. ¿Cuántos años habían pasado cuando Emeterio le mandó llamar por el zagal?
8. ¿Quién era Manuel Enríquez?
9. ¿De qué se dio cuenta Lope cuando Manuel le ofreció un cigarrillo?
10. ¿Qué hizo Lope al final del cuento?

ESTUDIO DE PALABRAS

Complete las oraciones con palabras o expresiones de **Palabras importantes y modismos.**

1. El chico tenía prisa pero el maestro _____ le dio tiempo de sacar la llave.
2. Emeterio _____ despertarse a las seis de la mañana.
3. Manuel era ese compañero de clase que siempre le iba _____.
4. Lope devoró las patatas _____ con la cuchara.
5. Lope _____ pastor. Ya sabe: hay que ganarse el pan.
6. En la taberna don Lorenzo lió (*to roll*) un cigarrillo junto a Emeterio, que fue a _____ de anís.
7. Hacía cinco años que el chico no _____ la escuela.
8. Ellos no cabían en el chozo (*hut*) y por eso tenían que entrar _____.
9. Emeterio Ruiz no _____ con Lope.
10. Lope _____ para irse.
11. El chico vale; _____.
12. Entonces él _____ que sus manos eran ásperas, gruesas.
13. El huérfano tenía que buscarse empleo _____.

CONSIDERACIONES

1. ¿Cómo se caracteriza a Emeterio Ruiz al principio del relato? Describa también a su familia y las cosas que él posee.
2. Cuando Lope vivía con su madre, ¿por qué no asistía a la escuela?
3. Desde que Lope llega a la casa de Emeterio, la relación entre ellos no es buena. Busque las partes del texto que muestran el modo en que Emeterio trata a Lope.
4. ¿En qué sentido se puede decir que, para Emeterio, Lope no forma parte de la familia de Emeterio? Dé ejemplos.
5. Cuando el maestro don Lorenzo y Emeterio se encuentran en la taberna, hablan de Lope. Los dos tienen opiniones diferentes sobre lo que Lope debe hacer. Explique brevemente estas opiniones.
6. ¿En qué sentido es inmensa la naturaleza que se ve en Sagrado? ¿Qué les pasa a los pastores que se encuentran en Sagrado?
7. El lugar donde viven los pastores en Sagrado muestra la dureza de su vida. ¿Qué adjetivos y expresiones se utilizan en el cuento para describir el chozo de los pastores?
8. Después de pasar cinco años en Sagrado, Lope vuelve al pueblo. ¿Cuáles son las diferencias que se ven en él y en las personas que antes conocía?
9. ¿A qué se refiere el título?
10. ¿Qué adjetivos se utilizan en el cuento para describir la mano de Manuel Enríquez? Observe también cómo se describe la mano de Lope. ¿Qué trata de subrayar la autora por medio de esa comparación?

ANÁLISIS DEL TEXTO

1. Caracterice el tono evocado por la autora en los primeros párrafos del cuento. ¿Cree Ud. que es serio, poético, hiperbólico, etcétera?
2. ¿Cuál es el punto de vista narrativo predominante en este cuento?
3. Caracterice el estilo que Matute emplea en este cuento. ¿Es difícil, directo, sencillo, etcétera?
4. ¿Dónde se encuentra el clímax emocional de este cuento?
5. En líneas generales, ¿cómo son los personajes de este cuento?
6. ¿Se nota la influencia de la Biblia en este cuento?

PERSPECTIVA PERSONAL

1. ¿Por qué cree Ud. que Lope mató a Emeterio Ruiz?
2. ¿Cree Ud. que se puede justificar la muerte de Emeterio Ruiz?
3. ¿Qué hubiera hecho Ud. en las mismas circunstancias?

BIBLIOGRAFÍA

Díaz, Janet W. *Ana María Matute.* New York: Twayne Publishers, 1971.

Jones, Margaret E. W. *The Literary World of Ana María Matute.* Lexington: University of Kentucky, 1970.

Civilización y barbarie

HORACIO QUIROGA (1878–1937) is justly considered to be one of the most important short story writers of the Hispanic world. A paradoxical, complex man, Quiroga epitomizes the dichotomy between civilization and primitivism that has been a constant theme in the literature of Latin America. Although he was born into a world of middle-class urban comfort, Quiroga spent much of his life in the Argentinean province of Misiones, a region marked by the violent contrast between spectacular tropical beauty and the potential for sudden death. Perhaps no other Spanish-speaking writer has captured the overwhelming power of the land as successfully as Quiroga. Although he was an avid reader of Poe, Dostoyevski, Maupassant, and Chekhov, and was to some degree influenced by them, the stories he produced were a unique creation of the New World and can by no means be considered derivative.

The three stories that follow represent a sampling of Quiroga at his best. Although each story is unique, they all share a number of common features. As you read Quiroga's stories, keep in mind the following comments.

> Quiroga's narrative technique is deceptively simple. Structurally, his stories are conventional, adhering for the most part to a narrative mode as old as oral or written tale-telling, a mode later articulated into an esthetic and practiced by Quiroga's self-acknowledged master, Edgar Allan Poe. With few exceptions, Quiroga's stories grow out of a single intense, dramatic, bizarre, or unusual situation. They proceed through a series of incidents that grow out of this basic situation as inevitably as flower develops

from seed, as fetus from fertilized egg. They reach a climax that is quickly followed by a shocking, intense, or revelatory ending. In terms of this conventional narrative mode, Quiroga works surely, swiftly, and effectively: scene follows memorable scene with no false notes, little or no wasted effort, few if any wrong moves. And Quiroga's stories achieve what Poe deemed the most important goal of the writer of short fiction— totality of effect.* ❧

---

* William Peden, "Some Notes on Quiroga's Stories," *Review 76* (Winter 1976): 40.

La selva tropical

El hombre muerto

"**E**l hombre muerto," which first appeared in *Los desterrados* (1926), is among the most often anthologized of Quiroga's tales. It is an extremely short, tightly constructed, and emotionally powerful story that describes the final moments of a man's life. Many readers feel that "El hombre muerto" comes as close to rendering the sensations of dying as any story ever written. As you read this story, ask yourself which of the four major elements of prose fiction—character, setting, plot, or theme—seems most important.

ANTES DE LEER

PALABRAS IMPORTANTES Y MODISMOS

alcanzar a + *infinitivo*	to succeed in (*doing something*)
a tiempo que	at the same time that
deber ser	must, ought to be
de costumbre	usually
de espaldas a	with one's back to
de reojo	out of the corner of one's eye
desde hace + *tiempo*	since (*time*)
echar una mirada a	to glance at
escapársele a alguien	to slip away from someone
tener que ver con	to have to do with

ESTRATEGIAS PARA LEER

The Role of Leitmotif (leitmotivo)

Leitmotif is generally understood to be a repetition, which can occur in various forms. In literature, it can be the recurrence of a phrase, an image, or even a situation. One might think of the shading between light and darkness, for example, for this contrast is often associated with good and bad, safety and danger. Similarly, in music a specific melody is often associated with a particular individual or mood. The recurring nature of the melody, then, would mark it as a leitmotif. Whether considered in their individual occurrences or in accumulation, these repetitions can be seen to signal and support the theme.

"El hombre muerto" is an elaboration of the theme of death. While Quiroga's approach might seem fairly direct and clear, his elaboration of the theme through the use of leitmotif warrants a closer reading.

How does Quiroga create and elaborate the theme? As you read "El hombre muerto," you will see that this is through the use of leitmotif. How should one approach the relationship between leitmotif and the theme? In this story, one might think about the rather considerable implications of a protagonist without an identifying name, especially when given the very human situation in which he finds himself. Not only does the specific and individual instance give way to a more universal understanding, but it also points to a fair degree of anonymity (being alone in the world). In other words, this momentous event is trivialized and becomes another in a series of insignificant details.

Before reading this story, and in order to understand the importance of the use of leitmotif in Quiroga's story, make a list of additional recurring themes that you can recall from other works, whether in English or Spanish fiction, or in music or film. After you have completed your list of familiar leitmotifs, carefully consider the paragraph that begins, "**La muerte. En el transcurso de la vida...**" (lines 21–25). A lifetime is reduced to a few words, and then, to a final moment. As you read the story, notice how the narrative points to the rather insignificant nature of the death of this man, for he too is reduced to a detail of the greater situation.

El hombre muerto

EL HOMBRE Y su machete acababan de limpiar la quinta calle del bananal.[1] Faltábanles aún dos calles; pero como en éstas abundaban las chircas y malvas silvestres,[2] la tarea que tenían por delante era muy poca cosa. El hombre echó en consecuencia una mirada satisfecha a los arbustos rozados[3] y
5   cruzó el alambrado[4] para tenderse un rato en la gramilla.[5]

Mas al bajar el alambre de púa[6] y pasar el cuerpo, su pie izquierdo resbaló

---

[1]*banana grove*   [2]*las... chirca bushes and jungle mallow*   [3]*arbustos... cleared brush*   [4]*fence*   [5]*grama grass*   [6]*alambre... barbed wire*

sobre un trozo de corteza desprendida del poste, a tiempo que el machete se leescapaba de la mano. Mientras caía, el hombre tuvo la impresión sumamente lejana de no ver el machete de plano[7] en el suelo.

10 Ya estaba tendido en la gramilla, acostado[8] sobre el lado derecho, tal como él quería. La boca, que acababa de abrírsele en toda su extensión, acababa también de cerrarse. Estaba como hubiera deseado estar, las rodillas dobladas y la mano izquierda sobre el pecho. Sólo que tras el antebrazo,[9] e inmediatamente por debajo del cinto, surgían de su camisa el puño y la mitad de la hoja del machete;[10] pero el
15 resto no se veía.

El hombre intentó mover la cabeza, en vano. Echó una mirada de reojo a la empuñadura[11] del machete, húmeda aún del sudor de su mano. Apreció mentalmente la extensión y la trayectoria del machete dentro de su vientre, y adquirió, fría, matemática e inexorable, la seguridad de que acababa de llegar al término de
20 su existencia.

La muerte. En el transcurso de la vida se piensa muchas veces en que un día, tras años, meses, semanas y días preparatorios, llegaremos a nuestro turno al umbral[12] de la muerte. Es la ley fatal, aceptada y prevista; tanto, que solemos dejarnos llevar placenteramente por la imaginación a ese momento, supremo entre todos,
25 en que lanzamos el último suspiro.

Pero entre el instante actual y esa postrera expiración,[13] ¡qué sueños, trastornos, esperanzas y dramas presumimos en nuestra vida! ¡Qué nos reserva aún esta existencia llena de vigor, antes de su eliminación del escenario humano! Es éste el consuelo, el placer y la razón de nuestras divagaciones mortuorias:[14] ¡Tan lejos está
30 la muerte, y tan imprevisto lo que debemos vivir aún!

¿Aún?... No han pasado dos segundos: el sol está exactamente a la misma altura; las sombras no han avanzado un milímetro. Bruscamente, acaban de resolverse para el hombre tendido las divagaciones a largo plazo: Se está muriendo.

Muerto. Puede considerarse muerto en su cómoda postura.

35 Pero el hombre abre los ojos y mira. ¿Qué tiempo ha pasado? ¿Qué cataclismo ha sobrevenido en el mundo? ¿Qué trastorno de la naturaleza trasuda el horrible acontecimiento?[15]

Va a morir. Fría, fatal e ineludiblemente, va a morir.

El hombre resiste —¡es tan imprevisto[16] ese horror! Y piensa: Es una pesadilla;
40 ¡esto es! ¿Qué ha cambiado? Nada. Y mira: ¿No es acaso ese bananal su bananal? ¿No viene todas las mañanas a limpiarlo? ¿Quién lo conoce como él? Ve perfectamente el bananal, muy raleado,[17] y las anchas hojas desnudas al sol. Allí están, muy cerca, deshilachadas[18] por el viento. Pero ahora no se mueven. Es la calma de mediodía; pronto deben ser las doce.

45 Por entre los bananos, allá arriba, el hombre ve desde el duro suelo el techo rojo de su casa. A la izquierda, entrevé el monte y la capuera de canelas.[19] No

---

[7]de... *lying flat* [8]*resting* [9]*forearm* [10]el... *the handle and half of the blade of his machete* [11]*handle* [12]*threshold* [13]postrera... *last breath* [14]divagaciones... *thoughts on death* [15]¿Qué... *What disturbance of nature does this horrible event express?* [16]*unforeseen* [17]*thinned out* [18]*frayed* [19]entrevé... *he glimpses the scrub trees and the wild cinnamon*

alcanza a ver más, pero sabe muy bien que a sus espaldas está el camino al puerto
nuevo; y que en la dirección de su cabeza, allá abajo, yace en el fondo del valle el
Paraná[20] dormido como un lago. Todo, todo exactamente como siempre; el sol de
50 fuego, el aire vibrante y solitario, los bananos inmóviles, el alambrado de postes
muy gruesos y altos que pronto tendrá que cambiar...

¡Muerto! ¿Pero es posible? ¿No es éste uno de los tantos días en que ha salido al
amanecer de su casa con el machete en la mano? ¿No está allí mismo, a cuatro
metros de él, su caballo, su malacara,[21] oliendo parsimoniosamente el alambre de
55 púa?

¡Pero sí! Alguien silba... No puede ver, porque está de espaldas al camino; mas
siente resonar en el puentecito[22] los pasos del caballo... Es el muchacho que pasa
todas las mañanas hacia el puerto nuevo, a las once y media. Y siempre silbando...
Desde el poste descascarado[23] que toca casi con las botas, hasta el cerco vivo de
60 monte[24] que separa el bananal del camino, hay quince metros largos. Lo sabe
perfectamente bien, porque él mismo, al levantar el alambrado, midió la
distancia.

¿Qué pasa, entonces? ¿Es ése o no un natural mediodía de los tantos en Misiones,[25] en su monte, en su potrero,[26] en su bananal ralo? ¡Sin duda! Gramilla corta,
65 conos de hormigas, silencio, sol a plomo...

Nada, nada ha cambiado. Sólo él es distinto. Desde hace dos minutos su persona, su personalidad viviente, nada tiene ya que ver ni con el potrero, que formó
él mismo a azada, durante cinco meses consecutivos; ni con el bananal, obra de sus
solas manos. Ni con su familia. Ha sido arrancado bruscamente, naturalmente, por
70 obra de una cáscara lustrosa[27] y un machete en el vientre. Hace dos minutos: Se
muere.

El hombre, muy fatigado y tendido en la gramilla sobre el costado derecho, se
resiste siempre a admitir un fenómeno de esa trascendencia, ante el aspecto normal y monótono de cuanto mira. Sabe bien la hora: las once y media... El mucha-
75 cho de todos los días acaba de pasar sobre el puente.

¡Pero no es posible que haya resbalado!... El mango[28] de su machete (pronto
deberá cambiarlo por otro; tiene ya poco vuelo[29]) estaba perfectamente oprimido
entre su mano izquierda y el alambre de púa. Tras diez años de bosque, él sabe
muy bien cómo se maneja un machete de monte. Está solamente muy fatigado del
80 trabajo de esa mañana, y descansa un rato como de costumbre.

¿La prueba?... ¡Pero esa gramilla que entra ahora por la comisura[30] de su boca la
plantó él mismo, en panes de tierra[31] distantes un metro uno de otro! ¡Y ése es su
bananal; y ése es su malacara, resoplando[32] cauteloso ante las púas del alambre! Lo
ve perfectamente; sabe que no se atreve a doblar la esquina del alambrado, porque
85 él está echado casi al pie del poste. Lo distingue muy bien; y ve los hilos oscuros de
sudor que arranca de la cruz y del anca. El sol cae a plomo, y la calma es muy

---

[20]*river in Brazil and Argentina* [21]*horse with a white-spotted forehead* [22]*little bridge* [23]*stripped of bark* [24]*cerco... live thicket fence* [25]*province in northeastern Argentina* [26]*ranch* [27]*por... because of a slippery piece of bark* [28]*handle* [29]*tiene... it's worn down* [30]*corner* [31]*panes... squares of land* [32]*snorting*

grande, pues ni un fleco de los bananos se mueve. Todos los días como *ése,* ha visto las mismas cosas.

...Muy fatigado, pero descansa sólo. Deben de haber pasado ya varios minu-
90 tos... Y a las doce menos cuarto, desde allá arriba, desde el chalet de techo rojo, se desprenderán[33] hacia el bananal su mujer y sus dos hijos, a buscarlo para almorzar. Oye siempre, antes que las demás, la voz de su chico menor que quiere soltarse de la mano de su madre: ¡Piapiá! ¡piapiá!

¿No es eso?... ¡Claro, oye! Ya es la hora. Oye efectivamente la voz de su hijo...

95 ¡Qué pesadilla!... ¡Pero es uno de los tantos días, trivial como todos, claro está! Luz excesiva, sombras amarillentas,[34] calor silencioso de horno sobre la carne, que hace sudar al malacara inmóvil ante el bananal prohibido.

...Muy cansado, mucho, pero nada más. ¡Cuántas veces, a mediodía como ahora, ha cruzado volviendo a casa ese potrero, que era capuera[35] cuando él llegó,
100 y que antes había sido monte virgen! Volvía entonces, muy fatigado también, con su machete pendiente de la mano izquierda, a lentos pasos.

Puede aún alejarse con la mente, si quiere; puede si quiere abandonar un instante su cuerpo y ver desde el tajamar[36] por él construido, el trivial paisaje de siempre: el pedregullo volcánico con gramas rígidas;[37] el bananal y su arena roja; el
105 alambrado empequeñecido en la pendiente, que se acoda hacia el camino.[38] Y más lejos aún ver el potrero, obra sola de sus manos. Y al pie de un poste descascarado, echado sobre el costado derecho y las piernas recogidas, exactamente como todos los días, puede verse a él mismo, como un pequeño bulto asoleado[39] sobre la gramilla, —descansando, porque está muy cansado...

110 Pero el caballo rayado de sudor, e inmóvil de cautela ante el esquinado[40] del alambrado, ve también al hombre en el suelo y no se atreve a costear[41] el bananal, como desearía. Ante las voces que ya están próximas —¡Piapiá!— vuelve un largo, largo rato las orejas inmóviles al bulto: y tranquilizado al fin, se decide a pasar entre el poste y el hombre tendido, —que ya ha descansado.

[33]se... *will set out* [34]*yellowish* [35]*wild brush* [36]*flood ditch* [37]pedregullo... *stiff grass in the field of volcanic soil* [38]empequeñecido... *fading out of sight in the distance as it slopes toward the road* [39]*bathed in sunlight* [40]*corner* [41]*enter*

𝒟ESPUÉS DE LEER

CUESTIONARIO

1. ¿Qué acababa de hacer el hombre?
2. ¿Qué le pasó al hombre al bajar el alambre de púa?
3. Mientras caía, ¿qué impresión tuvo el hombre?
4. Cuando el hombre echó una mirada de reojo a la empuñadura del machete, ¿de qué se dio cuenta?
5. ¿En qué cosa piensa uno en el transcurso de la vida, según el cuento?
6. ¿Cuándo tiene lugar la acción de este cuento?

7. ¿Qué ve el hombre desde el duro suelo?
8. ¿Quién silba?
9. A las doce menos cuarto, ¿quiénes vendrán a buscar al hombre?
10. ¿Qué le ha pasado al hombre al final del cuento?

ESTUDIO DE PALABRAS

A. Complete las oraciones con palabras o expresiones de **Palabras importantes y modismos.**

1. El muchacho resbaló sobre la hierba (*grass*) _____ el machete caía al suelo.
2. Al caer, el machete _____ de la mano.
3. El hombre _____ la empuñadura (*handle*) del machete.
4. Es la calma de mediodía: pronto _____ las doce.
5. No puede ver, porque está _____ al camino.
6. Está solamente muy fatigado y descansa un rato como _____.
7. El hombre estaba nervioso y por eso le echó una mirada _____ al joven que lo seguía.
8. He estado aquí _____ tres horas y mi familia no ha llegado.
9. Esto no _____ nada contigo, es mi problema.
10. No _____ ver más.

B. Empareje las palabras con sus sinónimos.

1. _____ machete
2. _____ intentar
3. _____ camino
4. _____ fatigado
5. _____ tender
6. _____ alambre de púa
7. _____ faltar
8. _____ acabar
9. _____ ver
10. _____ trastorno

a. necesitar
b. cansado
c. vía
d. mirar
e. tumbarse
f. terminar
g. cuchillo
h. tratar de
i. cerco
j. cataclismo

CONSIDERACIONES

1. Observe detenidamente la descripción de lo que hace el hombre cuando va a descansar (líneas 1–9). Describa con sus propias palabras lo que le ocurre.
2. ¿En qué sentido se puede decir que los primeros dos párrafos se definen por la ironía trágica?
3. Cuando el hombre está tendido en el suelo, comienza a pensar. ¿Cuáles son las preguntas que se hace? ¿Qué intenta expresar el autor con esa serie de preguntas?

4. ¿Piensa Ud. que, en cierto sentido, la vida del hombre se ha vuelto más larga e intensa? ¿Cómo se ven marcados los momentos de suspenso?
5. A lo largo del texto se describe lo que el hombre ve desde el suelo y lo que él sabe que está allí, aunque no lo esté viendo directamente. Basándose en esta información, describa el paisaje de la zona.
6. ¿Por qué se enfatiza que es un día de tantos y que todo sigue «exactamente como siempre» (línea 49)?
7. ¿Quiénes se encuentran diariamente con el hombre a la hora del almuerzo? ¿Cómo se narra esto en el cuento?
8. Comente el efecto que produce el incluir frases de esta índole: «...sabe muy bien...», «lo sabe perfectamente bien, porque... midió la distancia...» y «él sabe muy bien cómo se maneja un machete...»
9. Describa lo que hace el caballo al final del cuento (líneas 109–113). ¿Por qué decide por fin entrar en el bananal?

ANÁLISIS DEL TEXTO

1. ¿Cuál es el tema de «El hombre muerto»?
2. ¿Cómo se explica el hecho de que este cuento comienza en el momento que podría ser su desenlace?
3. Discuta el papel del tiempo en este cuento. ¿Cómo avanza el tiempo?
4. ¿Cuáles son los aspectos regionales y universales de este cuento?
5. Discuta la función del narrador en «El hombre muerto». ¿Cuál es la importancia de su presencia como testigo de los sucesos que cuenta?
6. Discuta la organización estética de «El hombre muerto» como lucha entre realidad e irrealidad.

PERSPECTIVA PERSONAL

1. La muerte es un tema universal en la literatura. ¿Cuáles son algunas obras que Ud. ha leído que tratan el mismo tema?
2. Si Ud. fuera el protagonista de este cuento, ¿en qué pensaría Ud.?
3. ¿Qué emociones y sensaciones ha experimentado Ud. al leer este cuento?

BIBLIOGRAFÍA

Alazraki, Jaime. "Un tema y tres cuentos de Horacio Quiroga." *Cuadernos americanos, 173* (September–December 1970): 194–205.

Etcheverry, José E. "El hombre muerto." In *Aproximaciones a Horacio Quiroga,* edited by Ángel Flores, 269–276. Caracas: Monte Ávila, 1976.

McIntyre, John C. "Horacio Quiroga and Jack London Compared: 'A la deriva,' 'El hombre muerto,' and 'To Build a Fire.'" *New Comparison: A Journal of Comparative and General Literary Studies,* 7 (Summer, 1989): 143–159.

Videla de Rivero, Gloria. "Sobre 'El hombre muerto' de Horacio Quiroga." *Explicación de textos literarios, 12* (1983–1984): 11–18.

La casa del Marqués de San Jorge, en Colombia, ejemplifica la
elegancia de la arquitectura hispánica

El almohadón de plumas

"**E**l almohadón de plumas," first published in *Caras y caretas* in 1907, is one of
Quiroga's earliest stories and one of the best examples of his skill with the
Gothic horror story. The startling revelation of the last paragraph has stunned
readers for generations. But beyond the conventions of the horror genre, the
story can be read on a more symbolic plane. Here is one interpretation.

> The effects of horror, something mysterious and perverse pervading the
> atmosphere, are all there from the beginning of the story, and Quiroga
> skillfully, gradually readies the terrain, so that we are somewhat prepared
> for, though we do not anticipate, the sensational revelation at the end.
> But this story takes on much more meaning and subtlety when we realize
> that the anecdote can be interpreted on a symbolical level: the ailing Ali-
> cia suffers from hallucinations brought on by her husband's hostility and
> coldness, for he is the real monster.[*]

---

[*] George D. Schade, "Introduction," in Horacio Quiroga, *The Decapitated Chicken and Other Stories,*
trans. M.S. Peden (Austin, Tex.: The University of Texas Press, 1976), xi.

$\mathscr{A}$NTES DE LEER

PALABRAS IMPORTANTES Y MODISMOS

al día siguiente	on the following day
a media voz	in a low voice
a ratos	at times
dejar caer	to let fall
de repente	suddenly
encogerse de hombros	to shrug one's shoulders
influir en	to influence
no obstante	nevertheless
por su parte	as far as he/she is/was concerned
volver (ue) en sí	to come to, regain consciousness

ESTRATEGIAS PARA LEER

Lexical Choices (El léxico)

If one understands, in a very broad sense, that a story is a narrative about situations or events, then one must remember that these narratives represent very specific choices of words and phrases, *lexical* choices. At times, then, the very sounds of certain words or the broader meanings of the words used in the text become extremely important. These linguistic decisions of the author help to make the narrative more profound.

Although the title to Quiroga's "El almohadón de plumas" (*The large feather pillow*) certainly creates an image, the reader finds that the very first sentence of the story adds, in no small way, to its meaning. The relationship between **almohadón** and **luna de miel** (*honeymoon*) can be understood somewhat unproblematically. This understanding, however, is quickly violated by the end of the sentence, which creates a situation that would seem to be paradoxical: a honeymoon fraught with fear. By extension, then, we see linked at this point the **almohadón**, marriage, and a negative tone.

Another interesting word choice is found in line 40 of the text. While **ahogaba** (*drowned*) is most certainly an appropriate verb to depict how a carpet muffles one's footsteps, one might consider that the author could easily have selected a word that did not conjure up the horrifying and morbid image of drowning. The use of this verb, given the context being developed by the narrative, would seem to imply a conscious lexical decision.

In order to become more aware of the importance of lexical choices, read lines 17–19 before your first reading of the story, focusing in particular on the phrase, "**En ese extraño nido de amor**." What lexical choices has the author made that help to convey the particular tone or feeling that comes from this paragraph? After having read the entire story, this paragraph, and especially this phrase, will acquire a very specific meaning.

El almohadón de plumas

SU LUNA DE miel[1] fue un largo escalofrío.[2] Rubia, angelical y tímida, el carácter duro de su marido heló sus soñadas niñerías de novia. Ella lo quería mucho, sin embargo, aunque a veces con un ligero estremecimiento[3] cuando volviendo de noche juntos por la calle, echaba una furtiva mirada a la alta estatura de Jordán, mudo desde hacía una hora. Él, por su parte, la amaba profundamente, sin darlo a conocer.

Durante tres meses —se habían casado en abril—, vivieron una dicha[4] especial. Sin duda hubiera ella deseado menos severidad en ese rígido cielo de amor; más expansiva e incauta ternura;[5] pero el impasible semblante de su marido la contenía siempre.[6]

La casa en que vivían influía no poco en sus estremecimientos. La blancura del patio silencioso —frisos,[7] columnas y estatuas de mármol— producía una otoñal impresión de palacio encantado. Dentro, el brillo glacial del estuco,[8] sin el más leve rasguño en las altas paredes,[9] afirmaba aquella sensación de desapacible[10] frío. Al cruzar de una pieza a otra, los pasos hallaban eco en toda la casa, como si un largo abandono hubiera sensibilizado su resonancia.[11]

En ese extraño nido[12] de amor, Alicia pasó todo el otoño. Había concluido, no obstante, por echar un velo[13] sobre sus antiguos sueños, y aun vivía dormida en la casa hostil, sin querer pensar en nada hasta que llegaba su marido.

No es raro que adelgazaba.[14] Tuvo un ligero ataque de influenza que se arrastró[15] insidiosamente días y días; Alicia no se reponía nunca. Al fin una tarde pudo salir al jardín apoyada en el brazo de su marido. Miraba indiferente a uno y otro lado. De pronto Jordán, con honda ternura, le pasó muy lento la mano por la cabeza, y Alicia rompió en seguida en sollozos,[16] echándole los brazos al cuello.[17] Lloró largamente todo su espanto callado, redoblando el llanto a la más leve caricia de Jordán. Luego los sollozos fueron retardándose, y aun quedó largo rato escondida en su cuello, sin moverse ni pronunciar palabra.

Fue ése el último día que Alicia estuvo levantada. Al día siguiente amaneció desvanecida.[18] El médico de Jordán la examinó con suma atención, ordenándole calma y descanso absolutos.

—No sé— le dijo a Jordán en la puerta de calle. —Tiene una gran debilidad que no me explico. Y sin vómitos, nada... si mañana se despierta como hoy, llámeme en seguida.

Al día siguiente Alicia amanecía peor. Hubo consulta. Constatóse una anemia de marcha agudísima,[19] completamente inexplicable. Alicia no tuvo más desmayos,[20] pero se iba visiblemente a la muerte. Todo el día el dormitorio estaba con las luces prendidas y en pleno silencio. Pasábanse horas sin que se oyera el

---

[1]luna... *honeymoon* [2]*shiver* [3]ligero... *slight shiver* [4]*happiness* [5]incauta... *incautious tenderness* [6]el... *her husband's stern manner always restrained her* [7]*friezes* [8]*stucco* [9]sin... *the completely bare, high walls* [10]*unpleasant* [11]como... *as if long abandonment had sensitized its resonance* [12]*nest* [13]*veil* [14]*she grew thin* [15]se... *dragged on* [16]*sobs* [17]*neck* [18]*feeling faint* [19]Constatóse... *It was decided she had advanced anemia* [20]*fainting spells*

menor ruido. Alicia dormitaba.[21] Jordán vivía casi en la sala, también con toda la luz encendida. Paseábase sin cesar de un extremo a otro, con incansable obstinación.

40 La alfombra[22] ahogaba sus pasos. A ratos entraba en el dormitorio y proseguía su mudo vaivén[23] a lo largo de la cama, deteniéndose un instante en cada extremo a mirar a su mujer.

Pronto Alicia comenzó a tener alucinaciones,[24] confusas y flotantes al principio, y que descendieron luego a ras del suelo.[25] La joven, con los ojos desmesurada-

45 mente[26] abiertos, no hacía sino mirar la alfombra a uno y otro lado del respaldo[27] de la cama. Una noche quedó de repente con los ojos fijos. Al rato abrió la boca para gritar, y sus narices y labios se perlaron de[28] sudor.

—¡Jordán! ¡Jordán!— clamó, rígida de espanto, sin dejar de mirar la alfombra.

Jordán corrió al dormitorio, y al verlo aparecer Alicia lanzó un alarido[29] de

50 horror.

—¡Soy yo, Alicia, soy yo!

Alicia lo miró con extravío,[30] miró la alfombra, volvió a mirarlo, y después de largo rato de estupefacta confrontación, volvió en sí. Sonrió y tomó entre las suyas[31] la mano de su marido, acariciándolas[32] por media hora temblando.

55 Entre sus alucinaciones más porfiadas,[33] hubo un antropoide[34] apoyado en la alfombra sobre los dedos, que tenía fijos en ella los ojos.

Los médicos volvieron inútilmente. Había allí delante de ellos una vida que se acababa, desangrándose[35] día a día, hora a hora, sin saber absolutamente cómo. En la última consulta Alicia yacía en estupor mientras ellos la pulsaban, pasándose de

60 uno a otro la muñeca inerte.[36] La observaron largo rato en silencio, y siguieron al comedor.

— Pst...— se encogió de hombros desalentado[37] el médico de cabecera.[38] —Es un caso inexplicable... Poco hay que hacer...

—¡Sólo eso me faltaba!— resopló[39] Jordán. Y tamborileó[40] bruscamente sobre

65 la mesa.

Alicia fue extinguiéndose en subdelirio de anemia, agravado de tarde, pero que remitía[41] siempre en las primeras horas. Durante el día no avanzaba su enferme-dad, pero cada mañana amanecía lívida, en síncope casi.[42] Parecía que únicamente de noche se le fuera la vida en nuevas oleadas[43] de sangre. Tenía siempre al

70 despertar la sensación de estar desplomada[44] en la cama con un millón de kilos encima. Desde el tercer día este hundimiento[45] no la abandonó más. Apenas podía mover la cabeza. No quiso que le tocaran la cama, ni aun que le arreglaran el almohadón. Sus terrores crepusculares avanzaban ahora en forma de monstruos que se arrastraban hasta la cama, y trepaban dificultosamente por la colcha.[46]

75 Perdió luego el conocimiento. Los dos días finales deliró sin cesar a media voz.

[21]*dozed* [22]*rug* [23]proseguía... *continued his silent pacing* [24]*hallucinations* [25]*a... to floor level* [26]*excessively* [27]*head* [28]se... *were bathed in* [29]*scream* [30]con... *confusedly* [31]entre... *in her hands* [32]*caressing them* [33]*persistent* [34]*anthropoid (resembling an ape)* [35]*bleeding to death* [36]muñeca... *listless wrist* [37]*discouraged* [38]de... *in charge* [39]*sighed* [40]*he drummed (his fingers)* [41]*got better* [42]amanecía... *she woke up pale, almost in a faint* [43]*waves* [44]*weighted down* [45]*sinking* [46]trepaban... *climbed upon the bedspread*

Las luces continuaban fúnebremente encendidas en el dormitorio y la sala. En el ilencio agónico de la casa no se oía más que el delirio monótono que salía de la cama, y el sordo retumbo[47] de los eternos pasos de Jordán.

Alicia murió al fin. La sirvienta, cuando entró después a deshacer la cama, sola ya, miró un rato extrañada el almohadón.

—¡Señor!— llamó a Jordán en voz baja. —En el almohadón hay manchas que parecen de sangre.

Jordán se acercó rápidamente y se dobló[48] sobre aquél. Efectivamente, sobre la funda,[49] a ambos lados del hueco que había dejado la cabeza de Alicia, se veían manchitas oscuras.

—Parecen picaduras[50]— murmuró la sirvienta después de un rato de inmóvil observación.

—Levántelo a la luz— le dijo Jordán.

La sirvienta lo levantó; pero en seguida lo dejó caer, y se quedó mirando a aquél, lívida y temblando. Sin saber por qué, Jordán sintió que los cabellos se le erizaban.[51]

—¿Qué hay?— murmuró con la voz ronca.[52]

—Pesa mucho— articuló la sirvienta, sin dejar de temblar.

Jordán lo levantó; pesaba extraordinariamente. Salieron con él, y sobre la mesa del comedor Jordán cortó funda y envoltura de un tajo.[53] Las plumas superiores volaron, y la sirvienta dio un grito de horror con toda la boca abierta, llevándose las manos crispadas a los bandós:[54] —sobre el fondo, entre las plumas, moviendo lentamente las patas velludas,[55] había un animal monstruoso, una bola viviente y viscosa. Estaba tan hinchado que apenas se le pronunciaba la boca.[56]

Noche a noche, desde que Alicia había caído en cama, había aplicado sigilosamente[57] su boca —su trompa,[58] mejor dicho— a las sienes de aquélla, chupándole[59] la sangre. La picadura era casi imperceptible. La remoción[60] diaria del almohadón sin duda había impedido al principio su desarrollo; pero desde que la joven no pudo moverse, la succión fue vertiginosa. En cinco días, en cinco noches, había el monstruo vaciado a Alicia.

Estos parásitos de las aves, diminutos en el medio habitual, llegan a adquirir en ciertas condiciones proporciones enormes. La sangre humana parece serles particularmente favorable, y no es raro hallarlos en los almohadones de plumas.

[47]sordo... *soft patter* [48]se... *bent over* [49]*pillowcase* [50]*bites* [51]los... *his hair stood on end* [52]*hoarse*
[53]funda... *the covering and the pillowcase with one cut* [54]*headband* [55]patas... *hairy legs*
[56]apenas... *one could barely see its mouth* [57]*secretly* [58]*snout* [59]*sucking* [60]*fluffing*

𝒟ESPUÉS DE LEER

CUESTIONARIO

1. ¿Cómo fue la luna de miel de Alicia?
2. ¿Cómo se llamaba el esposo de Alicia?

3. ¿Cómo era la casa en que vivían?
4. ¿Por qué no era raro que Alicia adelgazaba?
5. ¿Qué le ordenó a Alicia el médico de Jordán?
6. ¿Qué cosa aparecía en sus alucinaciones más persistentes?
7. ¿Cuándo era más fuerte la enfermedad de Alicia?
8. ¿Qué notó la sirvienta en el almohadón de Alicia?
9. ¿Qué había en el almohadón?
10. ¿De qué murió Alicia?

ESTUDIO DE PALABRAS

A. Complete las oraciones con palabras o expresiones de **Palabras importantes y modismos.**

1. Aunque su familia había rechazado a Alicia, Jordán _____ la amaba profundamente.
2. La enfermedad de su esposa _____ mucho en su actitud hacia la vida.
3. Alicia había decidido _____ seguir con sus actividades normales a pesar de las amenazas del médico.
4. Ése fue el último día que Alicia estaba bien. _____ estaba peor.
5. Después de un largo desmayo, Alicia _____.
6. Jordán entraba en el dormitorio para ver a Alicia de cuando en cuando. Es decir que entraba _____ para verla.
7. Cuando Jordán vio a Alicia delirando en la cama _____ se echó a llorar.
8. El médico no sabía qué hacer. En este momento _____ y salió desanimado del cuarto.
9. Hablaba en voz baja, es decir, _____.
10. La sirvienta levantó el almohadón; pero en seguida lo _____.

B. Empareje las palabras o expresiones con sus sinónimos.

1. _____ dormitorio
2. _____ sirvienta
3. _____ parásitos
4. _____ terror
5. _____ marido
6. _____ alucinaciones
7. _____ inexplicable
8. _____ no obstante
9. _____ mirar
10. _____ en seguida

a. sin embargo
b. esposo
c. inmediatamente
d. visiones
e. animales
f. sala de dormir
g. criada
h. horror
i. observar
j. incomprensible

CONSIDERACIONES

1. Describa las relaciones entre estos dos que se amaban «mucho» y «profundamente».

2. El narrador dice que es extraño el «nido de amor» (línea 17) que tienen Alicia y Jordán y lo es en doble sentido. Comente.
3. Describa con sus propias palabras lo que ocurre el último día en que Alicia estuvo levantada y los dos paseaban por el jardín.
4. ¿Establece o sugiere el texto una relación entre Jordán y la enfermedad que sufre Alicia?
5. ¿Cómo es el animal que Jordán encontró dentro del almohadón? ¿Por qué era tan grande?
6. Al final del texto descubrimos la razón de la enfermedad de Alicia. Repase el texto, ahora que Ud. sabe la causa, y haga una lista de las frases que anuncian el final y sirven como prefiguración.

ANÁLISIS DEL TEXTO

1. Discuta el papel que hace el ambiente otoñal en «El almohadón de plumas». ¿Cómo es la casa en que los protagonistas vivían?
2. Discuta la figura de Jordán en función del contraste con la de Alicia.
3. ¿Puede hablarse de una *doble* presencia del horror en este cuento? ¿Cómo?
4. Discuta la función de las alucinaciones de Alicia como prefiguración del desenlace.
5. Discuta la importancia del último párrafo de «El almohadón de plumas». ¿Cómo lleva Quiroga al lector hacia el desenlace final?

PERSPECTIVA PERSONAL

1. ¿Ha experimentado Ud. una sensación de horror similar a la que sintió la sirvienta en este cuento?
2. ¿Cree Ud. que —en cierto sentido— «existen» animales similares al animal descrito en esta narración?
3. «En el *New York Times* del 25 de mayo de 1973, se narra el caso de Rimpy Mundi, niño de cuatro años, paralizado durante cinco días y a punto de morir. Los médicos del hospital no sabían a qué atribuir su enfermedad. Afortunadamente una enfermera, que días antes había asistido a una conferencia sobre reznos y garrapatas (*parasitic larvae and ticks*), espulgó a Rimpy y le sacó una garrapata. El enfermito recuperó su salud horas más tarde.»* Discuta Ud. esta cita con relación al cuento «El almohadón de plumas».

BIBLIOGRAFÍA

Arango L., Manuel Antonio. "Lo fantástico en el tema de la muerte en dos cuentos de Horacio Quiroga: 'El almohadón de plumas' y 'La insolación.'" *Explicación de textos literarios, 8* (1979–1980): 183–190.

---

*José E. Etcheverry, "La retórica del almohadón," in *Aproximaciones a Horacio Quiroga,* ed. Ángel Flores (Caracas, Monte Ávila, 1976), 215–219.

Etcheverry, José E. "La retórica del almohadón." In *Aproximaciones a Horacio Quiroga,* edited by Ángel Flores, 215–219. Caracas: Monte Ávila, 1976.

Gambarini, Elsa K. "El discurso y su transgresión: 'El almohadón de plumas', de Horacio Quiroga." *Revista Iberoamericana, 46* (July–December 1980): 443–457.

Veiravé, Alfredo. "El almohadón de plumas, lo ficticio y lo real." In *Aproximaciones a Horacio Quiroga,* edited by Ángel Flores, 209–214. Caracas: Monte Ávila, 1976.

La avenida 9 de julio, Buenos Aires, Argentina

Tres cartas... y un pie

"**T**res cartas... y un pie" is a much anthologized story that was first published in Buenos Aires in 1918 in *Mundo Argentino*. Quiroga was not only an able story teller, but also a sophisticated theoretician of the genre. In his essay, "Decálogo del perfecto cuentista," he underscores the importance of the ability to carry a story line to a surprising conclusion and its effect on the overall aesthetics. As you read "Tres cartas... y un pie," try to discover how the narrator maintains a level of tension in this story, and how he keeps us in a state of suspense until the surprising ending.

*A*NTES DE LEER

PALABRAS IMPORTANTES Y MODISMOS

aburrirse	to get bored
a primera vista	at a glance
estar mal vestido/a	to be poorly dressed
ir deslizándose	to go gliding along
la maniobra	move, maneuver
se trata de	it's a matter of

ESTRATEGIAS PARA LEER

Conclusions (Finales abiertos, cerrados, irónicos)

A short story will often rely quite heavily on the use of an effective conclusion. Although this may also be true of novels, it could be said this is more imperative in the short story, when one considers the obvious structural constraints imosed on the genre. The lapse between beginning and ending can be quite brief, as in Quiroga's "Tres cartas... y un pie." Because of this, then, an effective ending can be crucial.

Endings can be broadly categorized as being open, closed, or ironic, although irony could certainly be combined with endings that are either open or closed. An open ending brings the narrative to an acceptable and logical conclusion, but it allows for a future continuation of the narrative, much in the same way that some films allow for the possibility of a sequel. A closed ending, on the other hand, also brings the narrative to a logical conclusion, but it does so in a way that allows the narrative to be understood as finalized (this does not suggest, however, that the **protagonista** or **personajes** of a story must die in order for an ending to be considered closed). The final category includes endings that are tinged with irony, for the intent of this type of ending is to signal the very sudden and satisfying twist that an ironic ending provides. Again, this type of ending may also be configured to provide closure or to remain open.

Quiroga was a very popular writer during his time, publishing most of his stories in magazines and newspapers. His readers were tantalized by his ability to produce surprise endings, sudden twists of fortune, and so on. Before reading this story, make a list of memorable short stories you have read. Can you recall whether the endings were open, closed, or ironic? These examples should help you better appreciate the very special ending Quiroga supplies the reader in this particular tale.

Tres cartas... y un pie

Señor:

Me permito enviarle estas líneas por si usted tiene la amabilidad de hacerlas publicar con su firma. Le hago este pedido porque me informan de que no sería fácil obtener la publicación. Si le parece, puede dar a mis impresiones un
5 estilo masculino, con lo que tal vez ganarían.

Mis obligaciones me imponen tomar dos veces por día el tranvía,[1] y hace cinco años que hago el mismo recorrido. A veces, de vuelta, regreso con algunas compañeras, pero de ida voy siempre sola. Tengo veinte años, soy alta, no flaca y nada trigueña.[2] Tengo la boca un poco grande y poco pálida. No creo tener los ojos
10 pequeños. Este conjunto, en apreciaciones negativas, como usted ve, me basta, sin embargo, para juzgar a muchos hombres; tantos, que me atrevería a decir a todos.

Usted sabe también que es costumbre en ustedes al subir al tranvía, echar una ojeada hacia adentro por las ventanillas. Ven así todas las caras (las de mujeres, por supuesto, porque son las únicas que les interesan). Después suben y se sientan.

---

[1] *trolley car* [2] *dark skinned*

15   Pues bien: desde que el hombre desciende de la vereda,[3] se acerca al coche y mira adentro, yo sé perfectamente, sin equivocarme jamás, qué clase de hombre es. Sé si es serio, o si quiere aprovechar bien los diez centavos, efectuando de paso una rápida conquista. Conozco en seguida a los que quieren ir cómodos y nada más, y a los que prefieren la incomodidad al lado de una chica.

20   Y cuando el asiento a mi lado está vacío, desde esa mirada por la ventanilla sé ya perfectamente cuáles son los indiferentes que se sentarán en cualquier lado; cuáles los interesados (a medias)[4] que después de sentarse volverán la cabeza a medirnos[5] tranquilamente; y cuáles los audaces, por fin, que dejarán en blanco siete asientos libres[6] para ir a buscar la incomodidad a mi lado, allá en el fondo del 25   coche.

Éstos son, por supuesto, los más interesantes. Contra la costumbre general de las chicas que viajan solas, en vez de levantarme y ofrecer el sitio interior libre, yo me corro sencillamente hacia la ventanilla para dejar amplio lugar al importuno.

30   ¡Amplio lugar!... Ésta es una simple expresión. Jamás los tres cuartos de asiento abandonados por una muchacha a su vecino le son suficientes. Después de moverse y removerse a su gusto le invade de pronto una inmovilidad extraordinaria a punto de creérsele paralítico. Esto es una simple apariencia; porque si una persona lo observa desconfiando de esa inmovilidad, nota que el cuerpo del señor, insen-35   siblemente, con una suavidad que hace honor a su mirada distraída, se va deslizando poco a poco por un plano inclinado hasta la ventanilla, donde está precisamente la chica que él no mira ni parece importarle absolutamente nada.

Así son; podría jurarse que están pensando en la luna. Entre tanto, el pie derecho (o el izquierdo) continúa deslizándose imperceptiblemente por el plano in-40   clinado.

Confieso que en estos casos tampoco me aburro. De una simple ojeada,[7] al correrme hacia la ventanilla, he apreciado la calidad de mi pretendiente. Sé si es un audaz de primera instancia,[8] digamos, o si es de los realmente preocupantes. Sé si es un buen muchacho, o si es un tipo vulgar. Si es un ladrón de puños,[9] o un simple 45   raterillo;[10] si es un seductor (el *seduisant,* no *seducteur,*[11] de los franceses), o un mezquino aprovechador.[12]

A primera vista parecería que en el acto de deslizar subrepticiamente el pie con cara de hipócrita no cabe sino un ejecutor: el ratero.[13] No es así, sin embargo, y no hay chica que no lo haya observado. Cada tipo requiere una defensa especial; pero 50   casi siempre, sobre todo si el muchacho es muy joven o está mal vestido, se trata de un raterillo.

La táctica en éste no varía jamás. Primero de todo, la súbita inmovilidad y el aire de pensar en la luna. Después, una fugaz ojeada a nuestra persona, que parece

[3]*sidewalk* [4]*a... half way* [5]*to size us up, look us over* [6]dejarán... *they will pass by seven empty seats* [7]De... *With a quick glance* [8]si... *if he is a beginning flirt* [9]ladrón... *thief who would resort to fist-fighting; i.e., a serious flirt* [10]simple... *insignificant pickpocket; harmless flirt* [11]*seduisant... one who is seductive, not a seducer* [12]mezquino... *wretched opportunist* [13]*plain thief; plain flirt*

detenerse en la cara, pero cuyo fin exclusivo ha sido apreciar al paso[14] la distancia
que media de su pie al nuestro. Obtenido el dato, comienza la conquista.

Creo que haya pocas cosas más divertidas que esta maniobra de ustedes,
cuando van alejando su pie en discretísimos avances de taco y de punto,[15] alternativamente. Ustedes, es claro, no se dan cuenta; pero ese monísimo juego de ratón
con botines 44[16] y allá arriba, cerca del techo, una cara bobalicona[17] (por la emoción, seguramente), no tiene parangón con nada de lo que hacen ustedes en
cuanto a ridiculez.

Dije también que yo no me aburría en estos casos y mi diversión consiste en lo
siguiente: desde el momento en que el seductor ha apreciado con perfecta exactitud la distancia a recorrer con el pie, raramente vuelve a bajar los ojos. Está seguro
de su cálculo, y no tiene para qué ponernos en guardia con nuevas ojeadas. La
gracia para él está, usted lo comprenderá bien, en el contacto y no en la visión.

Pues bien: cuando la amable persona está en medio camino, yo comienzo la
maniobra que él ejecutó, con igual suavidad e igual aire distraído de estar pensando en mi muñeca. Solamente que en dirección inversa. No mucho: diez centímetros son suficientes.

Es de verse entonces la sorpresa de mi vecino cuando al llegar por fin al lugar
exactamente localizado no halla nada, nada; su botín 44 está perfectamente solo.
Es demasiado para él; echa una ojeada al piso, primero, y a mi cara, luego. Yo estoy
siempre con el pensamiento a mil leguas, soñando con mi muñeca; pero el tipo se
da cuenta.

De diez y siete veces (y marco este número con conocimiento de causa[18]),
quince el incómodo señor no insiste más. En los dos casos restantes tengo que
recurrir a una mirada de advertencia. No es menester que la expresión de esta
mirada, sea de imperio, ofensa o desdén: basta con que el movimiento de cabeza
sea en su dirección. Hacia él, pero sin mirarlo. El encuentro con la mirada de un
hombre que por casualidad puede haber gustado real y profundamente de nosotros es cosa que conviene siempre evitar en estos casos: En un raterillo puede
haber la pasta[19] de un ladrón peligroso y esto lo saben los cajeros de los grandes
caudales[20] y las muchachas no delgadas, no trigueñas, de boca no chica y ojos no
pequeños, como su segura servidora,[21]

M. R.

Señorita:
Muy agradecido a su amabilidad, haré lo posible por dar cabida a sus impresiones
en una revista, con mi firma, como usted lo desea. Tendría mucho interés, sin
embargo, y exclusivamente como coautor del artículo a aparecer, en saber lo
siguiente: Aparte de los diez y siete casos concretos que usted anota, ¿no ha tenido

---

[14]apreciar... *to gauge at a glance* [15]taco... *heel and toe* [16]pero... *but that cat and mouse game (you men play) with size 9 boots* [17]cara... *silly-looking face* [18]marco... *I mention this number from personal experience* [19]puede... *there are the makings* [20]los... *those who are the guardians of large fortunes* [21]como... *yours truly*

jamás un vaguísimo sentimiento de abandono —el más vago posible— que le volviera particularmente pesado y fatigoso el alejamiento de su propio pie?

Es lo que desearía saber.

95
                                        H. Q.

Señor:

Efectivamente, una vez, una sola vez en mi vida he sentido este enternecimiento o esta falta de fuerzas en el pie a que usted se refiere. Esa persona era *usted*. Pero usted no supo aprovecharlo.

100
                                        M. R.

$\mathscr{D}$ESPUÉS DE LEER

CUESTIONARIO

1. ¿Cómo sabemos que el protagonista de este cuento es una mujer?
2. Describa el recorrido de los viajes diarios en el tranvía.
3. Haga una descripción física de la mujer.
4. ¿Por qué los hombres se fijan en las caras de las mujeres?
5. ¿Cómo clasifica la mujer a los hombres?
6. Describa el proceso que emplea el hombre «interesado» en su conquista de la mujer.
7. Al apreciar la calidad de su pretendiente, ¿cómo lo califica la mujer?
8. ¿Cómo sabe la mujer que el pretendiente es un raterillo?
9. ¿Cuál es la táctica del raterillo?
10. ¿En qué consiste la diversión de la protagonista?
11. ¿Cómo nos enteramos de que la mujer es una hábil jugadora de este juego?
12. ¿Por qué le interesa tanto al hombre averiguar si la mujer ha tenido alguna vez el menor enternecimiento?

ESTUDIO DE PALABRAS

A. Complete las oraciones con palabras o expresiones de **Palabras importantes y modismos.**

1. La muchacha se cayó y _____ por el hielo.
2. Cuando _____, suelo buscar una revista interesante.
3. Los espectadores aplaudieron _____ del jugador de baloncesto.
4. _____ uno tiene la impresión de que es muy alto, pero en realidad no es cierto.
5. Este cuento _____ una muchacha que escribe una carta al editor de un periódico.
6. ¿Ves a aquel muchacho? Pobrecito, ¡_____! ¿Dónde estará su mamá?

B. Empareje las palabras o expresiones con sus sinónimos.

1.	_____ recorrido	a.	plan
2.	_____ atreverse	b.	camino
3.	_____ echar una ojeada	c.	semejanza
4.	_____ vereda	d.	echar una mirada
5.	_____ deslizarse	e.	opuesta
6.	_____ táctica	f.	viaje
7.	_____ parangón	g.	escurrirse
8.	_____ inversa	h.	arriesgarse
9.	_____ no es menester	i.	incluir
10.	_____ dar cabida	j.	no es necesario

CONSIDERACIONES

1. ¿Qué costumbres tienen los hombres al subir al tranvía?
2. ¿Cuáles son los hombres más interesantes, según la mujer?
3. ¿Qué hacen los interesados a medias, cuando está vacío el asiento al lado de la mujer?
4. ¿Qué maniobra de los hombres considera la mujer la más divertida?
5. ¿Qué hace la mujer que se puede considerar contra la costumbre general de las chicas?

ANÁLISIS DEL TEXTO

1. ¿Qué efecto tiene el estilo epistolar de este cuento?
2. ¿Cómo se caracteriza la mujer en este cuento? ¿Qué tipo de persona es?
3. ¿Cómo sabemos que la mujer está en completo control de la situación?
4. El final del texto es sorprendente. Repase ahora el cuento y haga una lista de los incidentes que nos preparan para este fin.

PERSPECTIVA PERSONAL

1. Describa la dinámica del juego entre los hombres y las mujeres.
2. Un hombre y una mujer reaccionarían de forma distinta al leer este cuento. ¿Cómo reacciona Ud.?

BIBLIOGRAFÍA

Etcheverry, José Enrique. *Horacio Quiroga y la creación artística*. Montevideo: Departamento de Literatura Iberoamericana, 1957.

Más allá de la realidad

JULIO CORTÁZAR (1914–1984) was born in Brussels, Belgium, of Argentinean parents. He was educated in Argentina and, after teaching French literature at the University of Cuyo, earned a degree as a public translator. In 1951, the same year that *Bestiario,* his first collection of short stories, was published, he moved to Paris, where he lived until his death.

In 1956 Cortázar published his second book of stories, *Final del juego;* a third collection, *Las armas secretas,* appeared in 1958. The main character of "El perseguidor," one of the stories in the latter collection, embodies many of the traits of Cortázar's later heroes. The metaphysical anguish that the protagonist feels in his search for artistic perfection and in his frustrated attempts to come to grips with the passage of time, coupled with his rejection of twentieth-century values and norms, remained among Cortázar's central preoccupations. "Las babas del diablo," later made by Antonioni into the motion picture *Blow-Up,* examines the creative possibilities of art, showing how different truths may be brought about by changes in perspective, thus casting doubt on the notion of objective reality. The reader becomes an active participant in the creative process of "Las babas del diablo," making choices as the author would. Cortázar's first novel, *Los premios* (1960), was followed in 1963 by *Rayuela,* a work that revolutionized Latin American letters. Other important works of his include: *Todos los fuegos el fuego* (1962), *Modelo para armar* (1968), *Libro del Manuel* (1973), *Queremos tanto a Glenda* (1981), and *Fascinación de las palabras* (1985).

Try to keep the following comments in mind as you read Cortázar's stories.

In many respects an heir of Borges, Cortázar writes short stories within the framework of what has been called "magical realism": a realism that goes beyond the surface appearance of daily phenomena to lay bare the unknown and the surprising that characterize events that are our daily lot. Events are presented in allegorical, illogical terms, where the unexplainable and the fantastic (e.g., a man who is driven to suicide because he cannot keep himself from vomiting furry little rabbits) are metaphors for everyday events which we mistakenly believe are normal and reasonable. Cortázar creates an interplay between the banal and the weird, between reason and a chaotic scheme of things, between bourgeois complacency and the terrified realizations that man is not in control of events, that reality is far more an unknown than man's cliché-ridden life has led him to believe. Cortázar also displays a whimsy that is as entertaining as it is devastating of the well-ordered world of the middle-class.* ❧

---

* David W. Foster, *A Dictionary of Contemporary Latin American Authors* (Tempe: Arizona State University Press, 1975), 30.

Hombre absorto en el placer de la lectura

Continuidad de los parques

An often anthologized story, "Continuidad de los parques" is taken from *Final del juego*. Cortázar's main preoccupation in this story, as well as in later works—"Las babas del diablo," *Rayuela*—is with the subtle interplay between reality and fiction: the effect that fictional works of art have on the real world, and the tenuous line that separates them.

*A*NTES DE LEER

PALABRAS IMPORTANTES Y MODISMOS

al alcance de	within reach of
a la vez	at the same time
a partir de	as of (this moment, that date)
empezar (ie) a + *infinitivo*	to begin to (*do something*)
en lo alto de	on the top of
entibiarse	to become lukewarm
ponerse a + *infinitivo*	to start, begin to (*do something*)

ESTRATEGIAS PARA LEER

Narrative Suspense or Tension (suspenso)

The very nature of the short story—its relative brevity—immediately suggests that certain formal constraints are at play. The slow, deliberate, and exhaustive elaboration of plot and character, for example, is not possible in a short story and is understood to belong more to the novel than to the short story genre. Because of these constraints, certain imperatives are placed on the story. Although the reasons for this are many, a short story will often strike the reader as being much more intense than a longer narrative. The story could explore a single, and quite unique, moment or situation, with no reference to the past; or it could explore the same singular event through the contraction of time. In this second method, the evocation of the past is necessary to ground or make greater sense of events that are about to happen in the narrative present. Regardless of the method used, the resulting compression of time and emotions results in a greater sense of immediacy and suspense. It is for this reason that endings or conclusions of short stories often strike the reader as being surprising, for the inherent brevity of the works demands a thorough, but not elaborate, preparation for events to come. There must be an internal logic but no detailed elaboration.

It is this narrative suspense or tension that is useful to be aware of while reading Cortázar's "Continuidad de los parques." In order to appreciate this story fully, you will need to think about the implications or possibilities of the very first sentence to this very short story. Thus, before you read the entire story, *read the first sentence only,* considering the possibilities and consequences of your own very parallel situation. If Cortázar is attempting to involve the reader and, at the same time, establish narrative suspense, how does he accomplish this in the first few sentences? The answer might seem obvious, but the implications remain part of the greater narrative suspense. Jot down any ideas you have on this subject so that you can refer to them after your first complete reading.

Continuidad de los parques

HABÍA EMPEZADO A leer la novela unos días antes. La abandonó por negocios urgentes, volvió a abrirla cuando regresaba en tren a la finca;[1] se dejaba interesar lentamente por la trama, por el dibujo de los personajes. Esa tarde, después de escribir una carta a su apoderado[2] y discutir con su mayordomo una cuestión de aparcerías,[3] volvió al libro en la tranquilidad del estudio que miraba hacia el parque de los robles. Arrellanado[4] en su sillón favorito, de espaldas a la puerta que lo hubiera molestado como una irritante posibilidad de intrusiones, dejó que su mano izquierda acariciara una y otra vex el terciopelo[5] verde y se puso a leer los últimos capítulos. Su memoria retenía sin esfuerzo los nombres y las imágenes de los protagonistas; la ilusión novelesca lo ganó casi en seguida. Gozaba del placer casi perverso de irse desgajando línea a línea de lo que lo rodeaba,[6] y sentir a la vez que su cabeza descansaba cómodamente en el terciopelo del alto respaldo,[7] que los cigarrillos seguían al alcance de la mano, que más allá de los ventanales danzaba el aire del atardecer bajo los robles. Palabra a palabra, absor-

---

[1]*country house, ranch* [2]*business agent with power of attorney* [3]*sharecropping* [4]*Comfortably seated*
[5]*velvet* [6]Gozaba... *He was enjoying the almost perverse pleasure of separating himself line by line from his surroundings* [7]terciopelo... *velvet of the high-backed chair*

15 bido por la sórdida disyuntiva[8] de los héroes, dejándose ir hacia las imágenes que se concertaban y adquirían color y movimiento, fue testigo del último encuentro en la cabaña del monte. Primero entraba la mujer, recelosa;[9] ahora llegaba el amante, lastimada la cara por el chicotazo de la rama.[10] Admirablemente restañaba[11] ella la sangre con sus besos, pero él rechazaba sus caricias, no había venido para repetir

20 la ceremonia de una pasión secreta, protegida por un mundo de hojas secas y senderos furtivos. El puñal se entibiaba contra su pecho y debajo latía la libertad agazapada.[12] Un diálogo anhelante corría por las páginas como un arroyo de serpientes, y se sentía que todo estaba decidido desde siempre. Hasta esas caricias que enredaban el cuerpo del amante como queriendo retenerlo y disuadirlo, dibu-

25 jaban abominablemente la figura de otro cuerpo que era necesario destruir. Nada había sido olvidado: coartadas,[13] azares, posibles errores. A partir de esa hora cada instante tenía su empleo minuciosamente atribuido. El doble repaso despiadado se interrumpía apenas para que una mano acariciara una mejilla. Empezaba a anochecer.

30   Sin mirarse ya, atados rígidamente a la tarea que los esperaba, se separaron en la puerta de la cabaña. Ella debía seguir por la senda que iba al norte. Desde la senda opuesta él se volvió un instante para verla correr con el pelo suelto. Corrió a su vez, parapetándose en los árboles y los setos, hasta distinguir en la bruma malva del crepúsculo la alameda que llevaba a la casa.[14] Los perros no debían ladrar, y no

35 ladraron. El mayordomo no estaría a esa hora, y no estaba. Subió los tres peldaños del porch y entró. Desde la sangre galopando en sus oídos le llegaban las palabras de la mujer: primero una sala azul, después una galería, una escalera alfombrada. En lo alto, dos puertas. Nadie en la primera habitación, nadie en la segunda. La puerta del salón, y entonces el puñal en la mano, la luz de los ventanales,[15] el alto

40 respaldo de un sillón de terciopelo verde, la cabeza del hombre en el sillón leyendo una novela.

[8]*dilemma* [9]*suspicious* [10]lastimada... *his face scratched by the lash of a tree branch* [11]*stopped* [12]libertad... *hidden freedom* [13]*alibis* [14]Corrió... *He ran in turn, sheltering himself among the trees and the hedges, until he was able to distinguish in the mauve-colored mist of the twilight the tree-lined walk that led to the house.* [15]*large windows*

𝒟ESPUÉS DE LEER

CUESTIONARIO

1. ¿Cuándo comenzó el protagonista a leer la novela?
2. ¿Por qué abandonó la lectura?
3. ¿Qué hizo después de escribir una carta a su apoderado?
4. ¿Con qué placer perverso gozaba el protagonista?
5. Describa el último encuentro de los amantes.
6. Cuando se separaron los amantes, ¿qué hizo él?
7. ¿Por qué no estaba el mayordomo a esa hora?
8. ¿A quién encuentra el amante?

ESTUDIO DE PALABRAS

Complete las oraciones con palabras o expresiones de **Palabras importantes y modismos.**

1. Unos días antes había ＿＿＿ leer la novela.
2. Había comprado la novela hace mucho tiempo y ＿＿＿ leerla cuando regresó de Buenos Aires.
3. Todo ocurría simultáneamente: ＿＿＿ que leía, hablaba por teléfono.
4. Los cigarrillos estaban ＿＿＿ la mano.
5. ＿＿＿ esa hora cada instante tenía su empleo minuciosamente atribuido.
6. El puñal ＿＿＿ contra su pecho.
7. ＿＿＿ de la escalera había dos puertas.

CONSIDERACIONES

1. En la primera parte del cuento (líneas 1–17), ¿hay palabras o frases descriptivas que indican lo atractivo del mundo ficticio?
2. Estas primeras líneas establecen un contraste (es decir, una relación) entre el mundo literario y la vida del protagonista; ¿cómo es, según la tonalidad del texto, la vida del protagonista?
3. Indique los preparativos que hace el protagonista del cuento antes de volver a leer la novela, para disfrutar de la lectura.
4. ¿Qué siente el protagonista mientras lee la novela? Anote las expresiones que se utilizan para describir sus sensaciones.
5. Explique con sus propias palabras de qué trata la novela que está leyendo el protagonista del cuento.
6. Comente la voz del narrador que se ve empleada en esta historia. ¿Cuáles son las implicaciones?
7. ¿Cómo es la casa del protagonista de la novela? Descríbala, proporcionando el mayor número de detalles que le sea posible.
8. Al final del cuento la realidad y la ficción se mezclan. ¿Cuáles son las palabras y frases clave que aparecen en la realidad y en la ficción que indican que ambas se han juntado?
9. ¿Qué le hubiera pasado al protagonista si no hubiera empezado a leer la novela? Explique su respuesta.
10. Pensando en el final del cuento, ¿cuál es la paradoja que se ve planteada?

ANÁLISIS DEL TEXTO

1. ¿Qué nos sugiere el título «Continuidad de los parques»?
2. ¿En qué punto del cuento encontramos que lo ficticio se convierte en lo real?
3. ¿Cómo se mantiene el elemento de tensión en la obra?
4. Hay un marcado cambio de ritmo al final del cuento. ¿Qué efecto produce en el lector este cambio?

5. Encontramos que todos los verbos en el cuento se refieren al pasado, menos el último: «la cabeza del hombre en el sillón *leyendo* una novela». ¿Qué nos puede sugerir esto?

PERSPECTIVA PERSONAL

1. ¿Se han mezclado en su vida alguna vez la realidad y la ficción?
2. ¿Cree Ud. que la realidad se puede reducir a blanco o negro, o que existen otras posibilidades?
3. Muchos autores del siglo XX nos han presentado una «verdad» que es ambigua. ¿Qué repercusiones cree Ud. que ha tenido este hecho en nuestras vidas?

BIBLIOGRAFÍA

Epple, Juan Armando. "La actitud lúdica en el cuento de Cortázar." *Explicación de textos literarios*, 5 (1976): 165–173.

García Méndez, Javier. "De un cuento de Cortázar y de la teoría de lo fantástico." *Plural*, 9 (October 1979): 20–24.

Tittler, Jonathan. "La continuidad en 'Continuidad de los parques.'" *Crítica Hispánica*, 6 (1984): 167–174.

Plaza de la Independencia, Montevideo, Uruguay

La puerta condenada

"La puerta condenada," included in the first edition of *Final del juego,* touches on two of Cortázar's basic themes: the relationship between the imagined and the real, and the obsessive desire of people in a rational society to question the very essence of truth and reality, thus challenging the entire panoply of Western thought. If, indeed, we are no longer able to believe in the tenets of the Judeo-Christian tradition, and if reason has failed us, what repercussions do we feel and in what can we trust? The protagonist's obsession may well be symptomatic of the ills afflicting our age.

*A*NTES DE LEER

PALABRAS IMPORTANTES Y MODISMOS

dar a	to face
dar una vuelta	to take a walk
de al lado	next door
dejar frente a	to stop in front of
llamar la atención	to attract attention
llevar + *tiempo*	to take, spend (*time*)
mirar de soslayo	to look at out of the corner of one's eye
ocurrírsele (algo) a alguien	to occur to someone
quedar en + *infinitivo*	to agree on (*doing something*)
tener la culpa	to be guilty
tomar en serio	to take seriously

ESTRATEGIAS PARA LEER

Narrative Structures (estructuras)

"La puerta condenada" is considerably longer than many of Cortázar's stories and it is this greater length that allows us to explore more closely some of the very formal considerations that help to structure a short story narrative. We will briefly elaborate the specific structural terms and then ask that you apply them to the story.

1. **Exposición** is the establishment of the necessary details or information that will ground the action of the story to come. For example, this might include the name of the protagonist and the specifics of the situation, such as the setting (**marco escénico**). While this initial information tends to vary in type from story to story, it usually plants the seeds from which the main narrative will grow.
2. **Desarrollo** is the introduction and elaboration of the actions and characters (**personajes**) that will form the story.
3. **Suspenso,** as the term clearly implies, is the dramatic tension that defines the unfolding of events and, moreover, is the anticipation of events to follow.
4. **Punto decisivo** is the moment or point (whether an action, a word, or words) at which there is a change in the direction of the events that have been unfolding.
5. **Clímax** is the necessary and unavoidable culmination, the immediate impact or consequence, of this change in narrative direction.
6. **Desenlace** is the establishment of the ultimate and final consequences of the **punto decisivo** and **clímax.**

As you scan "La puerta condenada," attempt to locate or recognize these structural components. Bear in mind that there will not necessarily be a hard and fast delineation between specific structural components.

La puerta condenada

A PETRONE LE gustó el Hotel Cervantes por razones que hubieran desagradado a otros. Era un hotel sombrío, tranquilo, casi desierto. Un conocido del momento se lo recomendó cuando cruzaba el río en el vapor de la carrera,[1] diciéndole que estaba en la zona céntrica de Montevideo. Petrone aceptó una habitación con baño en el segundo piso, que daba directamente a la sala de recepción. Por el tablero de llaves[2] en la portería supo que había poca gente en el hotel; las llaves estaban unidas a unos pesados discos de bronce con el número de

---

[1]vapor... *ship on a fixed route (between Montevideo and Buenos Aires)* [2]tablero... *board on which room keys are hung*

la habitación, inocente recurso de la gerencia para impedir que los clientes se las echaran al bolsillo.

El ascensor[3] dejaba frente a la recepción, donde había un mostrador con los diarios del día y el tablero telefónico. Le bastaba caminar unos metros para llegar a la habitación. El agua salía hirviendo, y eso compensaba la falta de sol y de aire. En la habitación había una pequeña ventana que daba a la azotea[4] del cine contiguo; a veces una paloma se paseaba por ahí. El cuarto de baño tenía una ventana más grande, que se abría tristemente a un muro y a un lejano pedazo de cielo, casi inútil. Los muebles eran buenos, había cajones y estantes de sobra.[5] Y muchas perchas,[6] cosa rara.

El gerente resultó ser un hombre alto y flaco, completamente calvo. Usaba anteojos con armazón de oro[7] y hablaba con la voz fuerte y sonora de los uruguayos. Le dijo a Petrone que el segundo piso era muy tranquilo, y que en la única habitación contigua a la suya vivía una señora sola, empleada en alguna parte, que volvía al hotel a la caída de la noche. Petrone la encontró al día siguiente en el ascensor. Se dio cuenta de que era ella por el número de la llave que tenía en la palma de la mano, como si ofreciera una enorme moneda de oro. El portero tomó la llave y la de Petrone para colgarlas en el tablero, y se quedó hablando con la mujer sobre unas cartas. Petrone tuvo tiempo de ver que era todavía joven, insignificante, y que se vestía mal como todas las orientales.[8]

El contrato con los fabricantes de mosaicos llevaría más o menos una semana. Por la tarde Petrone acomodó la ropa en el armario, ordenó sus papeles en la mesa, y después de bañarse salió a recorrer el centro mientras se hacía hora de ir al escritorio[9] de los socios. El día se pasó en conversaciones, cortadas por un copetín en Pocitos[10] y una cena en casa del socio principal. Cuando lo dejaron en el hotel era más de la una. Cansado, se acostó y se durmió en seguida. Al despertarse eran casi las nueve, y en esos primeros minutos en que todavía quedan las sobras de la noche y del sueño, pensó que en algún momento lo había fastidiado el llanto de una criatura.

Antes de salir charló con el empleado que atendía la recepción y que hablaba con acento alemán. Mientras se informaba sobre líneas de ómnibus y nombres de calles, miraba distraído la gran sala en cuyo extremo estaban las puertas de su habitación y la de la señora sola. Entre las dos puertas había un pedestal con una nefasta réplica de la Venus de Milo. Otra puerta, en la pared lateral, daba a una salita con los infaltables sillones y revistas. Cuando el empleado y Petrone callaban, el silencio del hotel parecía coagularse, caer como ceniza sobre los muebles y las baldosas.[11] El ascensor resultaba casi estrepitoso, y lo mismo el ruido de las hojas de un diario o el raspar de un fósforo.[12]

Las conferencias terminaron al caer la noche y Petrone dio una vuelta por 18 de Julio antes de entrar a cenar en uno de los bodegones de la Plaza Independencia. Todo iba bien, y quizá pudiera volverse a Buenos Aires antes de lo que pensaba.

[3]*elevator* [4]*terrace roof* [5]había... *there were plenty of drawers and shelves* [6]*coat hangers* [7]anteojos... *gold-rimmed glasses* [8]*i.e., Uruguayans* [9]*office* [10]El día... *The day was spent in meetings, ending with a cocktail in Pocitos* [11]*floor tiles* [12]el... *the striking of a match*

Compró un diario argentino, un atado de cigarrillos negros,[13] y caminó despacio
50 hasta el hotel. En el cine de al lado daban dos películas que ya había visto, y en
realidad no tenía ganas de ir a ninguna parte. El gerente lo saludó al pasar y le
preguntó si necesitaba más ropa de cama. Charlaron un momento, fumando un
pitillo, y se despidieron.

Antes de acostarse Petrone puso en orden los papeles que había usado durante
55 el día, y leyó el diario sin mucho interés. El silencio del hotel era casi excesivo, y el
ruido de uno que otro tranvía que bajaba por la calle Soriano no hacía más que
pausarlo, fortalecerlo para un nuevo intervalo. Sin inquietud pero con alguna impaciencia, tiró el diario al canasto y se desvistió mientras se miraba distraído en el
espejo del armario. Era un armario ya viejo, y lo habían adosado a[14] una puerta que
60 daba a la habitación contigua. A Petrone le sorprendió descubrir la puerta que se le
había escapado en su primera inspección del cuarto. Al principio había supuesto
que el edificio estaba destinado a hotel, pero ahora se daba cuenta de que pasaba
lo que en tantos hoteles modestos, instalados en antiguas casas de escritorios o de
familia. Pensándolo bien, en casi todos los hoteles que había conocido en su vida
65 —y eran muchos— las habitaciones tenían alguna puerta condenada,[15] a veces a
la vista pero casi siempre con un ropero, una mesa o un perchero delante, que
como en este caso les daba una cierta ambigüedad, un avergonzado deseo de
disimular su existencia como una mujer que cree taparse poniéndose las manos en
el vientre o los senos. La puerta estaba ahí, de todos modos, sobresaliendo del
70 nivel del armario. Alguna vez la gente había entrado y salido por ella, golpeándola,
entornándola, dándole una vida que todavía estaba presente en su madera tan
distinta de las paredes. Petrone imaginó que del otro lado habría también un
ropero y que la señora de la habitación pensaría lo mismo de la puerta.

No estaba cansado pero se durmió con gusto. Llevaría tres o cuatro horas
75 cuando lo despertó una sensación de incomodidad, como si algo ya hubiera
ocurrido, algo molesto e irritante. Encendió el velador, vio que eran las doce y
media, y apagó otra vez. Entonces oyó en la pieza de al lado el llanto de un niño.

En el primer momento no se dio bien cuenta. Su primer movimiento fue de
satisfacción; entonces era cierto que la noche antes un chico no lo había dejado
80 descansar. Todo explicado, era más fácil volver a dormirse. Pero después pensó en
lo otro y se sentó lentamente en la cama, sin encender la luz, escuchando. No se
engañaba, el llanto venía de la pieza de al lado. El sonido se oía a través de la
puerta condenada, se localizaba en ese sector de la habitación al que correspon-
dían los pies de la cama.[16] Pero no podía ser que en la pieza de al lado hubiera un
85 niño; el gerente había dicho claramente que la señora vivía sola, que pasaba casi
todo el día en su empleo. Por un segundo se le ocurrió a Petrone que tal vez esa
noche estuviera cuidando al niño de alguna parienta o amiga. Pensó en la noche
anterior. Ahora estaba seguro de que ya había oído el llanto, porque no era un
llanto fácil de confundir, más bien una serie irregular de gemidos muy débiles, de

---

[13]un... *a pack of strong cigarettes (in contrast to* **cigarrillos rubios,** *which are mild)* [14]lo... *they had placed it with its back against* [15]puerta... *door no longer in service* [16]los... *the foot of the bed*

90   hipos[17] quejosos seguidos de un lloriqueo momentáneo, todo ello inconsistente, mínimo, como si el niño estuviera muy enfermo. Debía ser una criatura de pocos meses aunque no llorara con la estridencia y los repentinos cloqueos y ahogos[18] de un recién nacido. Petrone imaginó a un niño —un varón, no sabía por qué— débil y enfermo, de cara consumida y movimientos apagados. *Eso* se quejaba en la
95   noche, llorando pudoroso, sin llamar demasiado la atención. De no estar allí la puerta condenada, el llanto no hubiera vencido las fuertes espaldas de la pared,[19] nadie hubiera sabido que en la pieza de al lado estaba llorando un niño.

Por la mañana Petrone lo pensó un rato mientras tomaba el desayuno y fumaba un cigarrillo. Dormir mal no le convenía para su trabajo del día. Dos veces se había
100   despertado en plena noche, y las dos veces, a causa del llanto. La segunda vez fue peor, porque a más del llanto se oía la voz de la mujer que trataba de calmar al niño. La voz era muy baja pero tenía un tono ansioso que le daba una calidad teatral, un susurro que atravesaba la puerta con tanta fuerza como si hablara a gritos. El niño cedía por momentos al arrullo,[20] a las instancias; después volvía a
105   empezar con un leve quejido entrecortado, una inconsolable congoja. Y de nuevo la mujer murmuraba palabras incomprensibles, el encantamiento de la madre para acallar al hijo atormentado por su cuerpo o su alma, por estar vivo o amenazado de muerte.

«Todo es muy bonito, pero el gerente me macaneó[21]», pensaba Petrone al salir
110   de su cuarto. Lo fastidiaba la mentira y no lo disimuló. El gerente se quedó mirándolo.

—¿Un chico? Usted se habrá confundido. No hay chicos pequeños en este piso. Al lado de su pieza vive una señora sola, creo que ya se lo dije.

Petrone vaciló antes de hablar. O el otro mentía estúpidamente, o la acústica
115   del hotel le jugaba una mala pasada.[22] El gerente lo estaba mirando un poco de soslayo, como si a su vez lo irritara la protesta. «A lo mejor me cree tímido y que ando buscando un pretexto para mandarme mudar», pensó. Era difícil, vagamente absurdo insistir frente a una negativa tan rotunda. Se encogió de hombros[23] y pidió el diario.

120   —Habré soñado —dijo, molesto por tener que decir eso, o cualquier otra cosa.

El cabaret era de aburrimiento mortal y sus dos anfitriones[24] no parecían demasiado entusiastas, de modo que a Petrone le resultó fácil alegar[25] el cansancio del día y hacerse llevar al hotel. Quedaron en firmar los contratos al otro día por la tarde; el negocio estaba prácticamente terminado.
125   El silencio en la recepción del hotel era tan grande que Petrone se descubrió a sí mismo andando en puntillas. Le habían dejado un diario de la tarde al lado de la cama; había también una carta de Buenos Aires. Reconoció la letra de su mujer.

---

[17] *convulsive crying*   [18] cloqueos... *clucking sounds and sobs*   [19] De... *Had the door not been there, the crying would not have penetrated the thick walls*   [20] *cooing*   [21] me... *lied to me*   [22] la... *the acoustics of the hotel were playing a nasty trick on him*   [23] Se... *He shrugged his shoulders*   [24] *hosts*   [25] *to use as an excuse*

Antes de acostarse estuvo mirando el armario y la parte sobresaliente de la puerta. Tal vez si pusiera sus dos valijas sobre el armario, bloqueando la puerta, los
130　ruidos de la pieza de al lado disminuirían. Como siempre a esa hora, no se oía nada. El hotel dormía, las cosas y las gentes dormían. Pero a Petrone, ya malhumorado, se le ocurrió que era al revés y que todo estaba despierto, anhelosamente despierto en el centro del silencio. Su ansiedad inconfesada debía estarse comunicando a la casa, a las gentes de la casa, prestándoles una calidad de acecho,[26] de
135　vigilancia agazapada.[27] Montones de pavadas.[28]

Casi no lo tomó en serio cuando el llanto del niño lo trajo de vuelta, a las tres de la mañana. Sentándose en la cama se preguntó si lo mejor sería llamar al sereno para tener un testigo de que en esa pieza no se podía dormir. El niño lloraba tan débilmente que por momentos no se lo escuchaba, aunque Petrone sentía que el
140　llanto estaba ahí, continuo, y que no tardaría en crecer otra vez. Pasaban diez o veinte lentísimos segundos; entonces llegaba un hipo breve, un quejido apenas perceptible que se prolongaba dulcemente hasta quebrarse en el verdadero llanto.

Encendiendo un cigarrillo, se preguntó si no debería dar unos golpes discretos en la pared para que la mujer hiciera callar al chico. Recién cuando lo pensó a los
145　dos, a la mujer y al chico, se dio cuenta de que no creía en ellos, de que absurdamente no creía que el gerente le hubiera mentido. Ahora se oía la voz de la mujer, tapando por completo el llanto del niño con su arrebatado —aunque tan discreto— consuelo.[29] La mujer estaba arrullando al niño, consolándolo, y Petrone se la imaginó sentada al pie de la cama, moviendo la cuna del niño o teniéndolo en
150　brazos. Pero por más que lo quisiera no conseguía imaginar al niño, como si la afirmación del hotelero fuese más cierta que esa realidad que estaba escuchando. Poco a poco, a medida que pasaba el tiempo y los débiles quejidos se alternaban o crecían entre los murmullos de consuelo, Petrone empezó a sospechar que aquello era una farsa, un juego ridículo y monstruoso que no alcanzaba a explicarse. Pensó
155　en viejos relatos de mujeres sin hijos, organizando en secreto un culto de muñecas, una inventada maternidad a escondidas, mil veces peor que los mimos a perros o gatos o sobrinos. La mujer estaba imitando el llanto de su hijo frustrado, consolando el aire entre sus manos vacías, tal vez con la cara mojada de lágrimas porque el llanto que fingía era a la vez su verdadero llanto, su grotesco dolor en la soledad
160　de una pieza de hotel, protegida por indiferencia y por la madrugada.

Encendiendo el velador, incapaz de volver a dormirse, Petrone se preguntó qué iba a hacer. Su malhumor era maligno, se contagiaba de ese ambiente donde de repente todo se le antojaba trucado,[30] hueco, falso: el silencio, el llanto, el arrullo, lo único real de esa hora entre noche y día y que lo engañaba con su mentira
165　insoportable. Golpear en la pared le pareció demasiado poco. No estaba completamente despierto aunque le hubiera sido imposible dormirse; sin saber bien cómo, se encontró moviendo poco a poco el armario hasta dejar al descubierto la puerta polvorienta y sucia. En piyama y descalzo, se pegó a ella como un ciempiés,[31] y acercando la boca a las tablas de pino empezó a imitar en falsete, imper-

---

[26]*ambush*　[27]*vigilancia... hidden vigilance*　[28]*Montones... A lot of nonsense.*　[29]*con... with her annoying—although discreet—solace*　[30]*todo... everything appeared unreal to him*　[31]*centipede*

170 ceptiblemente, un quejido como el que venía del otro lado. Subió de tono, gimió, sollozó. Del otro lado se hizo un silencio que habría de durar toda la noche; pero en el instante que lo precedió, Petrone pudo oír que la mujer corría por la habitación con un chicotear de pantuflas,[32] lanzando un grito seco e instantáneo, un comienzo de alarido que se cortó de golpe como una cuerda tensa.

175 Cuando pasó por el mostrador de la gerencia eran más de las diez. Entre sueños, después de las ocho, había oído la voz del empleado y la de la mujer. Alguien había andado en la pieza de al lado moviendo cosas. Vio un baúl y dos grandes valijas cerca del ascensor. El gerente tenía un aire que a Petrone se le antojó de desconcierto.

180 —¿Durmió bien anoche?— le preguntó con el tono profesional que apenas disimulaba la indiferencia.

Petrone se encogió de hombros. No quería insistir, cuando apenas le quedaba por pasar otra noche en el hotel.

—De todas maneras ahora va a estar más tranquilo— dijo el gerente, mirando 185 las valijas. —La señora se nos va a mediodía.

Esperaba un comentario, y Petrone lo ayudó con los ojos.

—Llevaba aquí mucho tiempo, y se va así de golpe.[33] Nunca se sabe con las mujeres.

—No— dijo Petrone. —Nunca se sabe.

190 En la calle se sintió mareado,[34] con un mareo que no era físico. Tragando un café amargo empezó a darle vueltas al asunto, olvidándose del negocio, indiferente al espléndido sol. Él tenía la culpa de que esa mujer se fuera del hotel, enloquecida de miedo, de vergüenza o de rabia. Llevaba aquí mucho tiempo... Era una enferma, tal vez, pero inofensiva. No era ella sino él quien hubiera debido irse 195 del Cervantes. Tenía el deber de hablarle, de excusarse y pedirle que se quedara, jurándole discreción. Dio unos pasos de vuelta y a la mitad del camino se paró. Tenía miedo de hacer un papelón,[35] de que la mujer reaccionara de alguna manera insospechada. Ya era hora de encontrarse con los dos socios y no quería tenerlos esperando. Bueno, que se embromara. No era más que una histérica, ya 200 encontraría otro hotel donde cuidar a su hijo imaginario.

Pero a la noche volvió a sentirse mal, y el silencio de la habitación le pareció todavía más espeso. Al entrar al hotel no había podido dejar de ver el tablero de las llaves, donde faltaba ya la de la pieza de al lado. Cambió unas palabras con el empleado, que esperaba bostezando la hora de irse, y entró en su pieza con poca 205 esperanza de poder dormir. Tenía los diarios de la tarde y una novela policial. Se entretuvo arreglando sus valijas, ordenando sus papeles. Hacía calor, y abrió de par en par[36] la pequeña ventana. La cama estaba bien tendida, pero la encontró incómoda y dura. Por fin tenía todo el silencio necesario para dormir a pierna suelta,[37] y le pesaba. Dando vueltas y vueltas, se sintió como vencido por ese

---

[32]chicotear... *scuffling of slippers* [33]se... *all at once, she's leaving* [34]se... *he felt nauseated*
[35]Tenía... *He was afraid of doing something ridiculous* [36]de... *wide open* [37]para... *in order to sleep soundly*

210 silencio que había reclamado con astucia y que le devolvían entero y vengativo. Irónicamente pensó que extrañaba el llanto del niño, que esa calma perfecta no le bastaba para dormir y todavía menos para estar despierto. Extrañaba el llanto del niño, y cuando mucho más tarde le oyó, débil pero inconfundible a través de la puerta condenada, por encima del miedo, por encima de la fuga en plena noche, 215 supo que estaba bien y que la mujer no había mentido, no se había mentido al arrullar al niño, al querer que el niño se callara para que ellos pudieran dormirse.

$\mathscr{D}$ESPUÉS DE LEER

CUESTIONARIO

1. ¿Dónde estaba situado el Hotel Cervantes?
2. ¿Por qué estaban unidas las llaves a unos pesados discos de bronce?
3. ¿Por qué se había ido Petrone a Montevideo?
4. ¿Qué hizo Petrone después de dar una vuelta por 18 de Julio?
5. ¿Por qué hay puertas condenadas en algunas habitaciones?
6. ¿Por qué se despertó Petrone en medio de la noche?
7. ¿Por qué no podía ser que en la pieza de al lado hubiera un niño?
8. ¿Por qué fue peor la segunda vez que se despertó Petrone?
9. Cuando Petrone confrontó al gerente, ¿cuál fue la reacción de éste?
10. ¿Qué excusa ofreció Petrone para hacerse llevar al hotel?
11. ¿Qué hizo Petrone antes de acostarse la tercera noche?
12. ¿Qué imaginaba Petrone que estaba haciendo la mujer al otro lado de la puerta?
13. ¿Qué hizo finalmente Petrone?
14. ¿Cómo se sintió Petrone después de haber sido la causa de que la mujer se fuera del hotel?
15. ¿Por qué no pudo dormir Petrone la cuarta noche?

ESTUDIO DE PALABRAS

A. Complete las oraciones con palabras o expresiones de **Palabras importantes y modismos.**

1. La habitación _____ directamente a la sala de recepción.
2. El ascensor _____ la recepción.
3. Los negocios de Petrone con sus amigos _____ más o menos una semana.
4. Después de las conferencias Petrone _____ por la Avenida 18 de Julio.
5. Cuando Petrone se queja con el gerente, éste lo _____.
6. Un niño tímido lloraba. Lloraba en voz baja y por eso no _____ demasiado _____.
7. En el cine _____ daban dos películas que ya había visto.

8. (Ellos) _____ firmar los contratos.
9. Por un segundo _____ al señor Petrone que posiblemente había un niño en el cuarto de al lado.
10. ¡No me _____ Ud.! ¡Estoy bromeando!
11. Yo sé que María mató a su novio. Estoy seguro de que _____ .

B. Empareje las palabras o expresiones con sus sinónimos.

1. _____ llamar la atención	a.	preocupación
2. _____ desagradar	b.	barco
3. _____ a escondidas	c.	reaccionar seriamente
4. _____ de repente	d.	disgustar
5. _____ vapor	e.	periódico
6. _____ tomar en serio	f.	súbitamente
7. _____ tener la culpa	g.	grito
8. _____ llanto	h.	dar énfasis a
9. _____ inquietud	i.	no ser inocente
10. _____ diario	j.	secretamente

CONSIDERACIONES

1. Haga una descripción detallada de la habitación de Petrone.
2. Describa el primer día de Petrone con los socios.
3. Describa detalladamente cómo es el gerente.
4. ¿Qué palabras predominan en la descripción del ambiente del hotel? ¿Cuál es el efecto de esto?
5. ¿Qué hace Petrone cuando los socios lo dejan en el hotel el primer día?
6. Despues de oír el llanto del niño, ¿cómo se lo imagina Petrone?
7. Describa detalladamente lo que hace Petrone después de despertarse cuando no puede volver a dormirse (líneas 161–174).
8. ¿Por qué se sintió mareado Petrone? Describa sus acciones en la calle.
9. ¿Por qué extraña Petrone el llanto del niño?

ANÁLISIS DEL TEXTO

1. ¿Es el llanto del niño algo real o una obsesión del protagonista?
2. ¿Qué puede simbolizar el título «La puerta condenada»?
3. ¿Cuántas realidades distintas se presentan en este cuento?
4. Describa el carácter de Petrone. ¿Hasta qué punto es la obsesión de Petrone una consecuencia de su personalidad?
5. ¿Cómo interpreta Ud. el final del cuento? ¿Por qué termina de esta manera?

PERSPECTIVA PERSONAL

1. ¿Existen «puertas condenadas» en nuestras vidas? ¿Es mejor dejarlas cerradas o intentar abrirlas?

2. ¿Cree Ud. que la verdad es algo que se puede explicar siempre en forma lógica/dogmática?
3. ¿Cómo reaccionaría Ud. si se encontrara en las mismas circunstancias del protagonista?

BIBLIOGRAFÍA

Garfield, Evelyn Picon. *¿Es Julio Cortázar un surrealista?* Madrid: Gredos, 1975. See especially 50–51.

Stavans, Ilan. "Cortázar. 'La puerta condenada' y los fantasmas." *Plural, 204* (September 1988): 86–90.

Piedra de sacrificios precolombina

La noche boca arriba

"**La** noche boca arriba," included in the first edition of *Final del juego,* plays with two distinct levels of reality: the conscious, or "real" world, and the subconscious, or dream world. As you read the story, pay particular attention to the techniques used to maintain tension between those two worlds. Focus on the language employed to create an atmosphere of fear and confusion.

ANTES DE LEER

PALABRAS IMPORTANTES Y MODISMOS

agacharse	to crouch
a tientas	gropingly
costarle (ue) a alguien + *infinitivo*	to be difficult for someone to (*do something*)
de cuando en cuando	from time to time
defenderse	to defend oneself
esconderse	to hide
hacer una seña	to signal
hacer un buche	to wet one's mouth
ir ganando	to overcome
tratar de + *infinitivo*	to try to (*do something*)

ESTRATEGIAS PARA LEER

Themes (Temas)

Although a work concretely presents the subject matter or action of its story, its theme or themes are often found on levels that are more abstract. Even though the themes might actually be stated overtly, quite often this does not prove to be the case. The need for greater understanding or brotherhood, for example, could be seen as one of several themes arising from conflicts that normally lead to physical violence. In this particular scenario, the theme need not be stated directly, while the conflicts or physical violence *would* be mentioned.

The theme of "La noche boca arriba" (*"The Night Face Up"*) is similar to that of many of Cortázar's stories in that one's understanding of reality is questioned. As you read the story quickly for the first time, take special note of the different realities that alternate in this story—the conscious or "real" world and the subconscious or "dream" world—and of how these realities are linked in the story. What causes the temporal and spatial shifts from one reality to the other? This movement between two seemingly disparate realities, a movement that can be seen as a destabilizing force, is a source of great tension in the story. Although you will ultimately see what triggers the shifts between realities, the tension remains until the very end of the story when the theme is more fully elaborated. In other words, you will discover that your role as reader has been more active than passive.

Try to answer the following questions before your second reading. In what ways are you, the reader, suddenly, forced at the end, forced to confront the assumptions that you made earlier while reading? How is the theme more fully explored at the end of the story? After you reread "La noche boca arriba," you will find that the implications of the theme become much more profound.

La noche boca arriba

 Y salían en ciertas épocas a cazar enemigos; le llamaban la guerra florida.[1]

A mitad del largo zaguán del hotel pensó que debía ser tarde, y se apuró a salir a la calle y sacar la motocicleta del rincón donde el portero de al lado le permitía guardarla. En la joyería de la esquina vio que eran las nueve menos diez; llegaría con tiempo sobrado adonde iba.[2] El sol se filtraba entre los altos edificios del centro, y él —porque para sí mismo, para ir pensando, no tenía nombre— montó en la máquina saboreando el paseo. La moto ronroneaba[3] entre sus piernas, y un viento fresco le chicoteaba[4] los pantalones.

Dejó pasar los ministerios[5] (el rosa, el blanco) y la serie de comercios con

[1]la... *ritualistic Aztec wars in which victims were offered up as a sacrifice to the gods* [2]llegaría... *he would arrive at his destination in plenty of time* [3]purred [4]whipped [5]government office buildings

brillantes vitrinas de la calle Central. Ahora entraba en la parte más agradable del trayecto, el verdadero paseo: una calle larga, bordeada de árboles, con poco tráfico y amplias villas que dejaban venir los jardines hasta las aceras, apenas demarcadas por setos[6] bajos. Quizá algo distraído, pero corriendo sobre la derecha como
15 correspondía, se dejó llevar por la tersura,[7] por la leve crispación[8] de ese día apenas empezado. Tal vez su involuntario relajamiento le impidió prevenir el accidente. Cuando vio que la mujer parada en la esquina se lanzaba a la calzada[9] a pesar de las luces verdes, ya era tarde para las soluciones fáciles. Frenó con el pie y la mano, desviándose a la izquierda; oyó el grito de la mujer, y junto con el choque
20 perdió la visión. Fue como dormirse de golpe.

Volvió bruscamente del desmayo. Cuatro o cinco hombres jóvenes lo estaban sacando de debajo de la moto. Sentía gusto a sal y sangre, le dolía una rodilla, y cuando lo alzaron gritó, porque no podía soportar la presión en el brazo derecho. Voces que no parecían pertenecer a las caras suspendidas sobre él, lo alentaban
25 con bromas y seguridades. Su único alivio fue oír la confirmación de que había estado en su derecho al cruzar la esquina. Preguntó por la mujer, tratando de dominar la náusea que le ganaba la garganta.[10] Mientras lo llevaban boca arriba hasta una farmacia próxima, supo que la causante del accidente no tenía más que rasguños en las piernas. «Usté la agarró apenas, pero el golpe le hizo saltar la
30 máquina de costado...» Opiniones, recuerdos, despacio, éntrenlo de espaldas,[11] así va bien, y alguien con guardapolvo[12] dándole a beber un trago que lo alivió en la penumbra de una pequeña farmacia de barrio.

La ambulancia policial llegó a los cinco minutos, y lo subieron a una camilla[13] blanda donde pudo tenderse a gusto. Con toda lucidez, pero sabiendo que estaba
35 bajo los efectos de un shock terrible, dio sus señas al policía que lo acompañaba. El brazo casi no le dolía; de una cortadura en la ceja goteaba sangre por toda la cara. Una o dos veces se lamió[14] los labios para beberla. Se sentía bien, era un accidente, mala suerte; unas semanas quieto y nada más. El vigilante le dijo que la motocicleta no parecía muy estropeada.[15] «Natural», dijo él. «Como que me la ligué encima...»[16]
40 Los dos se rieron, y el vigilante le dio la mano al llegar al hospital y le deseó buena suerte. Ya la náusea volvía poco a poco; mientras lo llevaban en una camilla de ruedas hasta un pabellón del fondo, pasando bajo árboles llenos de pájaros, cerró los ojos y deseó estar dormido o cloroformado.[17] Pero lo tuvieron largo rato en una pieza con olor a hospital, llenando una ficha, quitándole la ropa y vistiéndolo con
45 una camisa grisácea y dura. Le movían cuidadosamente el brazo, sin que le doliera. Las enfermeras bromeaban todo el tiempo, y si no hubiera sido por las contracciones del estómago se habría sentido muy bien, casi contento.

Lo llevaron a la sala de radio,[18] y veinte minutos después, con la placa todavía húmeda puesta sobre el pecho como una lápida negra,[19] pasó a la sala de opera-

---

[6]*hedges* [7]*polish* [8]*element of tension* [9]se... *thrust herself into the street* [10]tratando... *trying to control the nausea that was getting the better of him* [11]éntrenlo... *take him in backwards* [12]*dustcoat* [13]*stretcher* [14]se... *he licked* [15]*damaged* [16]Como... *That's because it fell on top of me...* [17]*anesthetized* [18]sala... *X-ray room* [19]con... *with the still-wet X-ray picture on top of his chest like a black tombstone*

ciones. Alguien de blanco, alto y delgado, se le acercó y se puso a mirar la radiografía. Manos de mujer le acomodaban la cabeza, sintió que lo pasaban de una camilla a otra. El hombre de blanco se le acercó otra vez, sonriendo, con algo que le brillaba en la mano derecha. Le palmeó la mejilla e hizo una seña a alguien parado atrás.

Como sueño era curioso porque estaba lleno de olores y él nunca soñaba olores. Primero un olor a pantano,[20] ya que a la izquierda de la calzada empezaban las marismas,[21] los tembladerales[22] de donde no volvía nadie. Pero el olor cesó, y en cambio vino una fragancia compuesta y oscura como la noche en que se movía huyendo de los aztecas. Y todo era tan natural, tenía que huir de los aztecas que andaban a caza de hombre, y su única probabilidad era la de esconderse en lo más denso de la selva, cuidando de no apartarse de la estrecha calzada que sólo ellos, los motecas,[23] conocían.

Lo que más lo torturaba era el olor, como si aun en la absoluta aceptación del sueño algo se rebelara contra eso que no era habitual, que hasta entonces no había participado del juego. «Huele a guerra», pensó, tocando instintivamente el puñal de piedra atravesado en su ceñidor de lana tejida. Un sonido inesperado lo hizo agacharse y quedar inmóvil, temblando. Tener miedo no era extraño, en sus sueños abundaba el miedo. Esperó, tapado por las ramas de un arbusto[24] y la noche sin estrellas. Muy lejos, probablemente del otro lado del gran lago, debían estar ardiendo fuegos de vivac;[25] un resplandor rojizo teñía esa parte del cielo. El sonido no se repitió. Había sido como una rama quebrada. Tal vez un animal que escapaba como él del olor de la guerra. Se enderezó despacio, venteando.[26] No se oía nada, pero el miedo seguía allí como el olor, ese incienso dulzón[27] de la guerra florida. Había que seguir, llegar al corazón de la selva evitando las ciénagas.[28] A tientas, agachándose a cada instante para tocar el suelo más duro de la calzada, dio algunos pasos. Hubiera querido echar a correr, pero los tembladerales palpitaban a su lado. En el sendero en tinieblas, buscó el rumbo. Entonces sintió una bocanada horrible del olor que más temía, y saltó desesperado hacia adelante.

—Se va a caer de la cama— dijo el enfermo de al lado. —No brinque tanto,[29] amigo.

Abrió los ojos y era de tarde, con el sol ya bajo en los ventanales de la larga sala. Mientras trataba de sonreír a su vecino, se despegó casi físicamente de la última visión de la pesadilla. El brazo, enyesado, colgaba de un aparato con pesas y poleas.[30] Sintió sed, como si hubiera estado corriendo kilómetros, pero no querían darle mucha agua, apenas para mojarse los labios y hacer un buche. La fiebre lo iba ganando despacio y hubiera podido dormirse otra vez, pero saboreaba el placer de quedarse despierto, entornados los ojos, escuchando el diálogo de los otros enfermos, respondiendo de cuando en cuando a alguna pregunta. Vio llegar un carrito blanco que pusieron al lado de su cama, una enfermera rubia le

[20]olor... *swampy smell* [21]a... *to the left of the causeway the marshes began* [22]*quagmires* [23]*adversaries of the Aztecs in ritual wars* [24]*shrub* [25]fuegos... *bivouac fires* [26]*sniffing* [27]incienso... *sweetish incense* [28]*marshes* [29]No... *Don't jump around so much* [30]pesas... *weights and pulleys*

frotó con alcohol la cara anterior del muslo y le clavó una gruesa aguja conectada con un tubo que subía hasta un frasco lleno de líquido opalino. Un médico joven vino con un aparato de metal y cuero que le ajustó al brazo sano para verificar alguna cosa. Caía la noche, y la fiebre lo iba arrastrando blandamente a un estado donde las cosas tenían un relieve como de gemelos de teatro,[31] eran reales y dulces y a la vez ligeramente repugnantes; como estar viendo una película aburrida y pensar que sin embargo en la calle es peor; y quedarse.

Vino una taza de maravilloso caldo de oro oliendo a puerro, a apio, a perejil. Un trocito de pan, más precioso que todo un banquete, se fue desmigajando poco a poco.[32] El brazo no le dolía nada y solamente en la ceja, donde lo habían suturado, chirriaba a veces una punzada caliente y rápida. Cuando los ventanales de enfrente viraron a manchas de un azul oscuro, pensó que no le iba a ser difícil dormirse. Un poco incómodo, de espaldas, pero al pasarse la lengua por los labios resecos y calientes sintió el sabor del caldo, y suspiró de felicidad, abandonándose.

Primero fue una confusión, un atraer hacia sí todas las sensaciones por un instante embotadas[33] o confundidas. Comprendía que estaba corriendo en plena oscuridad, aunque arriba el cielo cruzado de copas de árboles era menos negro que el resto. «La calzada», pensó. «Me salí de la calzada.» Sus pies se hundían en un colchón de hojas y barro, y ya no podía dar un paso sin que las ramas de los arbustos le azotaran el torso y las piernas. Jadeante, sabiéndose acorralado a pesar de la oscuridad y el silencio, se agachó para escuchar. Tal vez la calzada estaba cerca, con la primera luz del día iba a verla otra vez. Nada podía ayudarlo ahora a encontrarla. La mano que sin saberlo él aferraba el mango del puñal, subió como el escorpión de los pantanos hasta su cuello, donde colgaba el amuleto protector.[34] Moviendo apenas los labios musitó la plegaria del maíz que trae las lunas felices,[35] y la súplica a la Muy Alta, a la dispensadora de los bienes motecas. Pero sentía al mismo tiempo que los tobillos se le estaban hundiendo despacio en el barro, y la espera en la oscuridad del chaparral[36] desconocido se le hacía insoportable. La guerra florida había empezado con la luna y llevaba ya tres días y tres noches. Si conseguía refugiarse en lo profundo de la selva, abandonando la calzada más allá de la región de las ciénagas, quizá los guerreros no le siguieran el rastro. Pensó en los muchos prisioneros que ya habrían hecho. Pero la cantidad no contaba, sino el tiempo sagrado. La caza continuaría hasta que los sacerdotes dieran la señal del regreso. Todo tenía su número y su fin, y él estaba dentro del tiempo sagrado, del otro lado de los cazadores.

Oyó los gritos y se enderezó de un salto, puñal en mano. Como si el cielo se incendiara en el horizonte, vio antorchas moviéndose entre las ramas, muy cerca. El olor a guerra era insoportable, y cuando el primer enemigo le saltó al cuello casi sintió placer en hundirle la hoja de piedra en pleno pecho. Ya lo rodeaban las luces, los gritos alegres. Alcanzó a cortar el aire una o dos veces, y entonces una soga lo atrapó desde atrás.

---

[31]tenían... *were brought into focus as if seen through opera glasses* [32]se... *was crumbling, little by little* [33]*dull* [34]amuleto... *good luck charm* [35]musitó... *he mumbled the prayer to the Indian corn that brings many happy moons* [36]*thicket*

—Es la fiebre —dijo el de la cama de al lado. —A mí me pasaba igual cuando me operé del duodeno. Tome agua y va a ver que duerme bien.

Al lado de la noche de donde volvía, la penumbra tibia de la sala le pareció deliciosa. Una lámpara violeta velaba en lo alto de la pared del fondo como un ojo

135 protector. Se oía toser, respirar fuerte, a veces un diálogo en voz baja. Todo era grato y seguro, sin ese acoso, sin... Pero no quería seguir pensando en la pesadilla. Había tantas cosas en que entretenerse. Se puso a mirar el yeso del brazo,[37] las poleas que tan cómodamente se lo sostenían en el aire. Le habían puesto una botella de agua mineral en la mesa de noche. Bebió del gollete,[38] golosamente.

140 Distinguía ahora las formas de la sala, las treinta camas, los armarios con vitrinas. Ya no debía tener tanta fiebre, sentía fresca la cara. La ceja le dolía apenas, como un recuerdo. Se vio otra vez saliendo del hotel, sacando la moto. ¿Quién hubiera pensado que la cosa iba a acabar así? Trataba de fijar el momento del accidente, y le dio rabia advertir que había ahí como un hueco, un vacío que no alcanzaba a

145 rellenar. Entre el choque y el momento en que lo habían levantado del suelo, un desmayo o lo que fuera no le dejaba ver nada. Y al mismo tiempo tenía la sensación de que ese hueco, esa nada, había durado una eternidad. No, ni siquiera tiempo, más bien como si en ese hueco él hubiera pasado a través de algo o recorrido distancias inmensas. El choque, el golpe brutal contra el pavimento. De

150 todas maneras al salir del pozo negro había sentido casi un alivio mientras los hombres lo alzaban del suelo. Con el dolor del brazo roto, la sangre de la ceja partida, la contusión en la rodilla; con todo eso, un alivio al volver al día y sentirse sostenido y auxiliado. Y era raro. Le preguntaría alguna vez al médico de la oficina. Ahora volvía a ganarlo el sueño, a tirarlo despacio hacia abajo. La almohada era tan

155 blanda, y en su garganta afiebrada la frescura del agua mineral. Quizá pudiera descansar de veras, sin las malditas pesadillas. La luz violeta de la lámpara en lo alto se iba apagando poco a poco.

Como dormía de espaldas, no lo sorprendió la posición en que volvía a reconocerse, pero en cambio el olor a humedad, a piedra rezumante de filtraciones,[39] le

160 cerró la garganta y lo obligó a comprender. Inútil abrir los ojos y mirar en todas direcciones; lo envolvía una oscuridad absoluta. Quiso enderezarse y sintió las sogas en las muñecas y los tobillos. Estaba estaqueado en el suelo, en un piso de lajas[40] helado y húmedo. El frío le ganaba la espalda desnuda, las piernas. Con el mentón buscó torpemente el contacto con su amuleto, y supo que se lo habían

165 arrancado. Ahora estaba perdido, ninguna plegaria podía salvarlo del final. Lejanamente, como filtrándose entre las piedras del calabozo,[41] oyó los atabales[42] de la fiesta. Lo habían traído al teocalli,[43] estaba en las mazmorras[44] del templo a la espera de su turno.

Oyó gritar, un grito ronco que rebotaba en las paredes. Otro grito, acabando en

170 un quejido. Era él que gritaba en las tinieblas, gritaba porque estaba vivo, todo su cuerpo se defendía con el grito de lo que iba a venir, del final inevitable. Pensó en

---

[37]yeso... *cast on his arm* [38]*long-necked bottle* [39]olor... *damp, musty smell* [40]Estaba... *He was staked to the ground, on a stone slab floor* [41]*cell* [42]*kettledrums* [43]*Aztec ceremonial building* [44]*underground dungeons*

sus compañeros que llenarían otras mazmorras, y en los que ascendían ya los peldaños del sacrificio. Gritó de nuevo sofocadamente, casi no podía abrir la boca, tenía las mandíbulas agarrotadas[45] y a la vez como si fueran de goma y se abrieran
175 lentamente, con un esfuerzo interminable. El chirriar de los cerrojos lo sacudió como un látigo. Convulso, retorciéndose, luchó por zafarse de las cuerdas[46] que se le hundían en la carne. Su brazo derecho, el más fuerte, tiraba hasta que el dolor se hizo intolerable y tuvo que ceder. Vio abrirse la doble puerta, y el olor de las antorchas le llegó antes que la luz. Apenas ceñidos con el taparrabos[47] de la cere-
180 monia, los acólitos[48] de los sacerdotes se le acercaron mirándolo con desprecio. Las luces se reflejaban en los torsos sudados, en el pelo negro lleno de plumas. Cedieron las sogas, y en su lugar lo aferraron manos calientes, duras como bronce; se sintió alzado, siempre boca arriba, tironeado[49] por los cuatro acólitos que lo llevaron por el pasadizo. Los portadores de antorchas iban adelante, alumbrando
185 vagamente el corredor de paredes mojadas y techo tan bajo que los acólitos debían agachar la cabeza. Ahora lo llevaban, lo llevaban, era el final. Boca arriba, a un metro del techo de roca viva que por momentos se iluminaba con un reflejo de antorcha. Cuando en vez de techo nacieran las estrellas y se alzara frente a él la escalinata incendiada de gritos y danzas, sería el fin. El pasadizo no acababa nunca,
190 pero ya iba a acabar, de repente olería el aire lleno de estrellas, pero todavía no, andaban llevándolo sin fin en la penumbra roja, tironeándolo bruscamente, y él no quería, pero cómo impedirlo si le habían arrancado el amuleto que era su verdadero corazón, el centro de la vida.

Salió de un brinco a la noche del hospital, al alto cielo raso dulce, a la sombra
195 blanda que lo rodeaba. Pensó que debía haber gritado, pero sus vecinos dormían callados. En la mesa de noche, la botella de agua tenía algo de burbuja, de imagen traslúcida contra la sombra azulada de los ventanales. Jadeó, buscando el alivio de los pulmones, el olvido de esas imágenes que seguían pegadas a sus párpados. Cada vez que cerraba los ojos las veía formarse instantáneamente, y se enderezaba
200 aterrado pero gozando a la vez del saber que ahora estaba despierto, que la vigilia lo protegía, que pronto iba a amanecer, con el buen sueño profundo que se tiene a esa hora, sin imágenes, sin nada... Le costaba mantener los ojos abiertos, la modorra[50] era más fuerte que él. Hizo un último esfuerzo, con la mano sana esbozó un gesto[51] hacia la botella de agua; no llegó a tomarla, sus dedos se cerraron en un
205 vacío otra vez negro, y el pasadizo seguía interminable, roca tras roca, con súbitas fulguraciones rojizas, y él boca arriba gimió apagadamente porque el techo iba a acabarse, subía, abriéndose como una boca de sombra, y los acólitos se enderezaban y de la altura una luna menguante[52] le cayó en la cara donde los ojos no querían verla, desesperadamente se cerraban y abrían buscando pasar al otro lado,
210 descubrir de nuevo el cielo raso protector de la sala. Y cada vez que se abrían era la noche y la luna mientras lo subían por la escalinata, ahora con la cabeza colgando hacia abajo, y en lo alto estaban las hogueras, las rojas columnas de humo perfumado, y de golpe vio la piedra roja, brillante de sangre que chorreaba, y el vaivén

[45]*stiff* [46]*luchó... he fought to break loose from the ropes* [47]*loincloth* [48]*acolytes; temple attendants* [49]*hauled* [50]*drowsiness* [51]esbozó... *he made an attempt* [52]*waning*

de los pies del sacrificado que arrastraban para tirarlo rodando por las escalinatas
215   del norte. Con una última esperanza apretó los párpados, gimiendo por despertar.
Durante un segundo creyó que lo lograría, porque otra vez estaba inmóvil en la
cama, a salvo del balanceo cabeza abajo. Pero olía la muerte, y cuando abrió los
ojos vio la figura ensangrentada del sacrificador que venía hacia él con el cuchillo
de piedra en la mano. Alcanzó a cerrar otra vez los párpados, aunque ahora sabía
220   que no iba a despertarse, que estaba despierto, que el sueño maravilloso había
sido el otro, absurdo como todos los sueños; un sueño en el que había andado por
extrañas avenidas de una ciudad asombrosa, con luces verdes y rojas que ardían
sin llama ni humo, con un enorme insecto de metal que zumbaba bajo sus piernas.
En la mentira infinita de ese sueño también lo habían alzado del suelo, también
225   alguien se le había acercado con un cuchillo en la mano, a él tendido boca arriba, a
él boca arriba con los ojos cerrados entre las hogueras.

𝒟ESPUÉS DE LEER

CUESTIONARIO

1. ¿Cómo trató el hombre de evitar el accidente?
2. Describa la condición del hombre después del accidente.
3. ¿Cuál es el papel de los olores en el sueño del hombre?
4. ¿Qué le hizo la enfermera rubia al hombre?
5. ¿Qué le pasó al hombre después de haber tomado una taza del maravilloso caldo?
6. Describa el ambiente de este segundo sueño.
7. ¿Cómo pensaba salvarse el hombre de la guerra florida?
8. ¿Por qué tuvo dificultad el hombre al tratar de determinar el momento exacto del accidente?
9. ¿Por qué no pudo enderezarse el hombre?
10. ¿Cómo estaban vestidos los acólitos?
11. ¿Qué hicieron con el hombre los portadores de antorchas?
12. ¿Cómo era la última escena del sacrificio?

ESTUDIO DE PALABRAS

Complete las oraciones con palabras o expresiones de **Palabras importantes y modismos.**

1. El hombre quería comunicarnos algo y por necesidad _____ con las manos.
2. Su única probabilidad de salvarse era la de _____ en lo más denso de la selva.
3. Oyó un sonido inesperado y _____, temblando.
4. El enfermo _____ con un poco de agua.
5. La fiebre _____ al enfermo despacio.

6. El hombre no podía ver bien y _____ dio algunos pasos.
7. El hombre _____ despegarse de la visión de la pesadilla.
8. Cuando llegaron para sacrificarlo _____ con las manos, resistió hasta el último momento.
9. Los médicos entraban a veces en su cuarto, es decir entraban _____ .
10. Tenía sueño y por eso _____ mantener los ojos abiertos.

CONSIDERACIONES

1. Describa detalladamente el paseo de la calle Central.
2. Describa con sus propias palabras cómo ocurrió el accidente.
3. ¿Cuáles son las palabras que describen los efectos del estado de shock en el hombre?
4. ¿Qué palabras describen los olores que permeaban el ambiente de la guerra florida?
5. Haga una lista de todos los verbos en el pretérito que se relacionan con las sensaciones del protagonista mientras esperaba su turno en el templo.
6. ¿Qué importancia le da el hombre a su amuleto?
7. ¿Qué diferencias básicas hay entre las dos realidades?
8. ¿Qué palabras se utilizan para describir el estado del protagonista cuando se entera de que no está soñando?

ANÁLISIS DEL TEXTO

1. ¿Cómo se crea el ambiente de terror en este cuento?
2. Explique la función de las descripciones del medio ambiente en cuanto a su relación con los dos niveles de la realidad presentados en el cuento.
3. ¿Cuál es el punto culminante del cuento?

PERSPECTIVA PERSONAL

1. ¿Con qué frecuencia sueña Ud.? ¿Qué importancia tienen para Ud. sus sueños?
2. ¿Cómo se siente Ud. en las ocasiones en que no tiene un control completo sobre sus acciones o su destino?
3. La religión de los aztecas incluía sacrificios humanos. ¿Qué opina Ud. de una religión que practique este tipo de sacrificios?
4. ¿Hay aspectos de su religión con los que Ud. no está de acuerdo? Explique.

BIBLIOGRAFÍA

Gyurko, Lanin A. "Cyclic Time and Blood Sacrifice in Three Stories by Cortázar." *Revista Hispánica Moderna, 4* (October–December 1969): 341–342.

Lo real maravilloso

GABRIEL GARCÍA MÁRQUEZ (1928–   ) was born in Aracataca, a small village near the Atlantic coast of Colombia. He was raised by his maternal grandparents, who would satisfy his inquisitive nature by telling him stories and making him aware of his surroundings. His recollections of those childhood experiences have served as the source for many of his tales. García Márquez studied law in Bogotá and in 1948 began a career in journalism. During the fifties he traveled extensively in eastern Europe and, after a stay in Paris, continued his travels within Latin America.

The appearance of *La hojarasca* (1955), *El coronel no tiene quien le escriba* (1958), *La mala hora* (1962), and the collection of short stories *Los funerales de la Mamá Grande* (1962) brought him recognition in the literary world. In those works he created the mythical setting of Macondo and began developing characters and situations that would appear in his literary masterpiece, *Cien años de soledad* (1967), a novel considered to be one of the best of the twentieth century. Its financial success allowed García Márquez to dedicate himself exclusively to his writing. A later collection of short stories, *La increíble y triste historia de la cándida Eréndira y de su abuela desalmada* (1972) shows García Márquez's continuing interest in the literature of the fantastic.

More recent novels include *El otoño del patriarca* (1975), *Crónica de una muerte anunciada* (1981), *El amor en los tiempos del cólera* (1985) and *El general en su laberinto* (1989). In 1982, García Márquez was awarded the Nobel Prize for Literature.

Together with Mario Vargas Llosa, Julio Cortázar, Juan Rulfo, Alejo Carpentier, and Carlos Fuentes, García Márquez has been acclaimed as contributing to the modern "boom" in the Latin American narrative. After almost 150 years of servile adherence to European models, the Latin American novel has come of age. Although these "boom" novelists are typically Colombian, Argentinean, Peruvian, Mexican, or Cuban, their works transcend regional or national preoccupations and are read and appreciated the world over. García Márquez's novels as well as those of his contemporaries have been translated into the major languages of the world.

Through the perspective of "**lo real maravilloso**," the ambiguities, subtleties, and contradictions of Latin American reality are brought into focus with considerable impact. Latin America is finding a new language, and with it each country is trying to answer vital questions from its own perspective. In his works, García Márquez implies that the old values imposed on Latin American society are no longer valid. Armed with an ironic vision, he destroys myths, underscores our desire to find solace in this world, and lures his readers into sharing a new reality. In his novels and stories, the "real" and the "marvelous" exist side by side, and a multifaceted reality is thus presented. Although readers may delight in some of the characters that inhabit his world or enjoy the ironic humor of many situations, they will always find beneath the surface the suggestion that social and cultural stagnation lie at the root of Latin America's ills. ❧

La soledad de mediodía en la Colombia rural

Un día de estos

"**U**n día de estos," from the collection titled *Los funerales de la Mamá Grande,* explores the tension and hatred between two prominent men of a small town. The dentist, who has the mayor at his mercy and takes particular pains to make him suffer, thoroughly enjoys his revenge. On another level, however, in this story García Márquez is exploring the effects of "**la violencia,**" a period in Colombian history—from 1948 to well into the sixties—during which the entire country was divided into conservative and liberal factions. The struggle between those two political and social forces is depicted forcefully in other stories and novels by García Márquez as well.

*A*NTES DE LEER

PALABRAS IMPORTANTES Y MODISMOS

a rayas	striped
dirigirse a	to go to or toward
ponerse de pie	to stand up
sacar una muela	to pull a tooth
servirse (i) de	to make use of

ESTRATEGIAS PARA LEER

Allegory (**Alegoría**)

Allegory—the use of symbolic figures and actions to express truths or generalizations about human existence—can be understood as metaphor (**metáfora**) used in a broader and more involved way. Partially hidden by the more literal level of the narrative, allegory is a second level of meaning that extends far beyond the less developed level of metaphor. We might say that the text, while speaking directly about A on a surface level, can also be seen to be speaking about B on an allegorical level.

Although there is a validity in reading and accepting a story's meaning on a superficial level, some stories both suggest and allow an allegorical interpretation of the text. "Un día de estos" ("*One of These Days*") certainly invites such an understanding. This is not to say that García Márquez necessarily intended for the story to be read at the level of allegory, only that the surface narrative can be seen to parallel a nontextual issue. By this we mean that the text is part of, and comes out of, a greater context—the social, political and economic fabric of society. Consider lines 64–68 of the text. These can certainly be understood on a literal level (the pain, tears and suffering of the moment), but the same lines can also be interpreted at an allegorical level; after all, five nights are viewed as an eternity and in turn are seen as torture. It should be noted, also, that such a small thing, one tooth, has caused untold torture and yet it was extracted so easily, so completely. This allegorical reading is especially appropriate when you consider that the greater socio-political context of Colombia was defined by corruption, violence, and murder. But even without this context the text suggests the possibility of such a conclusion.

There is a very real leitmotif of violence in "Un día de estos." Before you begin reading, you might consider the implications of the title. Have we reached the long-awaited day implied by the title? As you read the story, mark the passages that seem to transcend the limitations of the moment. If one can indeed read "Un día de estos" as an allegory, how is this interpretation furthered or altered by the final scene?

Un día de estos

EL LUNES AMANECIÓ tibio y sin lluvia. Don Aurelio Escovar, dentista sin título y buen madrugador,[1] abrió su gabinete a las seis. Sacó de la vidriera una dentadura postiza[2] montada aún en el molde de yeso y puso sobre la mesa un puñado de instrumentos que ordenó de mayor a menor, cumo en una exposición. Llevaba una camisa a rayas, sin cuello, cerrada arriba con un botón dorado, y los pantalones sostenidos con cargadores elásticos.[3] Era rígido, enjuto,

[1]buen... *an early riser* [2]dentadura... *set of false teeth* [3]cargadores... *suspenders*

con una mirada que raras veces correspondía a la situación, como la mirada de los sordos.

Cuando tuvo las cosas dispuestas sobre la mesa rodó la fresa[4] hacia el sillón de resortes y se sentó a pulir la dentadura postiza. Parecía no pensar en lo que hacía, pero trabajaba con obstinación, pedaleando en la fresa incluso cuando no se servía de ella.

Después de las ocho hizo una pausa para mirar el cielo por la ventana y vio dos gallinazos pensativos que se secaban al sol en el caballete[5] de la casa vecina. Siguió trabajando con la idea de que antes del almuerzo volvería a llover. La voz destemplada de su hijo de once años lo sacó de su abstracción.

—Papá.

—Qué.

—Dice el Alcalde que si le sacas una muela.

—Dile que no estoy aquí.

Estaba puliendo un diente de oro. Lo retiró a la distancia del brazo y lo examinó con los ojos a medio cerrar. En la salita de espera volvió a gritar su hijo.

—Dice que sí estás porque te está oyendo.

El dentista siguió examinando el diente. Sólo cuando lo puso en la mesa con los trabajos terminados, dijo:

—Mejor.

Volvió a operar la fresa. De una cajita de cartón donde guardaba las cosas por hacer, sacó un puente[6] de varias piezas y empezó a pulir el oro.

—Papá.

—Qué.

Aún no había cambiado de expresión.

—Dice que si no le sacas la muela te pega un tiro.[7]

Sin apresurarse, con un movimiento extremadamente tranquilo, dejó de pedalear en la fresa, la retiró del sillón y abrió por completo la gaveta inferior de la mesa. Allí estaba el revólver.

—Bueno— dijo. —Dile que venga a pegármelo.

Hizo girar el sillón hasta quedar de frente a la puerta, la mano apoyada en el borde de la gaveta. El Alcalde apareció en el umbral. Se había afeitado la mejilla izquierda, pero en la otra, hinchada y dolorida, tenía una barba de cinco días. El dentista vio en sus ojos marchitos muchas noches de desesperación. Cerró la gaveta con la punta de los dedos y dijo suavemente:

—Siéntese.

—Buenos días— dijo el Alcalde.

—Buenos— dijo el dentista.

Mientras hervían los instrumentos, el Alcalde apoyó el cráneo[8] en el cabezal de la silla y se sintió mejor. Respiraba un olor glacial. Era un gabinete pobre: una vieja silla de madera, la fresa de pedal y una vidriera con pomos de loza.[9] Frente a la

---

[4]*dentist's drill* [5]*roof top* [6]*dental bridge* [7]te... *he will shoot you* [8]*back of his head* [9]pomos... *small porcelain bottles*

silla, una ventana con un cancel de tela[10] hasta la altura de un hombre. Cuando sintió que el dentista se acercaba, el Alcalde afirmó los talones[11] y abrió la boca.

50 Don Aurelio Escovar le movió la cara hacia la luz. Después de observar la muela dañada, ajustó la mandíbula con una cautelosa presión de los dedos.

—Tiene que ser sin anestesia— dijo.

—¿Por qué?

—Porque tiene un absceso.

55 El Alcalde lo miró a los ojos. «Está bien», dijo, y trató de sonreír. El dentista no le correspondió. Llevó a la mesa de trabajo la cacerola[12] con los instrumentos hervidos y los sacó del agua con unas pinzas frías, todavía sin apresurarse. Después rodó la escupidera con la punta del zapato[13] y fue a lavarse las manos en el aguamanil.[14] Hizo todo sin mirar al Alcalde. Pero el Alcalde no lo perdió de 60 vista.

Era un cordal inferior.[15] El dentista abrió las piernas y apretó la muela con el gatillo[16] caliente. El Alcalde se aferró a las barras de la silla, descargó toda su fuerza en los pies y sintió un vacío helado en los riñones, pero no soltó un suspiro. El dentista sólo movió la muñeca. Sin rencor, más bien con una amarga ternura, 65 dijo:

—Aquí nos paga veinte muertos,[17] teniente.

El Alcalde sintió un crujido de huesos en la mandíbula y sus ojos se llenaron de lágrimas. Pero no suspiró hasta que no sintió salir la muela. Entonces la vio a través de las lágrimas. Le pareció tan extraña a su dolor, que no pudo entender la tortura 70 de sus cinco noches anteriores.

Inclinado sobre la escupidera, sudoroso, jadeante,[18] se desabotonó la guerrera[19] y buscó a tientas el pañuelo en el bolsillo del pantalón. El dentista le dio un trapo limpio.

—Séquese las lágrimas— dijo.

75 El Alcalde lo hizo. Estaba temblando. Mientras el dentista se lavaba las manos, vio el cielo raso desfondado[20] y una telaraña polvorienta con huevos de araña e insectos muertos. El dentista regresó secándose las manos. «Acuéstese —dijo— y haga buches de agua de sal». El alcalde se puso de pie, se despidió con un displicente saludo militar, y se dirigió a la puerta estirando las piernas, sin abotonarse la 80 guerrera.

—Me pasa la cuenta— dijo.

—¿A usted o al municipio?

El Alcalde no lo miró. Cerró la puerta, y dijo, a través de la red metálica:

—Es la misma vaina.[21]

---

[10]cancel... *cloth screen* [11]afirmó... *dug in his heels* [12]*instrument pan* [13]rodó... *he moved the spittoon with the tip of his shoe* [14]*washstand* [15]cordal... *lower wisdom tooth* [16]*dental forceps* [17]Aquí... *Here you will pay us for twenty deaths (you have caused)* [18]*panting* [19]*military jacket* [20]vio... *he saw the broken ceiling* [21]Es... *It's the same thing.*

$\mathscr{D}$ESPUÉS DE LEER

CUESTIONARIO

1. ¿Qué tiempo hace al principio del cuento?
2. ¿Cómo estaba vestido el dentista?
3. ¿Qué tipo de persona era el dentista?
4. ¿Qué le anunció su hijo?
5. Describa la condición física del Alcalde.
6. ¿Cómo era el gabinete del dentista?
7. ¿Por qué le sacó la muela sin anestesia?
8. ¿Cómo se comportó el Alcalde al sacarle la muela?
9. ¿A quién debe pasarle la cuenta el dentista?

ESTUDIO DE PALABRAS

Complete las oraciones con palabras o expresiones de **Palabras importantes y modismos.**

1. Dice que si no le _____ te pega un tiro.
2. Llevaba una camisa _____, sin cuello.
3. El alcalde _____ la puerta.
4. El alcalde _____ y se despidió con un saludo militar.
5. El dentista trabajaba con obstinación, pedaleando en la fresa incluso cuando no _____ ella.

CONSIDERACIONES

1. Describa lo que hace el dentista por la mañana.
2. ¿Qué palabras se usan para describir la calma mostrada por el dentista?
3. ¿Qué puede simbolizar en este cuento la telaraña? Spider web
4. Haga una lista de las palabras que describen el sufrimiento del Alcalde.
5. Explique con sus propias palabras algunas de las razones que contribuyen a crear el tono de tensión en la obra.
6. Describa algunas de las acciones del Alcalde que demuestran su poder.

ANÁLISIS DEL TEXTO

1. ¿Cuál es el tema principal de este cuento?
2. ¿Cómo se desarrolla el elemento de tensión entre los dos personajes principales del cuento?
3. ¿Qué podemos inferir del comportamiento frío y metódico del dentista?
4. El punto culminante del cuento es cuando el dentista le da al Alcalde un trapo limpio para limpiarse las lágrimas. ¿Qué simboliza este acto?
5. ¿Qué pueden significar las últimas líneas del cuento?
6. ¿Qué nos está diciendo García Márquez acerca de las relaciones humanas?

PERSPECTIVA PERSONAL

1. ¿Sería Ud. capaz de hacer sufrir a un ser humano de tal manera?
2. ¿Cómo le hubiera sacado Ud. la muela al Alcalde?
3. ¿Hasta qué punto cree Ud. que la venganza del dentista es algo lógico y aceptable?

BIBLIOGRAFÍA

Kason, Nancy M. "El arte del ambiente psicológico en 'Un día de estos.'" In Hernández de López, Ana María, ed., *En el punto de mira: Gabriel García Márquez*. Madrid: Pliegos, 1985.

McMurray, George R. *Gabriel García Márquez*. New York: Frederick Ungar, 1977. See especially 50–51.

Jaula de diseño intricado para un ave tropical

La prodigiosa tarde de Baltazar

„**L**a prodigiosa tarde de Baltazar" is also from *Los funerales de la Mamá Grande*. The story captures the subtle intricacies of a power struggle between a wealthy, influential member of a town and a lowly but talented artisan. As you read the story, pay particular attention to the events leading to the confrontation between Baltazar and José (Chepe) Montiel. Their respective attitudes toward the value of money reveal two distinct sociopolitical ideologies. Concentrate also on the roles and attitudes of the female characters in the story.

ANTES DE LEER

PALABRAS IMPORTANTES Y MODISMOS

apenas	hardly, scarcely
de a ___ pesos	costing about ___ pesos
enrojecer	to become red
incorporarse	to stand up
prestar atención (a)	to pay attention (to)
tener apuro	to be in a hurry
trasnocharse	to stay up all night

ESTRATEGIAS PARA LEER

Symbol (Símbolo)

One might say that a symbol is at once itself and something else that has transcended the very literal level. A rose, for example, could be understood as just another beautiful flower or, in its equally (or more) important symbolic sense, the rose can be seen as a symbol of perfection, grace, and beauty. In this case, one might actually think of these specific attributes to the exclusion of the more concrete reality of the rose (relative high cost, thorns, or texture, for example). In fact, some symbols are indeed thought of in these more open and suggestive ways rather than in their concrete specificities. Other symbols, however, are not as universally recognized as the rose. These symbols, such as the "A" used by Nathaniel Hawthorne in *The Scarlet Letter,* are invested with symbolic power through their specific contexts. In "La prodigiosa tarde de Baltazar," for example, García Márquez uses one such symbol: the **jaula** (*birdcage*). As the doctor says to Baltazar, the creator of this wonderful birdcage, "**Una cosa es una jaula... y otra cosa es esta jaula.**" This is used out of context, but the doctor's words clearly suggest the unbelievable importance and role of the **jaula** as a symbol. It affects virtually everyone in the story, for all invest at least emotionally in this symbol. The meaning of a symbol, however, is not necessarily static, for it may be appropriated in a number of ways. This is exactly what happens in "La prodigiosa tarde de Baltazar." As you read this story and witness the tremendous symbolic importance of the birdcage, pay particular attention to the needs of those who would like to acquire it. Take note of its rather universal importance and of the ultimate impact on the one who created it. Of what is the birdcage a symbol? How can one make sense of the relationship between what transpires in the story and the final scene in which Baltazar drinks himself into a stupor?

La prodigiosa tarde de Baltazar

LA JAULA ESTABA terminada. Baltazar la colgó en el alero,[1] por la fuerza de la costumbre, y cuando acabó de almorzar ya se decía por todos lados que era la jaula más bella del mundo. Tanta gente vino a verla, que se formó un tumulto frente a la casa, y Baltazar tuvo que descolgarla y cerrar la
5 carpintería.

—Tienes que afeitarte— le dijo Úrsula, su mujer. —Pareces un capuchino.[2]

—Es malo afeitarse después del almuerzo— dijo Baltazar.

Tenía una barba de dos semanas, un cabello corto, duro y parado como las crines de un mulo, y una expresión general de muchacho asustado. Pero era una
10 expresión falsa. En febrero había cumplido 30 años, vivía con Úrsula desde hacía cuatro, sin casarse y sin tener hijos, y la vida le había dado muchos motivos para estar alerta, pero ninguno para estar asustado. Ni siquiera sabía que para algunas personas, la jaula que acababa de hacer era la más bella del mundo. Para él, acostumbrado a hacer jaulas desde niño, aquél había sido apenas un trabajo más
15 arduo que los otros.

—Entonces repósate un rato— dijo la mujer. —Con esa barba no puedes presentarte en ninguna parte.

[1]*eaves of the roof* [2]Pareces... *You look like a Capuchin (hooded) monk.*

Mientras reposaba tuvo que abandonar la hamaca varias veces para mostrar la jaula a los vecinos. Úrsula no le había prestado atención hasta entonces. Estaba
20   disgustada porque su marido había descuidado el trabajo de la carpintería para dedicarse por entero a la jaula, y durante dos semanas había dormido mal, dando tumbos[3] y hablando disparates, y no había vuelto a pensar en afeitarse. Pero el disgusto se disipó ante la jaula terminada. Cuando Baltazar despertó de la siesta, ella le había planchado los pantalones y una camisa, los había puesto en un asiento
25   junto a la hamaca, y había llevado la jaula a la mesa del comedor. La contemplaba en silencio.

—¿Cuánto vas a cobrar?— preguntó.

—No sé— contestó Baltazar. —Voy a pedir treinta pesos para ver si me dan veinte.

30   —Pide cincuenta— dijo Úrsula. —Te has trasnochado mucho en estos quince días. Además, es bien grande. Creo que es la jaula más grande que he visto en mi vida.

Baltazar empezó a afeitarse.

—¿Crees que me darán los cincuenta pesos?

35   —Eso no es nada para don Chepe Montiel, y la jaula los vale— dijo Úrsula. —Debías pedir sesenta.

La casa yacía en una penumbra sofocante. Era la primera semana de abril y el calor parecía menos soportable por el pito de las chicharras. Cuando acabó de vestirse, Baltazar abrió la puerta del patio para refrescar la casa, y un grupo de
40   niños entró en el comedor.

La noticia se había extendido. El doctor Octavio Giraldo, un médico viejo, contento de la vida pero cansado de la profesión, pensaba en la jaula de Baltazar mientras almorzaba con su esposa inválida. En la terraza interior donde ponían la mesa en los días de calor, había muchas macetas[4] con flores y dos jaulas con
45   canarios.

A su esposa le gustaban los pájaros, y le gustaban tanto que odiaba a los gatos porque eran capaces de comérselos. Pensando en ella, el doctor Giraldo fue esa tarde a visitar a un enfermo, y al regreso pasó por la casa de Baltazar a conocer la jaula.[5]

50   Había mucha gente en el comedor. Puesta en exhibición sobre la mesa, la enorme cúpula de alambre con tres pisos interiores, con pasadizos y compartimientos especiales para comer y dormir, y trapecios en el espacio reservado al recreo de los pájaros, parecía el modelo reducido de una gigantesca fábrica de hielo. El médico la examinó cuidadosamente, sin tocarla, pensando que en efecto
55   aquella jaula era superior a su propio prestigio, y mucho más bella de lo que había soñado jamás para su mujer.

—Esto es una aventura de la imaginación— dijo. Buscó a Baltazar en el grupo, y agregó, fijos en él sus ojos maternales: —Hubieras sido un extraordinario arquitecto.

[3]dando... *tossing and turning*   [4]*flowerpots*   [5]conocer... *to see the birdcage*

60   Baltazar se ruborizó.

—Gracias— dijo.

—Es verdad— dijo el médico. Tenía una gordura lisa y tierna como la de una mujer que fue hermosa en su juventud, y unas manos delicadas. Su voz parecía la de un cura hablando en latín. —Ni siquiera será necesario ponerle pájaros— dijo,

65   haciendo girar la jaula frente a los ojos del público, como si la estuviera vendiendo. —Bastará con colgarla entre los árboles para que cante sola.

Volvió a ponerla en la mesa, pensó un momento, mirando la jaula, y dijo:

—Bueno, pues me la llevo.

—Está vendida— dijo Úrsula.

70   —Es del hijo de don Chepe Montiel— dijo Baltazar. —La mandó a hacer expresamente.

El médico asumió una actitud respetable.

—¿Te dio el modelo?

—No— dijo Baltazar. —Dijo que quería una jaula grande, como ésa, para una

75   pareja de turpiales.[6]

El médico miró la jaula.

—Pero ésta no es para turpiales.

—Claro que sí, doctor— dijo Baltazar, acercándose a la mesa. Los niños lo rodearon. —Las medidas están bien calculadas— dijo, señalando con el índice los

80   diferentes compartimientos. Luego golpeó la cúpula con los nudillos, y la jaula se llenó de acordes profundos.[7]

—Es el alambre más resistente que se puede encontrar, y cada juntura está soldada por dentro y por fuera— dijo.

—Sirve hasta para un loro— intervino uno de los niños.

85   —Así es— dijo Baltazar.

El médico movió la cabeza.

—Bueno, pero no te dio el modelo— dijo. —No te hizo ningún encargo preciso, aparte de que fuera una jaula grande para turpiales. ¿No es así?

—Así es— dijo Baltazar.

90   —Entonces no hay problema— dijo el médico. —Una cosa es una jaula grande para turpiales y otra cosa es esta jaula. No hay pruebas de que sea ésta la que te mandaron hacer.

—Es esta misma— dijo Baltazar, ofuscado. —Por eso la hice.

El médico hizo un gesto de impaciencia.

95   —Podrías hacer otra— dijo Úrsula, mirando a su marido. Y después, hacia el médico: —Usted no tiene apuro.

—Se la prometí a mi mujer para esta tarde— dijo el médico.

—Lo siento mucho, doctor —dijo Baltazar— pero no se puede vender una cosa que ya está vendida.

100   El médico se encogió de hombros. Secándose el sudor del cuello con un pa-

---

[6]*pareja... pair of troupials (brilliant orioles indigenous to Central and South America)* [7]*Luego... He then tapped the dome with his knuckles, and the birdcage was filled with a deep harmony of sounds.*

ñuelo, contempló la jaula en silencio, sin mover la mirada de un mismo punto indefinido, como se mira un barco que se va.

—¿Cuánto te dieron por ella?

Baltazar buscó a Úrsula sin responder.

105 —Sesenta pesos— dijo ella.

El médico siguió mirando la jaula.

—Es muy bonita— suspiró. —Sumamente bonita.

Luego, moviéndose hacia la puerta, empezó a abanicarse con energía, sonriente, y el recuerdo de aquel episodio desapareció para siempre de su me-

110 moria.

—Montiel es muy rico— dijo.

En verdad, José Montiel no era tan rico como parecía, pero había sido capaz de todo por llegar a serlo. A pocas cuadras de allí, en una casa atiborrada de arneses[8] donde nunca se había sentido un olor que no se pudiera vender, permanecía

115 indiferente a la novedad de la jaula. Su esposa, torturada por la obsesión de la muerte, cerró puertas y ventanas después del almuerzo y yació dos horas con los ojos abiertos en la penumbra del cuarto, mientras José Montiel hacía la siesta. Así la sorprendió un alboroto de muchas voces. Entonces abrió la puerta de la sala y vio un tumulto frente a la casa, y a Baltazar con la jaula en medio del tumulto, vestido

120 de blanco y acabado de afeitar, con esa expresión de decoroso candor con que los pobres llegan a la casa de los ricos.

—Qué cosa tan maravillosa— exclamó la esposa de José Montiel, con una expresión radiante, conduciendo a Baltazar hacia el interior. —No había visto nada igual en mi vida— dijo, y agregó, indignada con la multitud que se agolpara en la

125 puerta:[9] —Pero llévesela para adentro que nos van a convertir la sala en una gallera.[10]

Baltazar no era un extraño en la casa de José Montiel. En distintas ocasiones, por su eficacia y buen cumplimiento, había sido llamado para hacer trabajos de carpintería menor. Pero nunca se sintió bien entre los ricos. Solía pensar en ellos,

130 en sus mujeres feas y conflictivas, en sus tremendas operaciones quirúrgicas, y experimentaba siempre un sentimiento de piedad. Cuando entraba en sus casas no podía moverse sin arrastrar los pies.

—¿Está Pepe?— preguntó.

Había puesto la jaula en la mesa del comedor.

135 —Está en la escuela— dijo la mujer de José Montiel. —Pero ya no debe demorar.

Y agregó: —Montiel se está bañando.

En realidad José Montiel no había tenido tiempo de bañarse. Se estaba dando una urgente fricción de alcohol alcanforado[11] para salir a ver lo que pasaba. Era un

140 hombre tan prevenido, que dormía sin ventilador eléctrico para vigilar durante el sueño los rumores de la casa.

—Ven a ver qué cosa tan maravillosa— gritó su mujer.

[8]atiborrada... *crammed with goods* [9]indignada... *indignant with the multitude crowding into the* door [10]que... *so that they don't turn our hall into a cockfight pit* [11]fricción... *alcohol rubdown*

José Montiel —corpulento y peludo, la toalla colgada en la nuca— se asomó por la ventana del dormitorio.

145 —¿Qué es eso?

—La jaula de Pepe— dijo Baltazar.

La mujer lo miró perpleja.

—¿De quién?

—De Pepe— confirmó Baltazar. Y después dirigiéndose a José Montiel:

150 —Pepe me la mandó a hacer.

Nada ocurrió en aquel instante, pero Baltazar se sintió como si le hubieran abierto la puerta del baño. José Montiel salió en calzoncillos del dormitorio.

—Pepe— gritó.

—No ha llegado— murmuró su esposa, inmóvil.

155 Pepe apareció en el vano de la puerta. Tenía unos doce años y las mismas pestañas rizadas y el quieto patetismo de su madre.

—Ven acá— le dijo José Montiel. —¿Tú mandaste a hacer esto?

El niño bajó la cabeza. Agarrándolo por el cabello, José Montiel lo obligó a mirarlo a los ojos.

160 —Contesta.

El niño se mordió los labios sin responder.

—Montiel— susurró la esposa.

José Montiel soltó al niño y se volvió hacia Baltazar con una expresión exaltada.

—Lo siento mucho, Baltazar— dijo, —Pero has debido consultarlo conmigo

165 antes de proceder. Sólo a ti se te ocurre contratar con un menor.

A medida que hablaba, su rostro fue recobrando la serenidad. Levantó la jaula sin mirarla y se la dio a Baltazar. —Llévatela en seguida y trata de vendérsela a quien puedas— dijo. —Sobre todo, te ruego que no me discutas.

Le dio una palmadita en la espalda, y explicó:

170 —El médico me ha prohibido coger rabia.[12]

El niño había permanecido inmóvil, sin parpadear, hasta que Baltazar lo miró perplejo con la jaula en la mano. Entonces emitió un sonido gutural, como el ronquido de un perro, y se lanzó al suelo dando gritos.

José Montiel lo miraba impasible, mientras la madre trataba de apaciguarlo.

175 —No lo levantes— dijo. —Déjalo que se rompa la cabeza contra el suelo y después le echas sal y limón para que rabie con gusto.[13]

El niño chillaba sin lágrimas, mientras su madre lo sostenía por las muñecas.

—Déjalo— insistió José Montiel.

Baltazar observó al niño como hubiera observado la agonía de un animal con-

180 tagioso. Eran casi las cuatro.

A esa hora, en su casa, Úrsula cantaba una canción muy antigua, mientras cortaba rebanadas de cebolla.

—Pepe— dijo Baltazar.

Se acercó al niño, sonriendo, y le tendió la jaula. El niño se incorporó de un

[12]coger... *to get angry* [13]Déjalo... *Let him break his head on the floor and then rub some salt and lemon into it so he can really suffer.*

185 salto, abrazó la jaula, que era casi tan grande como él, y se quedó mirando a Baltazar a través del tejido metálico, sin saber qué decir. No había derramado una lágrima.

—Baltazar— dijo Montiel, sauvemente. —Ya te dije que te la lleves.

—Devuélvela— ordenó la mujer al niño.

190 —Quédate con ella— dijo Baltazar. Y luego, a José Montiel: —Al fin y al cabo, para eso la hice.

José Montiel lo persiguió hasta la sala.

—No seas tonto, Baltazar— decía, cerrándole el paso. —Llévate tu trasto[14] para la casa y no hagas más tonterías. No pienso pagarte ni un centavo.

195 —No importa— dijo Baltazar. —La hice expresamente para regalársela a Pepe. No pensaba cobrar nada.

Cuando Baltazar se abrió paso a través de los curiosos que bloqueaban la puerta, José Montiel daba gritos en el centro de la sala. Estaba muy pálido y sus ojos empezaban a enrojecer.

200 —Estúpido— gritaba. —Llévate tu cacharro.[15] Lo último que faltaba es que un cualquiera venga a dar órdenes en mi casa. ¡Carajo!

En el salón de billar recibieron a Baltazar con una ovación. Hasta ese momento, pensaba que había hecho una jaula mejor que las otras, que había tenido que regalársela al hijo de José Montiel para que no siguiera llorando, y que ninguna de

205 esas cosas tenía nada de particular.

Pero luego se dio cuenta de que todo eso tenía una cierta importancia para muchas personas, y se sintió un poco excitado.

—De manera que te dieron cincuenta pesos por la jaula.

—Sesenta— dijo Baltazar.

210 —Hay que hacer una raya en el cielo[16]— dijo alguien. —Eres el único que ha logrado sacarle ese montón de plata a don Chepe Montiel. Esto hay que celebrarlo.

Le ofrecieron una cerveza, y Baltazar correspondió con una tanda[17] para todos. Como era la primera vez que bebía, al anochecer estaba completamente borracho, y hablaba de un fabuloso proyecto de mil jaulas de a sesenta pesos, y después de

215 un millón de jaulas hasta completar sesenta millones de pesos.

—Hay que hacer muchas cosas para vendérselas a los ricos antes que se mueran— decía, ciego de la borrachera. —Todos están enfermos y se van a morir. Cómo estarán de jodidos que ya ni siquiera pueden coger rabia.[18]

Durante dos horas el tocadiscos automático estuvo por su cuenta tocando sin

220 parar. Todos brindaron por la salud de Baltazar, por su suerte y su fortuna, y por la muerte de los ricos, pero a la hora de la comida lo dejaron solo en el salón.

Úrsula lo había esperado hasta las ocho, con un plato de carne frita cubierto de rebanadas de cebolla. Alguien le dijo que su marido estaba en el salón de billar, loco de felicidad, brindando cerveza a todo el mundo, pero no lo creyó porque

225 Baltazar no se había emborrachado jamás. Cuando se acostó, casi a la media-noche, Baltazar estaba en un salón iluminado, donde había mesitas de cuatro

[14]*trash* [15]*junk* [16]Hay... *Chalk one up for you.* [17]*round of drinks* [18]Cómo... *They're in such bad shape that they can't even get angry.*

puestos con sillas alrededor, y una pista de baile[19] al aire libre, por donde se paseaban los alcaravanes.[20] Tenía la cara embadurnada de colorete,[21] y como no podía dar un paso más, pensaba que quería acostarse con dos mujeres en la misma cama. Había gastado tanto, que tuvo que dejar el reloj como garantía, con el compromiso de pagar al día siguiente. Un momento después, despatarrado[22] por la calle, se dio cuenta de que le estaban quitando los zapatos, pero no quiso abandonar el sueño más feliz de su vida. Las mujeres que pasaron para la misa de cinco no se atrevieron a mirarlo, creyendo que estaba muerto.

230

---

[19]pista... *dance floor* [20]*a kind of bird* [21]embadurnada... *smeared with rouge* [22]*spreadlegged*

$\mathscr{D}$ESPUÉS DE LEER

CUESTIONARIO

1. ¿Qué decía la gente de la jaula de Baltazar?
2. Según Úrsula, ¿cómo parecía Baltazar después del almuerzo? ¿Por qué?
3. ¿Por qué estaba enfadada Úrsula con su marido?
4. ¿Por qué odiaba los gatos la esposa del doctor Octavio Giraldo?
5. Haga una descripción de la jaula.
6. ¿Qué pensaba el médico al examinar la jaula?
7. ¿Por qué no pudo Baltazar venderle la jaula al médico?
8. ¿Por qué nunca se sintió bien entre los ricos Baltazar?
9. ¿Cómo se comportó el niño de Montiel cuando le prohibieron a Baltazar que le diera la jaula?
10. ¿Por qué gritaba José Montiel en el centro de la sala?
11. ¿Qué tipo de proyectos tenía Baltazar cuando ya estaba borracho?
12. Describa el estado de Baltazar después de la fiesta en el salón de billar.

ESTUDIO DE PALABRAS

Complete las oraciones con palabras o expresiones de **Palabras importantes y modismos.**

1. Úrsula no le había _____ hasta entonces.
2. Baltazar tenía tanto que hacer que _____ mucho en esos quince días.
3. Aquél había sido _____ un trabajo más arduo que los otros.
4. El médico _____ porque le había prometido la jaula a su esposa para aquella tarde.
5. El niño _____ de un salto.
6. Estaba muy pálido y sus ojos empezaban a _____ .
7. Las jaulas se venden _____ sesenta pesos.

CONSIDERACIONES

1. Describa el aspecto físico de Baltazar.
2. ¿Qué adjetivos y sustantivos se utilizan para describir la jaula? ¿Por qué es única?
3. Describa detalladamente la casa de Baltazar.
4. Baltazar y su esposa tienen opiniones diferentes sobre el valor de la jaula. Explique estas diferencias.
5. ¿Cómo reacciona la esposa de Montiel cuando ve la jaula?
6. Haga una lista de las palabras empleadas por José Montiel que muestran su actitud de superioridad hacia Baltazar.
7. ¿Por qué no era un extraño Baltazar en la casa de Montiel?
8. Los amigos de Baltazar lo reciben en el salón de billar. Describa con sus propias palabras lo que ellos creen que ha ocurrido.
9. Al final del cuento alguien le quita los zapatos a Baltazar. ¿Qué puede simbolizar este acto?

ANÁLISIS DEL TEXTO

1. ¿Por qué cree Ud. que Baltazar no le da un valor monetario fijo a su obra? ¿Qué representa la jaula para él?
2. Discuta la caracterización de los pobres y los ricos en esta obra.
3. ¿Cuál es el punto culminante de este cuento?
4. ¿Por qué tiene que mentirles a sus amigos Baltazar cuando insiste en que ha recibido sesenta pesos por la jaula?
5. Úrsula es uno de los personajes femeninos típicos de García Márquez. ¿Qué papel tiene ella en este cuento?
6. Discuta en qué sentido puede ser «prodigiosa» la tarde de Baltazar.
7. ¿Existe una nota de humor en este cuento? Explique.

PERSPECTIVA PERSONAL

1. ¿Cuál es su actitud hacia el dinero?
2. ¿Cómo actuaría Ud. si se encontrara en una situación como la de Baltazar?
3. Una vez anunciada su posición, ¿hasta qué punto estaría dispuesto a defenderla?

BIBLIOGRAFÍA

Foster, David William. "García Márquez and the *Écriture* of Complicity: 'La prodigiosa tarde de Baltazar.'" In D. W. Foster, ed., *Studies in the Contemporary Spanish American Short Story.* See especially 39–50. Columbia, Mo.: University of Missouri Press, 1979.

Linker, Susan Mott. "Myth and Legend in 'Two Prodigious Tales of García Márquez.'" *Hispanic Journal, 9* (Fall, 1987): 89–100.

Casas construidas sobre el agua en la Isla Castro, Chile

Un señor muy viejo con unas alas enormes

"**U**n señor muy viejo con unas alas enormes" first appeared in the collection titled *La increíble y triste historia de la cándida Eréndira y de su abuela desalmada*. García Márquez had intended these stories to be the nucleus of a children's book, but he soon abandoned that idea. In this selection, a common everyday reality blends with fantastic and magical elements to such a point that the fantastic is accepted as real. The story also reveals García Márquez's underlying concern with metaphysical and social problems. As you read this story, study the reactions of the characters when they are confronted with fantastic happenings. Pay particular attention to the symbolism of the departure of the angel who had become a nuisance to many and who had been neglected by all.

Antes de leer

Palabras importantes y modismos

a causa de	because of
acostumbrarse a	to get used to
cuidarse de + *infinitivo*	to take care to (*do something*)
darle los buenos días a alguien	to say hello to someone
gritar fuera de quicio	to shout violently
hacer conjeturas	to conjecture

hacerse cargo de	to take charge of
pasar por alto	to disregard
sacar a escobazos a alguien	to kick someone out
soportar	to endure, put up with

ESTRATEGIAS PARA LEER

Characterization (Caracterización)

The very brief duration of the short story, of course, necessarily precludes lengthy character descriptions, at least to the degree and in the ways quite often seen in novels. Because a more protracted type of characterization is generally the result of direct observation or commentary, whether by the characters involved or by the narrative voice (or voices), short story authors tend to forgo the extensive use of direct characterization. Indeed, the writer of short stories frequently turns to more indirect methods for making characters profound. But even the use of very indirect methods of characterization allows for a great degree of narrative truth, as well as psychological and thematic depth, in spite of the length constraints imposed on the short story. For example, something as simple as the use of the imperfect verb tense can point to the ongoing nature of certain actions (repetition signaling a character trait); or a particular speech habit may invite the reader to infer something about a character. Regardless of the techniques used, all are significant to the development of character and story.

As you read "Un señor muy viejo con unas alas enormes," pay particular attention to the reactions of those who must make sense of this man with wings. Also, be aware of how this man with wings is integrated into the thought processes of those who form society. As just mentioned, these understandings may be exposed in rather indirect ways. It will also prove helpful to understand in what ways this angel is like the humans of the community and in what ways he is not. Aside from the obvious distinction, how is the angel different? Finally, what is the impact and consequent importance of including a **feria errante** (*circus sideshow*)?

Un señor muy viejo con unas alas enormes

AL TERCER DÍA de lluvia habían matado tantos cangrejos dentro de la casa, que Pelayo tuvo que atravesar su patio anegado para tirarlos en el mar, pues el niño recién nacido había pasado la noche con calenturas[1] y se pensaba que era a causa de la pestilencia. El mundo estaba triste desde el martes. El
5 cielo y el mar eran una misma cosa de ceniza, y las arenas de la playa, que en marzo fulguraban como polvo de lumbre, se habían convertido en un caldo de lodo y mariscos podridos.[2] La luz era tan mansa al mediodía, que cuando Pelayo

---

[1] *a fever* [2] *se... had been converted into a muddy broth of rotten shellfish*

regresaba a la casa después de haber tirado los cangrejos, le costó trabajo[3] ver qué era lo que se movía y se quejaba en el fondo del patio. Tuvo que acercarse mucho
10 para descubrir que era un hombre viejo, que estaba tumbado boca abajo en el lodazal,[4] y a pesar de sus grandes esfuerzos no podía levantarse, porque se lo impedían sus enormes alas.

Asustado por aquella pesadilla,[5] Pelayo corrió en busca de Elisenda, su mujer, que estaba poniéndole compresas al niño enfermo, y la llevó hasta el fondo del
15 patio. Ambos observaron el cuerpo caído con un callado estupor. Estaba vestido como un trapero.[6] Le quedaban apenas unas hilachas descoloridas[7] en el cráneo pelado y muy pocos dientes en la boca, y su lastimosa condición de bisabuelo ensopado[8] lo había desprovisto de toda grandeza. Sus alas de gallinazo grande, sucias y medio desplumadas, estaban encalladas[9] para siempre en el lodazal. Tanto
20 lo observaron, y con tanta atención, que Pelayo y Elisenda se sobrepusieron muy pronto del asombro y acabaron por encontrarlo familiar. Entonces se atrevieron a hablarle, y él les contestó en un dialecto incomprensible pero con una buena voz de navegante. Fue así como pasaron por alto el inconveniente de las alas, y concluyeron con muy buen juicio que era un náufrago solitario de alguna nave
25 extranjera abatida por el temporal. Sin embargo, llamaron para que lo viera a una vecina que sabía todas las cosas de la vida y la muerte, y a ella le bastó con una mirada para sacarlos del error.

—Es un ángel— les dijo. —Seguro que venía por el niño, pero el pobre está tan viejo que lo ha tumbado la lluvia.

30 Al día siguiente todo el mundo sabía que en casa de Pelayo tenían cautivo un ángel de carne y hueso. Contra el criterio de la vecina sabia, para quien los ángeles de estos tiempos eran sobrevivientes fugitivos de una conspiración celestial, no habían tenido corazón para matarlo a palos.[10] Pelayo estuvo vigilándolo toda la tarde desde la cocina, armado con un garrote[11] de alguacil, y antes de acostarse lo
35 sacó a rastras[12] del lodazal y lo encerró con las gallinas en el gallinero alambrado. A media noche, cuando terminó la lluvia, Pelayo y Elisenda seguían matando cangrejos. Poco después el niño despertó sin fiebre y con deseos de comer. Entonces se sintieron magnánimos y decidieron poner al ángel en una balsa con agua dulce y provisiones para tres días, y abandonarlo a su suerte en altamar. Pero cuando
40 salieron al patio con las primeras luces, encontraron a todo el vecindario frente al gallinero, retozando[13] con el ángel sin la menor devoción y echándole cosas de comer por los huecos de las alambradas, como si no fuera una criatura sobrenatural sino un animal de circo.

El padre Gonzaga llegó antes de las siete alarmado por la desproporción de la
45 noticia. A esta hora ya habían acudido[14] curiosos menos frívolos que los del amanecer, y habían hecho toda clase de conjeturas sobre el porvenir del cautivo. Los más simples pensaban que sería nombrado alcalde del mundo. Otros, de espíritu más áspero, suponían que sería ascendido a general de cinco estrellas para que

---

[3]le... *he found it difficult* [4]estaba... *he was lying face down in the mud* [5]*nightmare* [6]*ragpicker* [7]hilachas... *colorless strands* [8]*soaking wet* [9]estaban... *were bogged down* [10]para... *to club him to death* [11]*club* [12]lo... *he dragged him out* [13]*playing* [14]*arrived*

ganara todas las guerras. Algunos visionarios esperaban que fuera conservado
como semental[15] para implantar en la tierra una estirpe de hombres alados y sabios
que se hicieran cargo del universo. Pero el padre Gonzaga, antes de ser cura, había
sido leñador macizo.[16] Asomado a las alambradas repasó en un instante su catecismo, y todavía pidió que le abrieran la puerta para examinar de cerca a aquel
varón de lástima que más bien parecía una enorme gallina decrépita entre las
gallinas absortas. Estaba echado en un rincón, secándose al sol las alas extendidas,
entre las cáscaras de frutas y las sobras de desayunos que le habían tirado los
madrugadores. Ajeno a las impertinencias del mundo, apenas si levantó sus ojos de
anticuario y murmuró algo en su dialecto cuando el padre Gonzaga entró en el
gallinero y le dio los buenos días en latín. El párroco tuvo la primera sospecha de
su impostura[17] al comprobar que no entendía la lengua de Dios ni sabía saludar a
sus ministros. Luego observó que visto de cerca resultaba demasiado humano:
tenía un insoportable olor de intemperie,[18] el revés de las alas sembrado de alas
parasitarias y las plumas mayores maltratadas por vientos terrestres, y nada de su
naturaleza miserable estaba de acuerdo con la egregia dignidad de los ángeles.
Entonces abandonó el gallinero, y con un breve sermón previno[19] a los curiosos
contra los riesgos de la ingenuidad. Les recordó que el demonio tenía la mala
costumbre de recurrir a artificios de carnaval para confundir a los incautos. Argu-
mentó que si las alas no eran el elemento esencial para determinar las diferencias
entre un gavilán y un aeroplano, mucho menos podían serlo para reconocer a los
ángeles. Sin embargo, prometió escribir una carta a su obispo, para que éste escribiera otra a su primado y para que éste escribiera otra al Sumo Pontífice, de modo
que el veredicto final viniera de los tribunales más altos.

Su prudencia cayó en corazones estériles. La noticia del ángel cautivo se di-
vulgó[20] con tanta rapidez, que al cabo de pocas horas había en el patio un alboroto
de mercado,[21] y tuvieron que llevar la tropa con bayonetas para espantar el tumulto
que ya estaba a punto de tumbar la casa. Elisenda, con el espinazo torcido de tanto
barrer basura de feria, tuvo entonces la buena idea de tapiar[22] el patio y cobrar
cinco centavos por la entrada para ver al ángel.

Vinieron curiosos hasta de la Martinica. Vino una feria ambulante con un acró-
bata volador, que pasó zumbando varias veces por encima de la muchedumbre,
pero nadie le hizo caso porque sus alas no eran de ángel sino de murciélago
sideral.[23] Vinieron en busca de salud los enfermos más desdichados del Caribe: una
pobre mujer que desde niña estaba contando los latidos de su corazón y ya no le
alcanzaban los números,[24] un jamaiquino que no podía dormir porque lo atormen-
taba el ruido de las estrellas, un sonámbulo que se levantaba de noche a deshacer
las cosas que había hecho despierto, y muchos otros de menor gravedad. En medio
de aquel desorden de naufragio que hacía temblar la tierra, Pelayo y Elisenda
estaban felices de cansancio, porque en menos de una semana atiborraban de

[15]*a seed* [16]leñador... *a hardy woodsman* [17]*fraud* [18]tenía... *he had an unbearable, weathered smell* [19]*he warned* [20]se... *was spread* [21]un... *an air of excitement like that of a marketplace* [22]de... *to enclose* [23]murciélago... *a heavenly bat* [24]una... *a poor woman who had been counting the beats of her heart since she was a child and had already run out of numbers*

plata los dormitorios,[25] y todavía la fila de peregrinos que esperaban turno para
entrar llegaba hasta el otro lado del horizonte.

El ángel era el único que no participaba de su propio acontecimiento. El tiempo
se le iba a buscar acomodo en su nido prestado, aturdido por el calor de infierno de
las lámparas de aceite y las velas de sacrificio que le arrimaban a las alambradas. Al
principio trataron de que comiera cristales de alcanfor,[26] que, de acuerdo con la
sabiduría de la vecina sabia, era el alimento específico de los ángeles. Pero él los
despreciaba, como despreció sin probarlos los almuerzos papales que le llevaban
los penitentes, y nunca se supo si fue por ángel o por viejo que terminó comiendo
nada más que papillas de berenjena.[27] Su única virtud sobrenatural parecía ser la
paciencia. Sobre todo en los primeros tiempos, cuando lo picoteaban las gallinas
en busca de los parásitos estelares que proliferaban en sus alas, y los baldados[28] le
arrancaban plumas para tocarse con ellas sus defectos, y hasta los más piadosos le
tiraban piedras tratando de que se levantara para verlo de cuerpo entero. La única
vez que consiguieron alterarlo fue cuando le abrasaron el costado con un hierro de
marcar novillos,[29] porque llevaba tantas horas de estar inmóvil que lo creyeron
muerto. Despertó sobresaltado, despotricando[30] en lengua hermética y con los ojos
en lágrimas, y dio un par de aletazos que provocaron un remolino de estiércol de
gallinero y polvo lunar, y un ventarrón de pánico que no parecía de este mundo.
Aunque muchos creyeron que su reacción no había sido de rabia sino de dolor,
desde entonces se cuidaron de no molestarlo, porque la mayoría entendió que su
pasividad no era la de un héroe en uso de buen retiro sino la de un cataclismo en
reposo.

El padre Gonzaga se enfrentó a la frivolidad de la muchedumbre con fórmulas
de inspiración doméstica, mientras le llegaba un juicio terminante sobre la naturaleza del cautivo. Pero el correo de Roma había perdido la noción de la urgencia. El
tiempo se les iba en averiguar si el convicto tenía ombligo, si su dialecto tenía algo
que ver con el arameo, si podía caber muchas veces en la punta de un alfiler, o si
no sería simplemente un noruego con alas. Aquellas cartas de parsimonia[31] habrían
ido y venido hasta el fin de los siglos, si un acontecimiento providencial no hubiera
puesto término a las tribulaciones del párroco.

Sucedió que por esos días, entre muchas otras atracciones de las ferias errantes
del Caribe, llevaron al pueblo el espectáculo triste de la mujer que se había convertido en araña por desobedecer a sus padres. La entrada para verla no sólo
costaba menos que la entrada para ver al ángel, sino que permitían hacerle toda
clase de preguntas sobre su absurda condición, y examinarla al derecho y al
revés,[32] de modo que nadie pusiera en duda la verdad del horror. Era una tarántula
espantosa del tamaño de un carnero y con la cabeza de una doncella triste. Pero lo
más desgarrador no era su figura de disparate,[33] sino la sincera aflicción con que
contaba los pormenores de su desgracia; siendo casi una niña se había escapado

---

[25]atiborraban... *the bedrooms were full of money* [26]cristales... *camphor crystals* [27]papillas... *mashed
eggplant* [28]*crippled* [29]le... *they burned his side with a branding iron* [30]*ranting and raving* [31]de...
discreet [32]examinarla... *to scrutinize her thoroughly* [33]lo... *the most heartrending thing was not her
foolish appearance*

de la casa de sus padres para ir a un baile, y cuando regresaba por el bosque
después de haber bailado toda la noche sin permiso, un trueno pavoroso abrió el
cielo en dos mitades, y por aquella grieta salió el relámpago de azufre que la
convirtió en araña. Su único alimento eran las bolitas de carne molida que las almas
caritativas quisieran echarle en la boca. Semejante espectáculo, cargado de tanta
verdad humana y de tan temible escarmiento, tenía que derrotar sin pro-
ponérselo al de un ángel despectivo que apenas si se dignaba mirar a los mortales.
Además los escasos milagros que se le atribuían al ángel revelaban un cierto desorden mental, como el del ciego que no recobró la visión pero le salieron tres
dientes nuevos, y el del paralítico que no pudo andar pero estuvo a punto de
ganarse la lotería, y el del leproso a quien le nacieron girasoles en las heridas.
Aquellos milagros de consolación que más bien parecían entretenimientos de
burla, habían quebrantado ya la reputación del ángel cuando la mujer convertida
en araña terminó de aniquilarla. Fue así cómo el padre Gonzaga se curó para
siempre del insomnio, y el patio de Pelayo volvió a quedar tan solitario como en
los tiempos en que llovió tres días y los cangrejos caminaban por los dormitorios.

Los dueños de la casa no tuvieron nada que lamentar. Con el dinero recaudado
construyeron una mansión de dos plantas, con balcones y jardines, y con sardi-
neles[34] muy altos para que no se metieran los cangrejos del invierno, y con barras
de hierro en las ventanas para que no se metieran los ángeles. Pelayo estableció
además un criadero de conejos muy cerca del pueblo y renunció para siempre a su
mal empleo de alguacil, y Elisenda se compró unas zapatillas satinadas de tacones
altos y muchos vestidos de seda tornasol,[35] de los que usaban las señoras más
codiciadas en los domingos de aquellos tiempos. El gallinero fue lo único que no
mereció atención. Si alguna vez lo lavaron con creolina y quemaron las lágrimas de
mirra en su interior, no fue por hacerle honor al ángel, sino por conjurar la pestilencia de muladar[36] que ya andaba como un fantasma por todas partes y estaba
volviendo vieja la casa nueva. Al principio, cuando el niño aprendió a caminar, se
cuidaron de que no estuviera muy cerca del gallinero. Pero luego se fueron olvi-
dando del temor y acostumbrándose a la peste, y antes de que el niño mudara los
dientes se había metido a jugar dentro del gallinero, cuyas alambradas podridas se
caían a pedazos. El ángel no fue menos displicente[37] con él que con el resto de los
mortales, pero soportaba las infamias más ingeniosas con una mansedumbre de
perro sin ilusiones. Ambos contrajeron la varicela[38] al mismo tiempo. El médico
que atendió al niño no resistió a la tentación de auscultar[39] al ángel, y le encontró
tantos soplos en el corazón y tantos ruidos en los riñones, que no le pareció
posible que estuviera vivo. Lo que más le asombró, sin embargo, fue la lógica de
sus alas. Resultaban tan naturales en aquel organismo completamente humano,
que no podía entenderse por qué no las tenían también los otros hombres.

Cuando el niño fue a la escuela, hacía mucho tiempo que el sol y la lluvia

---

[34]*brick walls* [35]*iridescent* [36]pestilencia... *smell of a dungheap* [37]*disagreeable* [38]la... *chicken pox*
[39]*to examine with a stethoscope*

habían desbaratado el gallinero. El ángel andaba arrastrándose por acá y por allá
170 como un moribundo sin dueño. Lo sacaban a escobazos de un dormitorio y un
momento después lo encontraban en la cocina. Parecía estar en tantos lugares al
mismo tiempo, que llegaron a pensar que se desdoblaba, que se repetía a sí mismo
por toda la casa, y la exasperada Elisenda gritaba fuera de quicio que era una
desgracia vivir en aquel infierno lleno de ángeles. Apenas si podía comer, sus ojos
175 de anticuario se le habían vuelto tan turbios que andaba tropezando con los hor-
cones, y ya no le quedaban sino las cánulas peladas[40] de las últimas plumas. Pelayo
le echó encima una manta y le hizo la caridad de dejarlo dormir en el cobertizo, y
sólo entonces advirtieron que pasaba la noche con calenturas delirando en traba-
lenguas[41] de noruego viejo. Fue ésa una de las pocas veces en que se alarmaron,
180 porque pensaban que se iba a morir, y ni siquiera la vecina sabia había podido
decirles qué se hacía con los ángeles muertos.

Sin embargo, no sólo sobrevivió a su peor invierno, sino que pareció mejor con
los primeros soles. Se quedó inmóvil muchos días en el rincón más apartado del
patio, donde nadie lo viera, y a principios de diciembre empezaron a nacerle en las
185 alas unas plumas grandes y duras, plumas de pajarraco viejo,[42] que más bien
parecían un nuevo percance[43] de la decrepitud. Pero él debía conocer la razón de
esos cambios, porque se cuidaba muy bien de que nadie los notara, y de que nadie
oyera las canciones de navegantes que a veces cantaba bajo las estrellas. Una
mañana, Elisenda estaba cortando rebanadas de cebolla para el almuerzo, cuando
190 un viento que parecía de altamar se metió en la cocina. Entonces se asomó por la
ventana, y sorprendió al ángel en las primeras tentativas del vuelo. Eran tan torpes,
que abrió con las uñas un surco de arado en las hortalizas y estuvo a punto de
desbaratar[44] el cobertizo con aquellos aletazos indignos que resbalaban en la luz y
no encontraban asidero en el aire.[45] Pero logró ganar altura. Elisenda exhaló un
195 suspiro de descanso, por ella y por él, cuando lo vio pasar por encima de las
últimas casas, sustentándose de cualquier modo con un azaroso aleteo de buitre
senil.[46] Siguió viéndolo hasta cuando acabó de cortar la cebolla, y siguió viéndolo
hasta cuando ya no era posible que lo pudiera ver, porque entonces ya no era un
estorbo en su vida, sino un punto imaginario en el horizonte del mar.

[40]cánulas... *bare reeds* [41]*tongue twisters* [42]pajarraco... *a big old ugly bird* [43]*misfortune* [44]*destroy-ing* [45]no... *couldn't find a hold on the sky* [46]con... *with the hazardous flapping of a senile vulture*

𝒟ESPUÉS DE LEER

CUESTIONARIO

1. Describa la condición física del viejo.
2. ¿Por qué llamaron a una vieja vecina?
3. ¿Cómo se dio cuenta el padre Gonzaga de que el viejo resultaba demasiado humano?

4. ¿Por qué vinieron muchos curiosos a la casa de Pelayo y Elisenda?
5. ¿Cuál era la comida preferida del ángel?
6. ¿Por qué se había convertido la mujer en araña?
7. Describa algunos de los milagros que se le atribuían al ángel.
8. Cuando el ángel deliraba con calenturas, ¿qué idioma hablaba?
9. ¿Cómo volaba el ángel?

ESTUDIO DE PALABRAS

Complete las oraciones con palabras o expresiones de **Palabras importantes y modismos.**

1. El niño estaba enfermo y se pensaba que era _____ la pestilencia.
2. La exasperada mujer estaba histérica y _____ que era una desgracia vivir en aquella casa.
3. El padre Gonzaga _____ al ángel saludándole con su sombrero.
4. Pelayo, el dueño de la casa, decidió _____ de todo lo relacionado con el ángel.
5. El ángel no podía _____ las insultas y por consecuencia se echó a llorar.
6. La gente olvidó el temor y gradualmente _____ al espéctaculo del ángel caído a la tierra.
7. Puesto que el niño estaba tan enfermo su madre _____ no molestarlo.
8. Elisenda decidió echar al ángel de su casa y a la mañana siguiente le _____ al pobre ángel de su dormitorio.
9. Elisenda y Pelayo no querían hablar del milagro del ángel. Así _____ las noticias en el periódico.
10. Los curiosos _____ sobre el porvenir del ángel.

CONSIDERACIONES

1. Describa el ambiente marino de este cuento.
2. En el cuento aparecen muchas opiniones sobre la naturaleza del ángel que encontraron en el fondo del patio. Haga una lista de algunas de ellas y compárelas.
3. Describa en unas frases el proceso que sigue el cura para averiguar la naturaleza del ángel.
4. ¿Quiénes eran todos los curiosos que fueron a verlo?
5. El ángel tenía una enorme paciencia. Escriba algunas frases sobre los límites de esta paciencia.
6. ¿Qué efecto tiene el dinero sobre la pareja de este cuento?
7. Describa algunas de las atracciones de las ferias errantes del Caribe.
8. ¿Qué tipo de persona es el padre Gonzaga?
9. ¿Cómo se lleva el ángel con el niño?

ANÁLISIS DEL TEXTO

1. ¿Cuáles son los elementos fantásticos de este cuento?
2. ¿Cómo se describe la condición humana en esta obra? ¿Cuáles temas predominan?
3. Se le pueden atribuir al ángel ciertos rasgos mesiánicos. ¿Cuáles son? ¿Qué función tienen en la obra?
4. ¿Qué papel tiene el representante de la Iglesia Católica en este cuento? ¿Qué actitud le demuestra el narrador?
5. ¿Por qué cree Ud. que el autor ha pintado al ángel de una manera tan decrépita y desolada?
6. Discuta el efecto producido por la presencia del ángel sobre los varios miembros de la sociedad.
7. ¿Qué puede simbolizar el ángel en su último vuelo?

PERSPECTIVA PERSONAL

1. ¿Tiene Ud. ciertas ideas sobre la vida y la cultura latinoamericanas? ¿Cómo se comparan con las que presenta el autor?
2. ¿Cree Ud. que la visión aquí presentada por el autor coincide con la realidad latinoamericana?
3. ¿Qué emociones suscitó en Ud. la lectura del cuento?
4. Si Ud. fuera uno de los vecinos, ¿cómo actuaría en estas circunstancias?

BIBLIOGRAFÍA

Carrillo, Germán Darío. "Desenfado y comicidad: Dos técnicas mágicorrealistas de García Márquez en 'Un hombre muy viejo con unas alas enormes.'" *Nueva narrativa hispanoamericana* (September 1971): 123–132.

González Del Valle, Luis, and Cabrera, Vicente. *La nueva ficción hispanoamericana*. New York: Eliseo Torres, 1972. See especially 131–139 and 141–148.

Shivers, George R. "La visión mágico-mesiánica en tres relatos de Gabriel García Márquez." *Arbor, 354* (June 1975): 192–201.

tercer paso

El Puerto de Buenos Aires, Argentina

La droga

Luisa Valenzuela (1938–) was born in Buenos Aires, and has dedicated most of her life to journalism, a career begun when she was only seventeen years old. She has been a correspondent for both *La Nación* and *El Mundo,* two of Buenos Aires's leading daily newspapers.

From 1959 to 1961, Valenzuela lived in Paris, contributing articles to both papers. During that period she began work on her first novel, *Hay que sonreír* (1966), in which the protagonist, a prostitute, is portrayed with compassion and understanding. This work signals the beginning of Valenzuela's interest in feminist themes. In her subsequent works it is possible to trace the development of that perspective, which is often enlivened by humorous and risqué overtones.

In 1967 Valenzuela published the collection of short stories *Los heréticos,* which, along with the novel *Clara,* was translated into English with the title *Clara: Thirteen Short Stories and a Novel* (1976).

El gato eficaz (1972) appeared after Valenzuela participated in the University of Iowa International Writers' Program. It is a work that can be read as a novel, a diary, a confession, or an imaginary voyage into the realm of poetic existence.

In *Aquí pasan cosas raras* (1975), a powerful collection of short stories, ironic language and a strong awareness of contemporary social conditions combine to create a chaotic, mysterious, violent, and absurdist vision of reality.

Also published in 1975, *Como en la guerra* is considered by critics to be Valenzuela's best novel. With layers of hidden symbolic meanings, it is a novel of quest that allows the reader to experience several levels of psychological implications. In this introspective journey, the protagonist tries to achieve an understanding of basic human values as well as true self-knowledge.

Cambio de armas (1983), a collection of five long short stories or short novels, emphasizes tension between the sexes. In these texts, Valenzuela explores the power of sex roles in a violent world, delving into the secrets and rituals men and women use in their erotic games. *Cambio de armas* portrays a full and complex human reality, in which clear portraits of the female characters in particular shed light on our understanding of all human behavior.

"La droga" is part of a collection of short stories published under the title *Aquí pasan cosas raras*. Many of these stories deal directly with the violent reality of Argentina in the 1970s during a period of political repression. Dissenting, leftist intellectuals were particularly singled out for persecution. As you read, try to focus on the progressive shift from a realistic level of narration to an allegorical one. Be aware of the story's socio-political implications, as well as the question of what role intellectuals ought to play in the political process.

*A*NTES DE LEER

PALABRAS IMPORTANTES Y MODISMOS

cruzarse con	to happen upon
estar esperando a alguien	to be waiting for someone
llevar colgado del cuello	to carry around one's neck
meter dentro	to put inside
subir escaleras	to climb stairs

La droga

ESTOY EN EL puerto donde llega la droga y tengo que volver con un poquito. Me voy acercando lentamente al mar ¿qué mar? parecería el Caribe por su quietud de plomo derretido,[1] y justo al borde de la playa están tendidas las esteras[2] para que se arme[3] allí el gran mercado. Sólo que hoy casi no
5 han entrado barcos, y un único mercader con aire bastante oriental parece estar esperándome. Me siento frente a él sobre su estera, en posición de loto, y me va mostrando las sedas que saca de una valija (yo tengo la mía). Elijo por fin un pañuelo color borravino[4] y el mercader me dice, porque justo en ese momento pasa a nuestro lado un guardia. Es un peso colombiano, pero me hace seña de
10 cinco con la mano. Entiendo que es por la droga que ha escondido en el pañuelo. Yo hurgo[5] en la bolsita que llevo colgada del cuello y saco monedas de varios países. Por fin encuentro cinco pesos colombianos, le pago, él me hace un paquete con el pañuelo y yo lo meto dentro de mi maleta.

Me dirijo hacia la salida del mercado: hay una muralla de alambre tejido,[6] y las

---

[1]plomo... *molten lead* [2]*mats* [3]para... *in order to set up* [4]color... *dark purple* [5]Yo... *I poke around*
[6]*wire mesh*

15 tranqueras[7] están cerradas. Mucha gente hace cola[8] para pasar la aduana, y espera pacientemente. Yo me asusto, pienso que el paquete con el pañuelo comprado allí mismo es demasiado delator.[9] Además ¿de dónde vengo yo? no he vuelto de ningún viaje como para justificar mi valija. Opto por buscar el baño para tratar de deshacerme de[10] la droga o al menos esconderla mejor. Sólo encuentro baños para
20 el personal de aduanas, pregunto dónde está el baño para viajeros, me contestan vagamente, nadie sabe muy bien. Sigo arrastrando[11] mi valija y me siento muy sospechosa. Y, aunque pienso que la busca es bastante inútil, sigo buscando la puerta del baño. No quisiera deshacerme de la droga, pero sé que me la van a encontrar si no tomo alguna medida,[12] además, siempre me cruzo con guardias
25 armados. Subo escaleras, recorro pasillos sucios,[13] como de hospital y de golpe me cruzo con una columna humana que avanza siguiendo a un instructor de gimnasia. Un, dos; un dos. Y me siento un poco ridícula buscando un baño con mi valija a cuestas. De golpe me doy cuenta de que la columna está formada por los viajeros que hacían cola frente a la aduana. Pongo cara de urgencia y sigo buscando en
30 sentido contrario. Más escaleras, ningún baño, más corredores y de nuevo me cruzo con el instructor de gimnasia y su cola, y ellos se ríen de mí y todo sería muy cómico (yo, mi valija, la gimnasia) si no fuera por mi temor a que me descubran la droga. La tercera vez que me encuentro con ellos ya no los cruzo, vamos en el mismo sentido, los precedo, y el instructor me dice cosas entre amables y obscenas
35 y me da un puntapié amistoso sobre el hombro[14] mientras bajamos por unas escaleras. Es como un espaldarazo para que yo dirija la columna humana, la de los viajeros que marchan, y yo que llevo la droga en la valija no sé si debo negarme a hacerlo o si es ése mi deber, mi premio o mi condena.

Epílogo:
40 del Conocimiento como droga no adictiva y más bien inquietante.

[7]*gates* [8]*hace... stand in line* [9]*obvious* [10]*deshacerme... to get rid of* [11]*Sigo... I keep dragging* [12]*si... if I don't take any measures or precautions* [13]*recorro... I wander along dirty hallways* [14]*me... he gives me a friendly pat on the back*

𝒟ESPUÉS DE LEER

CUESTIONARIO

1. ¿Por qué está la mujer en el puerto?
2. ¿Qué busca la mujer en la bolsa?
3. ¿Por qué se asusta la mujer antes de pasar la aduana?
4. ¿Por qué busca un baño la mujer?
5. Describa algunas de las cosas que la mujer hace para deshacerse de la droga.

ESTUDIO DE PALABRAS

Complete las oraciones con palabras o expresiones de **Palabras importantes y modismos**.

1. Saco las monedas de la bolsa que ____ del cuello.
2. Yo ____ el paquete ____ de la bolsa.
3. Un mercader parece ____ a un cliente.
4. Yo siempre ____ un guardia armado.
5. La mujer anda desorientada, ____ y recorre pasillos oscuros.

CONSIDERACIONES

1. ¿Qué tipo de ambiente ha creado Valenzuela en el cuento?
2. ¿Qué hace la mujer en el mercado?
3. La mujer tiene que arrastrar la maleta. ¿Qué puede simbolizar este acto?
4. ¿Por qué no quiere deshacerse del paquete?

ANÁLISIS DEL TEXTO

1. ¿Cómo crece la tensión en la obra?
2. El texto ofrece múltiples interpretaciones. Discuta el nivel alegórico del cuento.
3. ¿Qué efecto produce el epílogo?

PERSPECTIVA PERSONAL

1. ¿Qué sabe Ud. de la situación política en la Argentina durante la «Guerra sucia»?
2. ¿Hasta qué punto debe el intelectual meterse en asuntos políticos? Defienda su posición.

BIBLIOGRAFÍA

Plaza, Galvarino. "Review of *Aquí pasan cosas raras,* by Luisa Valenzuela." *Cuadernos hispanoamericanos, 346* (April 1979): 258–259.

Café madrileño, centro de la vida social

La indiferencia de Eva

Soledad Puértolas (1947–   ), born in Zaragoza, Spain, is one of a number of influential women writers who started publishing during the period immediately after Franco's death. This period was marked by radical social changes that affected politics and literature. New writers tackled subjects with a vigor and exuberance that questioned outdated values. Puértolas's early training was in journalism, followed by formal studies in literature that culminated with the M.A. degree in Spanish and Portuguese from the University of California, Santa Barbara, in 1975. She has written critical articles for various literary journals, and is recognized for her essays on Pío Baroja, a nineteenth-century regional Spanish writer, and a prologue to a book on the life of Isadora Duncan.

Her first novel, *El bandido doblemente armado,* published in 1980, brought her the **Premio Sésamo 1979,** a prestigious literary prize. It is a first-person narrative that shows Puértolas's predilection for complex and ambiguous characters and their relationships with one another. In 1982 she published *Una enfermedad moral,* a collection of short stories. As the title implies, these stories have in common the presentation of a moral problem. There is a mysterious quality about her work, which Puértolas has referred to as "**un mapa de huecos**" ("a map of holes"), a phrase that suggests a variety of interpretations.

In 1982, the short story "A través de las ondas" was included in *Doce relatos de mujeres,* an anthology of the best women writers of the period. This was followed by *Burdeos* (1986), a novel that treats the basic theme of the passing of time and how the main characters come to deal with solitude and impending death. Her latest novel, *Queda la noche* (1989), was awarded the **Planeta** prize for that year. It is a sentimental novel of intrigue narrated in the first person with a heavy emphasis on cinematographic techniques. Gestures, glances, and apparently insignificant incidents in a person's life combine to form the rich tapestry of this complex novel governed by a deep sense of irony.

"La indiferencia de Eva" is part of the collection of stories published as *Una enfermedad moral*. As you read this story, try to focus on the dynamics of the situation presented between the two protagonists as they engage in a subtle game of seduction. Be aware of the sexual role each character plays as each is drawn towards an ending that seems to be inevitable, yet at the same time, open and ambiguous.

$\mathscr{A}$NTES DE LEER

PALABRAS IMPORTANTES Y MODISMOS

abrirse paso	to make headway
acercarse a	to approach
consolidarse	to grow firm
costarle (ue) a alguien + *infinitivo*	to be difficult for someone to (*do something*)
dar la vuelta	to turn around
desorientar	to confuse
dirigirse a	to go toward
encogerse de hombros	to shrug one's shoulders
llegar a gustarle a alguien	to grow to like someone
tomarse la molestia	to bother, go to the trouble

La indiferencia de Eva

EVA NO ERA una mujer guapa. Nunca me llegó a gustar, pero en aquel primer momento, mientras atravesaba el umbral[1] de la puerta de mi despacho y se dirigía hacia mí, me horrorizó. Cabello corto y mal cortado, rostro exageradamente pálido, inexpresivo, figura nada esbelta y lo peor de todo para un

5 hombre para quien las formas lo son todo: pésimo gusto en la ropa. Por si fuera poco, no fue capaz de percibir mi desaprobación.[2] No hizo nada por ganarme. Se sentó al otro lado de la mesa sin dirigirme siquiera una leve sonrisa, sacó unas gafas del bolsillo de su chaqueta y me miró a través de los cristales[3] con una expresión de miopía mucho mayor que antes de ponérselas.

10 Dos días antes, me había hablado por teléfono. En tono firme y a una respetable velocidad me había puesto al tanto[4] de sus intenciones: pretendía llevarme a

---

[1]*threshold* [2]*Por... If this were not enough, she couldn't perceive my disapproval.* [3]*lenses* [4]*me... she had brought me up to date*

la radio, donde dirigía un programa cultural de, al parecer, gran audiencia. Me aturden las personas muy activas y, si son mujeres, me irritan. Si son atractivas, me gustan.

15   —¿Bien?— pregunté yo, más agresivo que impaciente.

Eva no se alteró.[5] Suspiró profundamente, como invadida de un profundo desánimo. Dejó lentamente sobre la mesa un cuaderno de notas y me dirigió otra mirada con gran esfuerzo. Tal vez sus gafas no estaban graduadas[6] adecuadamente y no me veía bien. Al fin, habló, pero su voz, tan terminante en el teléfono, se abría

20   ahora paso tan arduamente como su mirada, rodeada de puntos suspensivos. No parecía saber con certeza por qué se encontraba allí ni lo que iba a preguntarme.

—Si usted le parece —dijo al fin, después de una incoherente introducción que nos desorientó a los dos—, puede usted empezar a explicarme cómo surgió la idea de... —no pudo terminar la frase.

25   Me miró para que yo lo hiciera, sin ningún matiz de súplica en sus ojos. Esperaba, sencillamente, que yo le resolviera la papeleta.[7]

Me sentía tan ajeno y desinteresado como ella, pero hablé. Ella, que miraba de vez en cuando su cuaderno abierto, no tomó ninguna nota. Para terminar con aquella situación, propuse que realizáramos juntos un recorrido por la exposición,

30   idea que, según me pareció apreciar, acogió con cierto alivio. Los visitantes de aquella mañana eran, en su mayor parte, extranjeros, hecho que comenté a Eva. Ella ni siquiera se tomó la molestia de asentir. Casi me pareció que mi observación le había incomodado. Lo miraba todo sin verlo. Posaba levemente su mirada sobre las vitrinas,[8] los mapas colgados en la pared, algunos cuadros ilustrativos que yo

35   había conseguido de importantes museos y alguna colección particular.

Por primera vez desde la inauguración, la exposición me gustó. Me sentí orgulloso de mi labor y la consideré útil. Mi voz fue adquiriendo un tono de entusiasmo creciente y conforme su indiferencia se consolidaba, más crecía mi entusiasmo.[9] Se había establecido una lucha. Me sentía superior a ella y deseaba abrumarla[10] con

40   profusas explicaciones. Estaba decidido a que perdiese su precioso tiempo. El tiempo es siempre precioso para los periodistas. En realidad, así fue. La mañana había pasado. Lo advertí, satisfecho, pero Eva no se inmutó. Nunca se había inmutado. Con sus gafas de miope[11] a través de las cuales no debía de haberse filtrado ni una mínima parte de la información allí expuesta, me dijo, condescendiente y

45   remota:

—Hoy ya no podremos realizar la entrevista. Será mejor que la dejemos para mañana. ¿Podría usted venir a la radio a la una?

En su tono de voz no se traslucía ningún rencor. Si acaso había algún desánimo,[12] era el mismo con el que se había presentado, casi dos horas antes, en mi

50   despacho. Su bloc de notas, abierto en sus manos, seguía en blanco.[13] Las únicas y escasas preguntas que me había formulado no tenían respuesta. Preguntas que son

[5]*no... did not become angry* [6]*no... were not the right prescription* [7]Esperaba... *She was simply waiting for me to get her out of this jam.* [8]*display cases* [9]*y... the more her indifference grew, the more enthusiastic I became* [10]*to overwhelm her* [11]Con... *With her glasses for nearsightedness* [12]*lack of enthusiasm* [13]Su... *Her notebook, opened in her hands, remained empty.*

al mismo tiempo una respuesta, que no esperan del interlocutor más que un desganado asentimiento.[14]

Y, por supuesto, ni una palabra sobre mi faceta de novelista. Acaso ella, una periodista tan eficiente, lo ignoraba. Tal vez, incluso, pensaba que se trataba de una coincidencia. Mi nombre no es muy original y bien pudiera suceder que a ella no se le hubiese ocurrido relacionar mi persona con la del escritor que había publicado dos novelas de relativo éxito.

Cuando Eva desapareció, experimenté cierto alivio. En seguida fui víctima de un ataque de mal humor. Me había propuesto que ella perdiese su tiempo, pero era yo quien lo había perdido. Todavía conservaba parte del orgullo que me había invadido al contemplar de nuevo mi labor, pero ya lo sentía como un orgullo estéril, sin trascendencia. La exposición se desmontaría[15] y mi pequeña gloria se esfumaría. Consideré la posibilidad de no acudir a la radio al día siguiente, pero, desgraciadamente, me cuesta evadir un compromiso.

Incluso llegué con puntualidad. Recorrí los pasillos laberínticos del edificio, pregunté varias veces por Eva y, al fin, di con ella. Por primera vez, sonrió. Su sonrisa no se dirigía a mí, sino a sí misma. No estaba contenta de verme, sino de verme allí. Se levantó de un salto, me tendió una mano que yo no recordaba haber estrechado nunca y me presentó a dos compañeros que me acogieron con la mayor cordialidad, como si Eva les hubiera hablado mucho de mí. Uno de ellos, cuando Eva se dispuso a llevarme a la sala de grabación, me golpeó la espalda[16] y pronunció una frase de ánimo.[17] Yo no me había quejado, pero todo iba a salir bien. Tal vez había en mi rostro señales de estupefacción y desconcierto. Seguí a Eva por un estrecho pasillo en el que nos cruzamos con gentes apresuradas y simpáticas, a las que Eva dedicó las frases ingeniosas, y nos introdujimos al fin en la cabina. En la habitación de al lado, que veíamos a través de un panel de cristal, cuatro técnicos, con los auriculares[18] ajustados a la cabeza, estaban concentrados en su tarea. Al fin, todos nos miraron y uno de ellos habló a Eva. Había que probar la voz. Eva, ignorándome, hizo las pruebas y, también ignorándome, hizo que yo las hiciera. Desde el otro lado del panel, los técnicos asintieron. Me sentí tremendamente solo con Eva. Ignoraba cómo se las iba a arreglar.[19]

Repentinamente, empezó a hablar. Su voz sonó fuerte, segura, llena de matices. Invadió la cabina y, lo más sorprendente de todo: hablando de mí. Mencionó la exposición, pero en seguida añadió que era mi labor lo que ella deseaba destacar, aquel trabajo difícil, lento, apasionado. Un trabajo, dijo, que se correspondía con la forma en que yo construía mis novelas. Pues eso era yo, ante todo, un novelista excepcional. Fue tan calurosa, se mostró tan entendida, tan sensible, que mi voz, cuando ella formuló su primera pregunta, había quedado sepultada y me costó trabajo sacarla de su abismo. Había tenido la absurda esperanza, la seguridad, de que ella seguiría hablando, con su maravillosa voz y sus maravillosas ideas. Torpemente, me expresé y hablé de las dificultades con que me había

---

[14]desganado... *reluctant agreement* [15]se... *would be dismantled* [16]me... *patted me on the back* [17]una... *words of encouragement* [18]los... *headsets* [19]Ignoraba... *I didn't know how things were going to work out.*

encontrado al realizar la exposición, las dificultades de escribir una buena novela, las dificultades de compaginar un trabajo con otro. Las dificultades, en fin, de todo. Me encontré lamentándome de mi vida entera, como si hubiera errado en mi camino[20] y ya fuera tarde para todo y, sin embargo, necesitara pregonarlo. Mientras Eva, feliz, pletórica,[21] me ensalzaba[22] y convertía en un héroe. Abominable. No su tarea, sino mi papel. ¿Cómo se las había arreglado para que yo jugara su juego con tanta precisión? A través de su voz, mis dudas se magnificaban y yo era mucho menos aún de lo que era. Mediocre y quejumbroso. Pero la admiré. Había conocido a otros profesionales de la radio; ninguno como Eva. Hay casos en los que una persona nace con un destino determinado. Eva era uno de esos casos. La envidié. Si yo había nacido para algo, y algunas veces lo creía así, nunca con aquella certeza, esa entrega. Al fin, ella se despidió de sus oyentes, se despidió de mí, hizo una señal de agradecimiento a sus compañeros del otro lado del cristal y salimos fuera.

En aquella ocasión no nos cruzamos con nadie. Eva avanzaba delante de mí, como si me hubiera olvidado, y volvimos a su oficina. Los compañeros que antes me habían obsequiado con frases alentadoras[23] se interesaron por el resultado de la entrevista. Eva no se explayó. Yo me encogí de hombros, poseído por mi papel de escritor insatisfecho. Me miraron desconcertados mientras ignoraban a Eva, que se había sentado detrás de su mesa y, con las gafas puestas y un bolígrafo en la mano, revolvía papeles. Inicié un gesto de despedida, aunque esperaba que me sugirieran una visita al bar, como habitualmente sucede después de una entrevista. Yo necesitaba esa copa. Pero nadie me la ofreció, de forma que me despedí tratando de ocultar mi malestar.

Era un día magnífico. La primavera estaba próxima. Pensé que los almendros ya habrían florecido y sentí la nostalgia de un viaje. Avanzar por una carretera respirando aire puro, olvidar el legado[24] del pasado que tan pacientemente yo había reunido y, al fin, permanecía demasiado remoto, dejar de preguntarme si yo ya había escrito cuanto tenía que escribir y si llegaría a escribir algo más. Y, sobre todo, mandar a paseo a Eva.[25] La odiaba. El interés y ardor que mostraba no eran ciertos. Y ni siquiera tenía la seguridad de que fuese perfectamente estúpida o insensible. Era distinta a mí.

Crucé dos calles y recorrí dos manzanas hasta llegar a mi coche. Vi un bar a mi izquierda y decidí tomar la copa que no me habían ofrecido. El alcohol hace milagros en ocasiones así. Repentinamente, el mundo dio la vuelta. Yo era el único capaz de comprenderlo y de mostrarlo nuevamente a los ojos de los otros. Yo tenía las claves que los demás ignoraban. Habitualmente, era una carga, pero de pronto cobraron esplendor. Yo no era el héroe que Eva, con tanto aplomo, había presentado a sus oyentes, pero la vida tenía, bajo aquel resplandor, un carácter heroico. Yo sería capaz de transmitirlo. Era mi ventaja sobre Eva. Miré la calle a través de la pared de cristal oscuro del bar. Aquellos transeúntes[26] se beneficiarían alguna vez

[20]como... *as if I had made the wrong choices* [21]*excessive* [22]me... *praised me* [23]frases... *encouraging words* [24]*legacy* [25]mandar... *to get rid of Eva* [26]*passersby*

de mi existencia, aunque ahora pasaran de largo, ignorándome. Pagué mi con-
135 sumición y me dirigí a la puerta.

Eva, abstraída, se acercaba por la calzada.[27] En unos segundos se habría de cruzar conmigo. Hubiera podido detenerla, pero no lo hice. La miré cuando estuvo a mi altura. No estaba abstraída, estaba triste. Era una tristeza tremenda. La seguí. Ella también se dirigía hacia su coche, que, curiosamente, estaba aparcado a unos
140 metros por delante del mío. Se introdujo en él. Estaba ya decidido a abordarla,[28] pero ella, nada más sentarse frente al volante,[29] se tapó la cara con las manos y se echó a llorar. Era un llanto destemplado. Tenía que haberle sucedido algo horrible. Tal vez la habían amonestado y, dado el entusiasmo que ponía en su profesión, estaba rabiosa. No podía acercarme mientras ella continuara llorando, pero sentía
145 una extraordinaria curiosidad y esperé. Eva dejó de llorar. Se sonó estrepitosamente la nariz, sacudió su cabeza y puso en marcha el motor del coche. Miró hacia atrás, levantó los ojos, me vio.

Fui hacia ella. Tenía que haberme reconocido, porque ni siquiera había transcurrido una hora desde nuestro paso por la cabina, pero sus ojos permanecieron
150 vacíos unos segundos. Al fin, reaccionó:

—¿No tiene usted coche?— preguntó, como si ésa fuera la explicación de mi presencia allí.

Negué. Quería prolongar el encuentro.

—Yo puedo acercarle a su casa— se ofreció, en un tono que no era del todo
155 amable.

Pero yo acepté. Pasé por delante de su coche y me acomodé a su lado. Otra vez estábamos muy juntos, como en la cabina. Me preguntó dónde vivía y emprendió la marcha.[30] Como si el asunto le interesara, razonó en alta voz sobre cuál sería el itinerario más conveniente. Tal vez era otra de sus vocaciones. Le hice una
160 sugerencia, que ella desechó.

—¿Le ha sucedido algo?— irrumpí con malignidad. —Hace un momento estaba usted llorando.

Me lanzó una mirada de odio. Estábamos detenidos frente a un semáforo rojo. Con el freno echado, pisó el acelerador.
165 —Ha estado usted magnífica— seguí. —Es una entrevistadora excepcional. Parece saberlo todo. Para usted no hay secretos.

La luz roja dio paso a la luz verde y el coche arrancó. Fue una verdadera arrancada,[31] que nos sacudió a los dos. Sin embargo, no me perdí su suspiro, largo y desesperado.
170 —Trazó usted un panorama tan completo y perfecto que yo no tenía nada que añadir.

—En ese caso —replicó suavemente, sin irritación y sin interés—, lo hice muy mal. Es el entrevistado quien debe hablar.

Era, pues, más inteligente de lo que parecía. A lo mejor, hasta era más inteli-
175 gente que yo. Todo era posible. En aquel momento no me importaba. Deseaba

---

[27]*sidewalk* [28]Estaba... *I had already decided to approach her* [29]*steering wheel* [30]emprendió... *she drove off* [31]*jolt*

otra copa. Cuando el coche enfiló mi calle, se lo propuse. Ella aceptó acompañarme como quien se doblega a un insoslayable deber.[32] Dijo:

—Ustedes, los novelistas, son todos iguales.

180 La frase no me gustó, pero tuvo la virtud de remitir a Eva al punto de partida. Debía de haber entrevistado a muchos novelistas. Todos ellos bebían, todos le proponían tomar una copa juntos. Si ésa era su conclusión, tampoco me importaba. Cruzamos el umbral del bar y nos acercamos a la barra. Era la hora del almuerzo y estaba despoblado. El camarero me saludó y echó una ojeada a Eva, decepcionado. No era mi tipo, ni seguramente el suyo.

185 Eva se sentó en el taburete[33] y se llevó a los labios su vaso, que consumió con rapidez, como si deseara concluir aquel compromiso cuanto antes. Pero mi segunda copa me hizo mucho más feliz que la primera y ya tenía un objetivo ante el que no podía detenerme.

—¿Cómo se enteró usted de todo eso?— pregunté. —Tuve la sensación de que 190 cuando me visitó en la Biblioteca no me escuchaba.

A decir verdad, la locutora brillante e inteligente de hacía una hora me resultaba antipática y no me atraía en absoluto, pero aquella mujer que se había paseado entre los manuscritos que documentaban las empresas heroicas del siglo XVII con la misma atención con que hubiese examinado un campo yermo, me impresio-195 naba.

—Soy una profesional— dijo, en el tono en que deben decirse esas cosas.

—Lo sé— admití. —Dígame, ¿por qué lloraba?

Eva sonrió a su vaso vacío. Volvió a ser la mujer de la Biblioteca.

—A veces lloro— dijo, como si aquello no tuviera ninguna importancia. —Ha 200 sido por algo insignificante. Ya se me ha pasado.

—No parece usted muy contenta— dije, aunque ella empezaba a estarlo.

Se encogió de hombros.

—Tome usted otra copa— sugerí, y llamé al camarero, que, con una seriedad desacostumbrada, me atendió.

205 Eva tomó su segunda copa más lentamente. Se apoyó en la barra con indolencia y sus ojos miopes se pusieron melancólicos. Me miró, al cabo de una pausa.

—¿Qué quieres?— dijo.

—¿No lo sabes?— pregunté.

—Todos los novelistas...— empezó, y extendió su mano.

210 Fue una caricia breve, casi maternal. Era imposible saber si Eva me deseaba. Era imposible saber nada de Eva. Pero cogí la mano que me había acariciado y ella no la apartó. El camarero me dedicó una mirada de censura. Cada vez me entendía menos. Pero Eva seguía siendo un enigma. Durante aquellos minutos —el bar vacío, las copas de nuevo llenas, nuestros cuerpos anhelantes— mi importante 215 papel en el mundo se desvaneció. El resto de la historia fue vulgar.

---

[32]Ella... *She consented to accompany me like someone who submits to an inescapable duty.* [33]*stool*

$\mathscr{D}$ESPUÉS DE LEER

CUESTIONARIO

1. Describa la apariencia física de Eva.
2. ¿Por qué se había puesto Eva en contacto con el narrador?
3. ¿Cuál es la actitud del narrador hacia las personas en general, y las mujeres en particular?
4. ¿Cómo se comporta Eva durante la entrevista con el escritor?
5. ¿Por qué fracasa la primera entrevista?
6. Describa el comportamiento de Eva durante la segunda entrevista.
7. ¿Qué hace Eva después de la entrevista?
8. Describa su condición emotiva cuando llega a su coche.
9. ¿Cómo reacciona el escritor después de este encuentro?

ESTUDIO DE PALABRAS

Complete las oraciones con palabras o expresiones de **Palabras importantes y modismos**.

1. Eva era una chica que a mí nunca _____.
2. Su introducción nos _____ a los dos.
3. Cuanto más su indiferencia _____, más crecía mi entusiasmo.
4. No quería ir a la entrevista, pero me _____ evadir un compromiso.
5. Su sonrisa no _____ a mí, sino a sí misma.
6. Seguí a Eva y _____ entre gentes apresuradas.
7. Yo _____, poseído por mi papel de escritor insatisfecho.
8. Ella ni siquiera _____ de despedirse de nosotros.
9. Nosotros _____ a la barra con indolencia.
10. Yo _____, y en ese momento la vi entrar al café.

CONSIDERACIONES

1. ¿Por qué el hombre se fija principalmente en el aspecto físico de la mujer?
2. ¿Qué tipo de persona es Eva?
3. ¿Cómo caracteriza Ud. al narrador?
4. Describa detalladamente qué tipo de relaciones hay entre los dos protagonistas.

ANÁLISIS DEL TEXTO

1. ¿Cuáles son los recursos que se emplean para presentar la dinámica entre lo masculino y lo femenino en el texto?
2. ¿Cómo interpreta Ud. la actitud del narrador en el cuento?
3. Hay un juego de seducción en este cuento. ¿Quién seduce a quién? ¿Qué métodos emplean en este juego?

4. ¿Cambian los personajes a través del cuento? Justifique su respuesta.
5. ¿Cuáles son los símbolos que se utilizan en el cuento para dar énfasis a la dinámica de las relaciones entre los dos personajes? Muchos de ellos señalan una división espacial que alude a algo más complejo.
6. ¿Qué opina Ud. del título del cuento?
7. ¿Cómo interpreta Ud. el final del cuento, y especialmente las últimas palabras?

PERSPECTIVA PERSONAL

1. ¿Dónde se sitúa Ud. en el debate sobre el feminismo?
2. ¿Es éste un cuento feminista? Justifique su respuesta.
3. ¿Cree Ud. que la diferencia de sexo implica una interpretación distinta? ¿Cómo interpreta Ud. este cuento?

BIBLIOGRAFÍA

Tsuchiya, Akiko. "Language, Desire, and the Feminine Riddle in Soledad Puértolas's 'La indiferencia de Eva.' " *Revista de estudios hispánicos, 25* (1991): 69–79.

El barrio de San Telmo representa la elegancia colonial de Buenos Aires

Emma Zunz

Jorge Luis Borges (1899–1986) was born into an illustrious Buenos Aires family. His early education was influenced by his English-born grandmother, who instilled in him a love of the English language and culture that remained with him throughout the years. In 1914 the Borges family moved to Geneva, Switzerland, where Jorge Luis broadened the scope of his education, studying the French Symbolist poets, the works of Heine, and the writings of Whitman, Chesterton, and Schopenhauer.

During his seven-year residence in Europe Borges traveled to Spain, where he had direct experience of the various avant-garde literary movements that were revolutionizing the course of modern letters. Influenced by the innovative techniques of the Spanish **ultraísta** movement headed by Rafael Cansinos-Asséns and Isaac del Vando-Villar, Borges is credited with perfecting its techniques and introducing them to Latin America upon his return to Buenos Aires in 1921. *Fervor de Buenos Aires* (1923), *Luna de enfrente* (1925), and *Cuaderno San Martín* (1929) are collections of poems whose emphasis on striking metaphors reflects **ultraísta** tendencies. In these books of poems Borges also introduced some of his favorite recurring themes: a cyclical vision of time; our search for the absolute; the world as labyrinth; and playing with and reversing the roles of author and reader.

Borges was a careful editor of his own works. His entire literary production can be seen as an all-encompassing single work that tries to impose order on what he perceived to be a chaotic universe beyond our comprehension. As an essayist, poet, and short story writer, Borges demonstrated an acute awareness of the metaphysical problems affecting humanity today. By constantly reworking his texts, Borges may have been striving for the order and perfection that seem out of reach for most of us.

Borges's most successful collections of short stories have been *Ficciones* (1944) and *El Aleph* (1949). "Emma Zunz" was one of Borges's favorite stories. He anthologized it ever since it was first published in *El Aleph,* and it is among those of his stories that have been adapted for film. Feminine characters generally do not receive much attention in Borges's work, but Emma Zunz is an exception. Her psychological depths clearly define her struggle between the rational and the emotional.

This story (one of Borges's most realistic) and "Historia del guerrero y de la cautiva" are the only two stories in *El Aleph* that do not fit into the "fantastic" category. As you read the story, pay close attention to the meticulous plan of revenge carried out by Emma Zunz. Note also the theme of the labyrinth in this work, as well as Borges's emphasis on the rational mind's limited ability to maintain control of situations.

ANTES DE LEER

PALABRAS IMPORTANTES Y MODISMOS

acto continuo	immediately afterward
a primera vista	at first glance
a trueque de	in exchange for
de vuelta	back
declararse contra	to come out against
hacer fuego	to shoot
romper a + *infinitivo*	to start to (*do something*)
sin que	without

Emma Zunz

EL CATORCE DE enero de 1922, Emma Zunz, al volver de la fábrica de tejidos Tarbuch y Loewenthal, halló en el fondo del zaguán una carta, fechada en el Brasil, por la que supo que su padre había muerto. La engañaron, a primera vista, el sello y el sobre; luego, la inquietó la letra desconocida.

5 Nueve o diez líneas borroneadas[1] querían colmar la hoja; Emma leyó que el señor Maier había ingerido por error una fuerte dosis de veronal[2] y había fallecido el tres del corriente en el hospital de Bagé. Un compañero de pensión de su padre firmaba la noticia, un tal Fein o Fain, de Río Grande, que no podía saber que se dirigía a la hija del muerto.

10 Emma dejó caer el papel. Su primera impresión fue de malestar en el vientre y

[1]Nueve... *Nine or ten scribbled lines* [2]*a barbiturate*

en las rodillas; luego de ciega culpa, de irrealidad, de frío, de temor; luego, quiso ya estar en el día siguiente. Acto continuo comprendió que esa voluntad era inútil porque la muerte de su padre era lo único que había sucedido en el mundo, y seguiría sucediendo sin fin. Recogió el papel y se fue a su cuarto. Furtivamente lo
15 guardó en un cajón, como si de algún modo ya conociera los hechos ulteriores. Ya había empezado a vislumbrarlos, tal vez; ya era la que sería.

En la creciente oscuridad, Emma lloró hasta el fin de aquel día el suicidio de Manuel Maier, que en los antiguos días felices fue Emanuel Zunz. Recordó veraneos en una chacra,[3] cerca de Gualeguay, recordó (trató de recordar) a su madre,
20 recordó la casita de Lanús que les remataron,[4] recordó los amarillos losanges[5] de una ventana, recordó el auto de prisión, el oprobio, recordó los anónimos con el suelto sobre «el desfalco del cajero»,[6] recordó (pero eso jamás lo olvidaba) que su padre, la última noche, le había jurado que el ladrón era Loewenthal. Loewenthal, Aarón Loewenthal, antes gerente de la fábrica y ahora uno de los dueños. Emma,
25 desde 1916, guardaba el secreto. A nadie se lo había revelado, ni siquiera a su mejor amiga, Elsa Urstein. Quizá rehuía la profana incredulidad; quizá creía que el secreto era un vínculo entre ella y el ausente. Loewenthal no sabía que ella sabía; Emma Zunz derivaba de ese hecho ínfimo un sentimiento de poder.

No durmió aquella noche, y cuando la primera luz definió el rectángulo de la
30 ventana, ya estaba perfecto su plan. Procuró que ese día, que le pareció interminable, fuera como los otros. Había en la fábrica rumores de huelga; Emma se declaró, como siempre, contra toda violencia. A las seis, concluido el trabajo, fue con Elsa a un club de mujeres, que tiene gimnasio y pileta.[7] Se inscribieron; tuvo que repetir y deletrear su nombre y su apellido, tuvo que festejar las bromas
35 vulgares que comentan la revisación.[8] Con Elsa y con la menor de las Kronfuss discutió a qué cinematógrafo irían el domingo a la tarde. Luego, se habló de novios y nadie esperó que Emma hablara. En abril cumpliría diecinueve años, pero los hombres le inspiraban, aún, un temor casi patológico... De vuelta, preparó una sopa de tapioca y unas legumbres, comió temprano, se acostó y se obligó a dormir.
40 Así, laborioso y trivial, pasó el viernes quince, la víspera.

El sábado, la impaciencia la despertó. La impaciencia, no la inquietud, y el singular alivio de estar en aquel día, por fin. Ya no tenía que tramar y que imaginar; dentro de algunas horas alcanzaría la simplicidad de los hechos. Leyó en *La Prensa* que el *Nordstjärnan*, de Malmö, zarparía[9] esa noche del dique 3; llamó por telé-
45 fono a Loewenthal, insinuó que deseaba comunicar, sin que lo supieran las otras, algo sobre la huelga y prometió pasar por el escritorio, al oscurecer. Le temblaba la voz; el temblor convenía a una delatora.[10] Ningún otro hecho memorable ocurrió esa mañana. Emma trabajó hasta las doce y fijó con Elsa y con Perla Kronfuss los pormenores del paseo del domingo. Se acostó después de almorzar y recapituló,
50 cerrados los ojos, el plan que había tramado. Pensó que la etapa final sería menos horrible que la primera y que le depararía, sin duda, el sabor de la victoria y de la

[3]*farm* [4]*they auctioned off* [5]*diamond-shaped figures* [6]*anónimos... anonymous newspaper articles about the "cashier's embezzlement"* [7]*a pool* [8]*physical checkup before participating* [9]*would sail* [10]*informer*

justicia. De pronto, alarmada, se levantó y corrió al cajón de la cómoda. Lo abrió; debajo del retrato de Milton Sills,[11] donde la había dejado la antenoche, estaba la carta de Fain. Nadie podía haberla visto; la empezó a leer y la rompió.

Referir con alguna realidad los hechos de esa tarde sería difícil y quizá improcedente. Un atributo de lo infernal es la irrealidad, un atributo que parece mitigar sus terrores y que los agrava tal vez. ¿Cómo hacer verosímil una acción en la que casi no creyó quien la ejecutaba, cómo recuperar ese breve caos que hoy la memoria de Emma Zunz repudia y confunde? Emma vivía por Almagro, en la calle Liniers; nos consta[12] que esa tarde fue al puerto. Acaso en el infame Paseo de Julio se vio multiplicada en espejos, publicada por luces y desnudada por los ojos hambrientos, pero más razonable es conjeturar que al principio erró, inadvertida, por la indiferente recova...[13] Entró en dos o tres bares, vio la rutina o los manejos[14] de otras mujeres. Dio al fin con hombres del *Nordstjärnan*. De uno, muy joven, temió que le inspirara alguna ternura y optó por otro, quizá más bajo que ella y grosero, para que la pureza del horror no fuera mitigada. El hombre la condujo a una puerta y después a un turbio zaguán y después a una escalera tortuosa y después a un vestíbulo (en el que había una vidriera con losanges idénticos a los de la casa en Lanús) y después a un pasillo y después a una puerta que se cerró. Los hechos graves están fuera del tiempo, ya porque en ellos el pasado inmediato queda como tronchado del porvenir, ya porque no parecen consecutivas las partes que los forman.

¿En aquel tiempo fuera del tiempo, en aquel desorden perplejo de sensaciones inconexas y atroces, pensó Emma Zunz *una sola vez* en el muerto que motivaba el sacrificio? Yo tengo para mí que pensó una vez y que en ese momento peligró su desesperado propósito. Pensó (no pudo no pensar) que su padre le había hecho a su madre la cosa horrible que a ella ahora le hacían. Lo pensó con débil asombro y se refugió, en seguida, en el vértigo. El hombre, sueco o finlandés, no hablaba español; fue una herramienta para Emma como ésta lo fue para él, pero ella sirvió para el goce y él para la justicia.

Cuando se quedó sola, Emma no abrió en seguida los ojos. En la mesa de luz estaba el dinero que había dejado el hombre: Emma se incorporó y lo rompió como antes había roto la carta. Romper dinero es una impiedad, como tirar el pan; Emma se arrepintió, apenas lo hizo. Un acto de soberbia y en aquel día... El temor se perdió en la tristeza de su cuerpo, en el asco. El asco y la tristeza la encadenaban, pero Emma lentamente se levantó y procedió a vestirse. En el cuarto no quedaban colores vivos; el último crepúsculo se agravaba. Emma pudo salir sin que la advirtieran; en la esquina subió a un Lacroze,[15] que iba al oeste. Eligió, conforme a su plan, el asiento más delantero, para que no le vieran la cara. Quizá le confortó verificar, en el insípido trajín de las calles, que lo acaecido no había contaminado las cosas. Viajó por barrios decrecientes y opacos, viéndolos y ol-

---

[11]Milton... *silent film star* [12]nos... *we know for certain* [13]erró... *she wandered unnoticed through the indifferent marketplace* [14]*routines, tricks* [15]*type of bus, named for its route or destination*

vidándolos en el acto, y se apeó en una de las bocacalles de Warnes. Paradójica
mente su fatiga venía a ser una fuerza, pues la obligaba a concentrarse en los
pormenores de la aventura y le ocultaba el fondo y el fin.

Aarón Loewenthal era, para todos, un hombre serio; para sus pocos íntimos, un
avaro. Vivía en los altos de la fábrica, solo. Establecido en el desmantelado arra
bal,[16] temía a los ladrones; en el patio de la fábrica había un gran perro y en el cajón
de su escritorio, nadie lo ignoraba, un revólver. Había llorado con decoro, el año
anterior, la inesperada muerte de su mujer —una Gauss, que le trajo una buena
dote—, pero el dinero era su verdadera pasión. Con íntimo bochorno[17] se sabía
menos apto para ganarlo que para conservarlo. Era muy religioso; creía tener con
el Señor un pacto secreto, que lo eximía de obrar bien, a trueque de oraciones y
devociones. Calvo, corpulento, enlutado, de quevedos ahumados[18] y barba rubia,
esperaba de pie, junto a la ventana, el informe confidencial de la obrera Zunz.

La vio empujar la verja (que él había entornado a propósito) y cruzar el patio
sombrío. La vio hacer un pequeño rodeo cuando el perro atado ladró. Los labios de
Emma se atareaban[19] como los de quien reza en voz baja; cansados, repetían la
sentencia que el señor Loewenthal oiría antes de morir.

Las cosas no ocurrieron como había previsto Emma Zunz. Desde la madrugada
anterior, ella se había soñado muchas veces, dirigiendo el firme revólver, forzando
al miserable a confesar la miserable culpa y exponiendo la intrépida estratagema
que permitiría a la Justicia de Dios triunfar de la justicia humana. (No por temor,
sino por ser un instrumento de la Justicia, ella no quería ser castigada.) Luego, un
solo balazo en mitad del pecho rubricaría[20] la suerte de Loewenthal. Pero las cosas
no ocurrieron así.

Ante Aarón Loewenthal, más que la urgencia de vengar a su padre, Emma sintió
la de castigar el ultraje padecido por ello. No podía matarlo, después de esa minu
ciosa deshonra. Tampoco tenía tiempo que perder en teatralerías. Sentada, tímida,
pidió excusas a Loewenthal, invocó (a fuer de delatora) las obligaciones de la
lealtad, pronunció algunos nombres, dio a entender otros y se cortó como si la
venciera el temor. Logró que Loewenthal saliera a buscar una copa de agua.
Cuando éste, incrédulo de tales aspavientos,[21] pero indulgente, volvió del comedor, Emma ya había sacado del cajón el pesado revólver. Apretó el gatillo dos
veces. El considerable cuerpo se desplomó como si los estampidos[22] y el humo lo
hubieran roto, el vaso de agua se rompió, la cara la miró con asombro y cólera, la
boca de la cara la injurió en español y en ídisch. Las malas palabras no cejaban;[23]
Emma tuvo que hacer fuego otra vez. En el patio, el perro encadenado rompió a
ladrar, y una efusión de brusca sangre manó de los labios obscenos y manchó la
barba y la ropa. Emma inició la acusación que tenía preparada («He vengado a mi
padre y no me podrán castigar...»), pero no la acabó, porque el señor Loewenthal
ya había muerto. No supo nunca si alcanzó a comprender.

Los ladridos tirantes le recordaron que no podía, aún, descansar. Desordenó el

---

[16]desmantelado... *dilapidated neighborhood* [17]*embarrassment* [18]quevedos... *dark glasses* [19]se...
moved rapidly [20]*would seal* [21]*fuss* [22]*gunshots* [23]no... *didn't cease*

diván, desabrochó el saco del cadáver, le quitó los quevedos salpicados y los dejó obre el fichero. Luego tomó el teléfono y repitió lo que tantas veces repetiría, con esas y con otras palabras: *Ha ocurrido una cosa que es increíble... El señor Loewenthal me hizo venir con el pretexto de la huelga... Abusó de mí, lo maté...*

La historia era increíble, en efecto, pero se impuso a todos, porque sustancialmente era cierta. Verdadero era el tono de Emma Zunz, verdadero el pudor, verdadero el odio. Verdadero también era el ultraje que había padecido; sólo eran falsas las circunstancias, la hora y uno o dos nombres propios.[24]

---

[24]la... *the time and one or two proper names*

$\mathscr{D}$ESPUÉS DE LEER

CUESTIONARIO

1. ¿Qué cosa encuentra Emma Zunz al volver de la fábrica la tarde del catorce de enero de 1922?
2. ¿Cómo había muerto el señor Maier?
3. ¿Por qué tuvo Emanuel Zunz que cambiar su nombre por el de Manuel Maier?
4. ¿Qué secreto guardaba Emma Zunz desde 1916?
5. ¿Cuántos años tiene Emma?
6. ¿Por qué llamó Emma por teléfono a Loewenthal?
7. ¿Qué hizo Emma con el hombre del *Nordstjärnan?*
8. ¿Qué tipo de hombre era Aarón Loewenthal?
9. Describa cómo vivía Loewenthal.
10. ¿Cuál era el plan de Emma?
11. ¿Qué hizo Emma después de matar a Loewenthal?

ESTUDIO DE PALABRAS

Complete las oraciones con palabras o expresiones de **Palabras importantes y modismos**.

1. _____ engañaron a Emma Zunz el sello y el sobre; luego, la inquietó la letra desconocida.
2. Quiso estar en el día siguiente, _____ comprendió que esa voluntad era inútil porque la muerte de su padre era lo único que había sucedido en el mundo.
3. Cuando oyó de la huelga, Emma _____ toda violencia.
4. _____ a su casa, preparó una sopa de tapioca y unas legumbres, comió temprano, se acostó y se obligó a dormir.
5. Emma pudo salir _____ la advirtieran.
6. Era muy religioso; creía tener con el Señor un pacto secreto, que lo eximía de obrar bien, _____ oraciones y devociones.

7. Emma tuvo que _____ otra vez.
8. En el patio, el perro encadenado _____ ladrar.

CONSIDERACIONES

1. Describa detalladamente la reacción de Emma después de enterarse de la muerte de su padre.
2. ¿Cuáles son los rasgos de la personalidad de Emma?
3. ¿Qué hace Emma a partir del momento en que sale de su casa hasta el encuentro con el marinero del *Nordstjärnan*?
4. ¿En qué sentido queda frustrado el plan de Emma?
5. Haga una descripción de la casa de Loewenthal.
6. Haga una descripción física de Loewenthal.
7. Describa las acciones de Emma a partir de su enfrentamiento con Loewenthal.
8. Describa en detalle algunos de los «laberintos» que se plantean en este cuento.

ANÁLISIS DEL TEXTO

1. ¿Cuál es el tema principal de este cuento?
2. ¿A qué se puede atribuir la actitud hacia el sexo que tiene Emma Zunz?
3. ¿Quedó frustrada Emma Zunz en su meticuloso plan de venganza? ¿Por qué (no)?
4. Discuta el aspecto racional y emotivo en las acciones de Emma Zunz.
5. ¿Cómo se contrasta el ambiente realista de la obra con el estado de alma de Emma Zunz?
6. ¿Qué puede sugerir el final del cuento en un contexto borgesiano?

PERSPECTIVA PERSONAL

1. ¿Es Ud. más bien una persona racional o emotiva? Explique.
2. Discuta Ud. hasta qué punto hay un conflicto entre lo racional y lo sentimental en su vida.
3. ¿Qué haría Ud. si se encontrara en las mismas circunstancias que Emma Zunz?

BIBLIOGRAFÍA

Álvarez, Nicolás Emilio. "La realidad trascendida: dualismo y rectangularidad en 'Emma Zunz.'" *Explicación de textos literarios, 12* (1983–1984): 27–36.

Anton, Karl-Heinz. "En el laberinto de Borges." *Explicación de textos literarios, 2* (1973): 45–49.

Martínez, Zulma Nelly. "El símbolo de la trama y el tema de la venganza en dos historias de Borges." *Sin nombre, 1* (January–March 1971): 80–85.

McMurray, George R. *Jorge Luis Borges*. New York: Frederick Ungar, 1980. See especially 35–37.

Murillo, L.A. "The Labyrinths of Jorge Luis Borges, An Introduction to the Stories of *El Aleph*." *Modern Language Quarterly, 20* (September 1959): 259–266.

Páramo Ortega, Raúl. "Intento de interpretación psicoanalítica de un cuento de J. L. Borges." *Eco, 23* (October–November 1971): 587–599.

Un cementerio en México

Talpa

Juan Rulfo (1918–1986) was born in Jalisco, Mexico, and experienced as a child the effects of the violence of the Mexican Revolution in his native province. After spending several years in Guadalajara, where he collaborated with Juan José Arreola on the review periodical *Pan,* he moved to Mexico City in 1933 and lived there until his death. Rulfo worked for the National Indian Institute and served as an advisor to young writers at the **Centro de Escritores Mexicanos.**

Rulfo first attracted attention with the publication of *El llano en llamas* (1953), a collection of fifteen stories that described the violence of the rural Mexican landscape and the bitter resignation of its inhabitants. A superb prose stylist, Rulfo was among the first to introduce the experimental narrative techniques of the "new novel" (interior monologue, flashbacks, and so forth) into the short story. Rulfo's highly acclaimed novel *Pedro Páramo* (1955), the story of a long-dead political boss, is one of the most innovative works in Spanish American fiction. Set in Comala, the archetype of the Mexican rural community, *Pedro Páramo* is a work of enormous technical complexity. The narrative viewpoint shifts frequently as Rulfo leads the reader through a labyrinth of subconscious impressions. About halfway through the novel, the reader discovers that the inhabitants of Comala are dead and that the narrator is himself deceased.

The following comments highlight a number of Rulfo's basic techniques.

> Rulfo's narratives are composed with the greatest attention to dramatic effects. He knows how to begin a story with a sentence or two of the right cadence to grasp and hold the reader. Urgency, tension, conflict fill the air. For instance, the opening lines of "No Dogs Bark" set the tone of

mystery and doom in a brief dialogue between father and son, a foreboding note swollen with uncertainty that permeates the entire story. The dramatic effect is intensified by the short, agonizing sentences of the dialogue, and the narrative's principal action between the father's words and the son's silence. Here, as in the majority of these stories, the author narrates in a few, brief pages an intense, intimate drama, terse of language, somber in color, with no exterior character description. With remarkable skill Rulfo succeeds in provoking a static impression with his throbbing, dynamic fragments of life.

The technical complexity varies from one story to another: some are relatively simple and develop chronologically, others have different points of view and shifts and shufflings in time. Flashbacks, interior monologues and dialogues with subtle undertones, and an occasional passage of impersonal reflection are employed to give the effect of simultaneity. Time fluctuates among the levels of the present and the causal past, which is vivid in the characters' memories and usually rancorous in its recollections.*

In "Talpa," a highly dramatic story from *El llano en llamas,* the reader witnesses the gradual breakdown of an illicit relationship, due to the corrosive forces of guilt and remorse. Although Rulfo never openly censures the actions of his protagonists, the story nonetheless conveys the underlying message that human beings must pay for their transgressions. As in other stories of the same collection, Rulfo seems to feel strongly that religion has lost its power to assuage human suffering, and may even increase it.

*A*NTES DE LEER

PALABRAS IMPORTANTES Y MODISMOS

a eso de	about
así de + *adjetivo*	this (*big, small, etc.*)
de nuevo	again
estar arrepentido/a (de)	to regret
llevar a empujones	to carry (someone) out kicking
meterse	to get in
ocurrírsele a alguien	to occur to someone
suceder	to turn out
tardar + *tiempo* + **en** + *infinitivo*	to take (*period of time*) to (*do something*)
venirse + *gerundio*	to be (*doing something*)

---

* George Schade, trans. and ed., *The Burning Plain and Other Stories* (Austin, Tex.: University of Texas Press, 1967), xi–xiii.

Talpa

NATALIA SE METIÓ entre los brazos de su madre y lloró largamente allí con un llanto quedito. Era un llanto aguantado por muchos días, guardado hasta ahora que regresamos a Zenzontla y vio a su madre y comenzó a sentirse con ganas de consuelo.

5 Sin embargo, antes, entre los trabajos de tantos días difíciles, cuando tuvimos que enterrar a Tanilo en un pozo de la tierra de Talpa, sin que nadie nos ayudara, cuando ella y yo, los dos solos, juntamos nuestras fuerzas y nos pusimos a escarbar la sepultura desenterrando los terrones con nuestras manos —dándonos prisa para esconder pronto a Tanilo dentro del pozo y que no siguiera espantando ya a nadie
10 con el olor de su aire lleno de muerte—, entonces no lloró.

Ni después, al regreso, cuando nos vinimos caminando de noche sin conocer el sosiego, andando a tientas[1] como dormidos y pisando con pasos que parecían golpes sobre la sepultura de Tanilo. En ese entonces, Natalia parecía estar endurecida y traer el corazón apretado para no sentirlo bullir[2] dentro de ella. Pero de sus
15 ojos no salió ninguna lágrima.

Vino a llorar hasta aquí, arrimada a[3] su madre; sólo para acongojarla y que supiera que sufría, acongojándonos de paso a todos, porque yo también sentí ese llanto de ella dentro de mí como si estuviera exprimiendo el trapo de nuestros pecados.[4]

20 Porque la cosa es que a Tanilo Santos entre Natalia y yo lo matamos. Lo llevamos a Talpa para que se muriera. Y se murió. Sabíamos que no aguantaría tanto camino; pero, así y todo, lo llevamos empujándolo entre los dos, pensando acabar con él para siempre. Eso hicimos.

La idea de ir a Talpa salió de mi hermano Tanilo. A él se le ocurrió primero que
25 a nadie. Desde hacía años que estaba pidiendo que lo llevaran. Desde hacía años. Desde aquel día en que amaneció con unas ampollas moradas[5] repartidas en los brazos y las piernas. Cuando después las ampollas se le convirtieron en llagas por donde no salía nada de sangre y sí una cosa amarilla como goma de copal que destilaba agua espesa.[6] Desde entonces me acuerdo muy bien que nos dijo cuánto
30 miedo sentía de no tener ya remedio. Para eso quería ir a ver a la Virgen de Talpa; para que Ella con su mirada le curara sus llagas. Aunque sabía que Talpa estaba lejos y que tendríamos que caminar mucho debajo del sol de los días y del frío de las noches de marzo, así y todo quería ir. La Virgencita le daría el remedio para aliviarse de aquellas cosas que nunca se secaban. Ella sabía hacer eso: lavar las
35 cosas, ponerlo todo nuevo de nueva cuenta como un campo recién llovido.[7] Ya allí, frente a Ella, se acabarían sus males; nada le dolería ni le volvería a doler más. Eso pensaba él.

Y de eso nos agarramos Natalia y yo para llevarlo. Yo tenía que acompañar a

---

[1]andando... *groping along* [2]*move* [3]arrimada... *resting against* [4]porque... *because even I felt that cry of hers within me as if she were wringing out the rag of our sins* [5]ampollas... *purplish blisters* [6]cosa... *yellowish, resinlike thing that oozed a thick, watery substance* [7]ponerlo... *making everything new from scratch, just like a field fresh with rain*

Tanilo porque era mi hermano. Natalia tendría que ir también, de todos modos,
orque era su mujer. Tenía que ayudarlo llevándolo del brazo, sopesándolo a la ida
y tal vez a la vuelta sobre sus hombros, mientras él arrastrara su esperanza.[8]

Yo ya sabía desde antes lo que había dentro de Natalia. Conocía algo de ella.
Sabía, por ejemplo, que sus piernas redondas, duras y calientes como piedras al sol
del mediodía, estaban solas desde hacía tiempo. Ya conocía yo eso. Habíamos
estado juntos muchas veces; pero siempre la sombra de Tanilo nos separaba:
sentíamos que sus manos ampolladas se metían entre nosotros y se llevaban a
Natalia para que lo siguiera cuidando. Y así sería siempre mientras él estuviera
vivo.

Yo sé ahora que Natalia está arrepentida de lo que pasó. Y yo también lo estoy;
pero eso no nos salvará del remordimiento ni nos dará ninguna paz ya nunca. No
podrá tranquilizarnos saber que Tanilo se hubiera muerto de todos modos porque
ya le tocaba,[9] y que de nada había servido ir a Talpa, tan allá tan lejos; pues casi es
seguro de que se hubiera muerto igual allá que aquí, o quizás tantito después aquí
que allá, porque todo lo que se mortificó por el camino, y la sangre que perdió de
más, y el coraje[10] y todo, todas esas cosas juntas fueron las que lo mataron más
pronto. Lo malo está en que Natalia y yo lo llevamos a empujones, cuando él ya no
quería seguir, cuando sintió que era inútil seguir y nos pidió que lo regresáramos. A
estirones lo levantábamos del suelo[11] para que siguiera caminando, diciéndole que
ya no podíamos volver atrás.

«Está ya más cerca Talpa que Zenzontla.» Eso le decíamos. Pero entonces Talpa
estaba todavía lejos; más allá de muchos días.

Lo que queríamos era que se muriera. No está por demás decir que eso era lo
que queríamos desde antes de salir de Zenzontla y en cada una de las noches que
pasamos en el camino de Talpa. Es algo que no podemos entender ahora; pero
entonces era lo que queríamos. Me acuerdo muy bien.

Me acuerdo muy bien de esas noches. Primero nos alumbrábamos con
ocotes.[12] Después dejábamos que la ceniza oscureciera la lumbrada[13] y luego bus-
cábamos Natalia y yo la sombra de algo para escondernos de la luz del cielo. Así
nos arrimábamos a la soledad del campo,[14] fuera de los ojos de Tanilo y desapare-
cidos en la noche. Y la soledad aquella nos empujaba uno al otro. A mí me ponía
entre los brazos el cuerpo de Natalia y a ella eso le servía de remedio. Sentía como
si descansara; se olvidaba de muchas cosas y luego se quedaba adormecida y con
el cuerpo sumido en un gran alivio.[15]

Siempre sucedía que la tierra sobre la que dormíamos estaba caliente. Y la
carne de Natalia, la esposa de mi hermano Tanilo, se calentaba en seguida con el
calor de la tierra. Luego aquellos dos calores juntos quemaban y lo hacían a uno
despertar de su sueño. Entonces mis manos iban detrás de ella; iban y venían por
encima de ese como rescoldo que era ella; primero suavemente, pero después la

---

[8]sopesándolo... *supporting him with her shoulders, on the way there and perhaps on the way back, while he dragged with him his hope* [9]porque... *because it was his turn (to die)* [10]*anger* [11]A... *With strong jerks we would lift him from the ground* [12]nos... *we lit a fire of torch pines* [13]*campfire* [14]Así... *In that way we would snuggle up to the solitude of the countryside* [15]sumido... *completely relaxed in relief*

apretaban como si quisieran exprimirle la sangre. Así una y otra vez, noche tras
80 noche, hasta que llegaba la madrugada y el viento frío apagaba la lumbre de
nuestros cuerpos. Eso hacíamos Natalia y yo a un lado del camino de Talpa,
cuando llevamos a Tanilo para que la Virgen lo aliviara.

Ahora todo ha pasado. Tanilo se alivió hasta de vivir. Ya no podrá decir nada
del trabajo tan grande que le costaba vivir, teniendo aquel cuerpo como empon-
85 zoñado, lleno por dentro de agua podrida que le salía por cada rajadura de sus
piernas o de sus brazos. Unas llagas así de grandes, que se abrían despacito, muy
despacito, para luego dejar salir a borbotones un aire como de cosa echada a
perder[16] que a todos nos tenía asustados.

Pero ahora que está muerto la cosa se ve de otro modo. Ahora Natalia llora por
90 él, tal vez para que él vea, desde donde está, todo el gran remordimiento que lleva
encima de su alma. Ella dice que ha sentido la cara de Tanilo estos últimos días. Era
lo único que servía de él para ella; la cara de Tanilo, humedecida siempre por el
sudor en que lo dejaba el esfuerzo para aguantar sus dolores. La sintió acercándose
hasta su boca, escondiéndose entre sus cabellos, pidiéndole, con una voz apeni-
95 tas,[17] que lo ayudara. Dice que le dijo que ya se había curado por fin; que ya no le
molestaba ningún dolor. «Ya puedo estar contigo, Natalia. Ayúdame a estar contigo», dizque eso le dijo.[18]

Acabábamos de salir de Talpa, de dejarlo allí enterrado bien hondo en aquel
como surco profundo que hicimos para sepultarlo.
100 Y Natalia se olvidó de mí desde entonces. Yo sé cómo le brillaban antes los ojos
como si fueran charcos alumbrados por la luna. Pero de pronto se destiñeron, se le
borró la mirada como si la hubiera revolcado en la tierra.[19] Y pareció no ver ya
nada. Todo lo que existía para ella era el Tanilo de ella, que ella había cuidado
mientras estuvo vivo y lo había enterrado cuando tuvo que morirse.

105 Tardamos veinte días en encontrar el camino real de Talpa. Hasta entonces
habíamos venido los tres solos. Desde allí comenzamos a juntarnos con gente que
salía de todas partes; que había desembocado como nosotros en aquel camino
ancho parecido a la corriente de un río, que nos hacía andar a rastras, empujados
por todos lados como si nos llevaran amarrados con hebras de polvo. Porque de la
110 tierra se levantaba, con el bullir de la gente, un polvo blanco como tamo de maíz[20]
que subía muy alto y volvía a caer; pero los pies al caminar lo devolvían y lo hacían
subir de nuevo; así a todas horas estaba aquel polvo por encima y debajo de
nosotros. Y arriba de esta tierra estaba el cielo vacío, sin nubes, sólo el polvo; pero
el polvo no da ninguna sombra.
115 Teníamos que esperar a la noche para descansar del sol y de aquella luz blanca
del camino.

Luego los días fueron haciéndose más largos. Habíamos salido de Zenzontla a
mediados de febrero, y ahora que comenzaba marzo amanecía muy pronto.

---

[16]*aire... rotten smell* [17]*faint* [18]*dizque... that's what he supposedly said to her* [19]*Pero... But suddenly they (her eyes) lost their brilliance, and her gaze faded as if it had been engulfed by the
earth.* [20]*tamo... corn chaff*

Apenas si cerrábamos los ojos al oscurecer, cuando nos volvía a despertar el sol, el
120 mismo sol que parecía acabarse de poner hacía un rato.

Nunca había sentido que fuera más lenta y violenta la vida como caminar entre
un amontonadero[21] de gente; igual que si fuéramos un hervidero de gusanos ape-
lotonados bajo el sol,[22] retorciéndonos entre la cerrazón del polvo que nos encerraba a todos en la misma vereda y nos llevaba como acorralados. Los ojos
125 seguían la polvareda; daban en el polvo como si tropezaran contra algo que no se
podía traspasar. Y el cielo siempre gris, como una mancha gris y pesada que nos
aplastaba a todos desde arriba. Sólo a veces, cuando cruzábamos algún río, el
polvo era más alto y más claro. Zambullíamos[23] la cabeza acalenturada y renegrida
en el agua verde, y por un momento de todos nosotros salía un humo azul, pare-
130 cido al vapor que sale de la boca con el frío. Pero poquito después desaparecíamos
otra vez entreverados en el polvo, cobijándonos unos a otros del sol, de aquel calor
del sol repartido entre todos.

Algún día llegará la noche. En eso pensábamos. Llegará la noche y nos pondre-
mos a descansar. Ahora se trata de cruzar el día, de atravesarlo como sea para
135 correr del calor y del sol. Después nos detendremos. Después. Lo que tenemos que
hacer por lo pronto es esfuerzo tras esfuerzo para ir de prisa detrás de tantos como
nosotros y delante de otros muchos. De eso se trata. Ya descansaremos bien a bien
cuando estemos muertos.

En eso pensábamos Natalia y yo y quizá también Tanilo, cuando íbamos por el
140 camino real de Talpa, entre la procesión; queriendo llegar los primeros hasta la
Virgen, antes que se le acabaran los milagros.

Pero Tanilo comenzó a ponerse más malo. Llegó un rato en que ya no quería
seguir. La carne de sus pies se había reventado y por la reventazón aquella empezó a salírsele la sangre. Lo cuidamos hasta que se puso bueno. Pero, así y todo,
145 ya no quería seguir:

«Me quedaré aquí sentado un día o dos y luego me volveré a Zenzontla.» Eso
nos dijo.

Pero Natalia y yo no quisimos. Había algo dentro de nosotros que no nos
dejaba sentir ninguna lástima por ningún Tanilo. Queríamos llegar con él a Talpa,
150 porque a esas alturas, así como estaba, todavía le sobraba vida. Por eso mientras
Natalia le enjuagaba los pies con aguardiente para que se le deshincharan, le daba
ánimos. Le decía que sólo la Virgen de Talpa lo curaría. Ella era la única que podía
hacer que él se aliviara para siempre. Ella nada más. Había otras muchas Vírgenes;
pero sólo la de Talpa era la buena. Eso le decía Natalia.
155 Y entonces Tanilo se ponía a llorar con lágrimas que hacían surco entre el sudor
de su cara y después se maldecía por haber sido malo. Natalia le limpiaba los
chorretes de lágrimas con su rebozo, y entre ella y yo le levantábamos del suelo
para que caminara otro rato más, antes que llegara la noche.

Así, a tirones,[24] fue como llegamos con él a Talpa.
160 Ya en los últimos días también nosotros nos sentíamos cansados. Natalia y yo

---

[21]*crowd* [22]hervidero... *multitude of worms curled up into balls under the sun* [23]*We dipped* [24]a...
by pulling

sentíamos que se nos iba doblando el cuerpo entre más y más. Era como si algo nos detuviera y cargara un pesado bulto sobre nosotros. Tanilo se nos caía más seguido y teníamos que levantarlo y a veces llevarlo sobre los hombros. Tal vez de eso estábamos como estábamos: con el cuerpo flojo y lleno de flojera para caminar.
165 Pero la gente que iba allí junto a nosotros nos hacía andar más aprisa.

Por las noches, aquel mundo desbocado se calmaba. Desperdigadas por todas partes brillaban las fogatas y en derredor de la lumbre la gente de la peregrinación rezaba el rosario, con los brazos en cruz, mirando hacia el cielo de Talpa. Y se oía cómo el viento llevaba y traía aquel rumor, revolviéndolo, hasta hacer de él un solo
170 mugido. Poco después todo se quedaba quieto. A eso de la medianoche podía oírse que alguien cantaba muy lejos de nosotros. Luego se cerraban los ojos y se esperaba sin dormir a que amaneciera.

Entramos a Talpa cantando el Alabado.[25]

Habíamos salido a mediados de febrero y llegamos a Talpa en los últimos días
175 de marzo, cuando ya mucha gente venía de regreso. Todo se debió a que Tanilo se puso a hacer penitencia. En cuanto se vio rodeado de hombres que llevaban pencas de nopal colgadas como escapulario,[26] él también pensó en llevar las suyas. Dio en amarrarse los pies uno con otro con las mangas de su camisa para que sus pasos se hicieran más desesperados. Después quiso llevar una corona de espinas.
180 Tantito después se vendó los ojos, y más tarde, en los últimos trechos del camino, se hincó en la tierra, y así, andando sobre los huesos de sus rodillas y con las manos cruzadas hacia atrás, llegó a Talpa aquella cosa que era mi hermano Tanilo Santos; aquella cosa tan llena de cataplasmas[27] y de hilos oscuros de sangre que dejaba en el aire, al pasar, un olor agrio como de animal muerto.
185 Y cuando menos acordamos lo vimos metido entre las danzas. Apenas si nos dimos cuenta y ya estaba allí, con la larga sonaja[28] en la mano, dando duros golpes en el suelo con sus pies amoratados[29] y descalzos. Parecía todo enfurecido, como si estuviera sacudiendo el coraje que llevaba encima desde hacía tiempo; o como si estuviera haciendo un último esfuerzo por conseguir vivir un poco más.
190 Tal vez al ver las danzas se acordó de cuando iba todos los años a Tolimán, en el novenario[30] del Señor, y bailaba la noche entera hasta que sus huesos se aflojaban, pero sin cansarse. Tal vez de eso se acordó y quiso revivir su antigua fuerza.

Natalia y yo lo vimos así por un momento. En seguida lo vimos alzar los brazos y azotar su cuerpo contra el suelo, todavía con la sonaja repicando entre sus manos
195 salpicadas de sangre. Lo sacamos a rastras,[31] esperando defenderlo de los pisotones de los danzantes; de entre la furia de aquellos pies que rodaban sobre las piedras y brincaban aplastando la tierra sin saber que algo se había caído en medio de ellos.

A horcajadas, como si estuviera tullido,[32] entramos con él en la iglesia. Natalia
200 lo arrodilló junto a ella, enfrentito de aquella figurita dorada que era la Virgen de

---

[25]*religious hymn in honor of Christ* [26]pencas... *leaves of nopal hanging (around their necks) like scapulars* [27]*poultices* [28]*jingle stick, rattle* [29]*bruised* [30]*novenary (a period of nine days' devotion)* [31]Lo... *We dragged him out* [32]A... *With him astride (our backs), as if he were paralyzed*

Talpa. Y Tanilo comenzó a rezar y dejó que se le cayera una lágrima grande, salida de muy adentro, apagándole la vela que Natalia le había puesto entre sus manos. Pero no se dio cuenta de esto; la luminaria de tantas velas prendidas que allí había le cortó esa cosa con la que uno se sabe dar cuenta de lo que pasa junto a uno.[33]

205 Siguió rezando con su vela apagada. Rezando a gritos para oír que rezaba.

Pero no le valió. Se murió de todos modos.

«...desde nuestros corazones sale para Ella[34] una súplica igual, envuelta en el dolor. Muchas lamentaciones revueltas con esperanza. No se ensordece su ternura ni ante los lamentos ni las lágrimas, pues Ella sufre con nosotros. Ella sabe borrar

210 esa mancha y dejar que el corazón se haga blandito y puro para recibir su misericordia y su caridad. La Virgen nuestra, nuestra madre, que no quiere saber nada de nuestros pecados; que se echa la culpa de nuestros pecados; la que quisiera llevarnos en sus brazos para que no nos lastime la vida, está aquí junto a nosotros, aliviándonos el cansancio y las enfermedades del alma y de nuestro cuerpo ahua-

215 tado,[35] herido y suplicante. Ella sabe que cada día nuestra fe es mejor porque está hecha de sacrificios...».

Eso decía el señor cura desde allá arriba del púlpito. Y después que dejó de hablar, la gente se soltó rezando toda al mismo tiempo, con un ruido igual al de muchas avispas espantadas por el humo.

220 Pero Tanilo ya no oyó lo que había dicho el señor cura. Se había quedado quieto, con la cabeza recargada en sus rodillas. Y cuando Natalia lo movió para que se levantara ya estaba muerto.

Afuera se oía el ruido de las danzas; los tambores y la chirimía;[36] el repique de las campanas. Y entonces fue cuando me dio a mí tristeza. Ver tantas cosas vivas;

225 ver a la Virgen allí, mero enfrente de nosotros dándonos su sonrisa, y ver por el otro lado a Tanilo, como si fuera un estorbo. Me dio tristeza.

Pero nosotros lo llevamos allí para que se muriera, eso es lo que no se me olvida.[37]

Ahora estamos los dos en Zenzontla. Hemos vuelto sin él. Y la madre de Natalia

230 no me ha preguntado nada; ni qué hice con mi hermano Tanilo, ni nada. Natalia se ha puesto a llorar sobre sus hombros y le ha contado de esa manera todo lo que pasó.

Y yo comienzo a sentir como si no hubiéramos llegado a ninguna parte; que estamos aquí de paso, para descansar, y que luego seguiremos caminando. No sé

235 para dónde; pero tendremos que seguir, porque aquí estamos muy cerca del remordimiento y del recuerdo de Tanilo.

Quizá hasta empecemos a tenernos miedo uno al otro. Esa cosa de no decirnos nada desde que salimos de Talpa tal vez quiera decir eso. Tal vez los dos tenemos muy cerca el cuerpo de Tanilo, tendido en el petate[38] enrollado; lleno por dentro y

240 por fuera de un hervidero de moscas azules que zumbaban como si fuera un gran

---

[33]la luminaria... *the brilliant light of so many candles made him feel cut off from his immediate surroundings* [34]*The Blessed Mother* [35]*covered with thorns* [36]*flageolet (small woodwind instrument similar to the flute)* [37]eso... *that's what I can't forget* [38]*mat*

ronquido que saliera de la boca de él; de aquella boca que no pudo cerrarse a pesar de los esfuerzos de Natalia y míos, y que parecía querer respirar todavía sin encontrar resuello.[39] De aquel Tanilo a quien ya nada le dolía, pero que estaba como adolorido, con las manos y los pies engarruñados[40] y los ojos muy abiertos como
245   mirando su propia muerte. Y por aquí y por allá todas sus llagas goteando un agua amarilla, llena de aquel olor que se derramaba por todos lados y se sentía en la boca, como si se estuviera saboreando una miel espesa y amarga que se derretía en la sangre de uno a cada bocanada de aire.

    Es de eso de lo que quizá nos acordemos aquí más seguido: de aquel Tanilo
250   que nosotros enterramos en el camposanto de Talpa; al que Natalia y yo echamos tierra y piedras encima para que no lo fueran a desenterrar los animales del cerro.

[39]*breath* [40]*gnarled*

𝒟ESPUÉS DE LEER

CUESTIONARIO

1. ¿Por qué pusieron a Tanilo dentro del pozo?
2. Describa en detalle la enfermedad de Tanilo.
3. ¿Por qué tuvieron que llevar a Tanilo a la Virgen?
4. ¿Qué tipo de relación tenían Natalia y el hermano de Tanilo?
5. ¿Qué hicieron con Tanilo para asegurarse de que llegara a Talpa?
6. ¿Cómo pasaban las noches Natalia y el hermano de Tanilo?
7. ¿Qué hicieron después de encontrar el camino de Talpa?
8. ¿Por qué querían que viniera pronto la noche?
9. Cuando Tanilo decidió que no quería seguir adelante, ¿qué hicieron Natalia y el hermano?
10. ¿Por qué se sentían cansados Natalia y el hermano de Tanilo?
11. ¿Qué hizo Tanilo cuando entró en la iglesia de Talpa?
12. Describa las acciones de Tanilo un poco antes de su muerte.
13. ¿Por qué no pueden olvidarse los dos personajes de la muerte de Tanilo?

ESTUDIO DE PALABRAS

Complete las oraciones con palabras o expresiones de **Palabras importantes y modismos**.

1. Tanilo tenía unas llagas _____ grandes, que se abrían despacito.
2. La idea de ir a Talpa _____ a él primero que a nadie.
3. Nosotros _____ veinte días _____ encontrar el camino real de Talpa.
4. Siempre _____ que la tierra sobre la que dormíamos estaba caliente.
5. Los pies al caminar devolvían el polvo y lo hacían subir _____.

6. Él no quería seguir, pero nosotros lo _____ .
7. _____ la medianoche podía oírse que alguien cantaba.
8. Natalia no lloró durante el regreso, ni aun cuando nosotros _____ caminando de noche.
9. Natalia _____ entre los brazos de su madre y lloró.
10. Yo sé ahora que Natalia _____ lo que pasó.

CONSIDERACIONES

1. ¿Qué palabras se emplean en el cuento para describir el estado de ánimo de Natalia?
2. ¿Qué papel juegan las creencias católicas en este cuento?
3. ¿Cómo se introduce el tema del triángulo amoroso en el cuento?
4. Indique las palabras que se usan para reflejar el remordimiento y la culpabilidad.
5. Al principio del cuento descubrimos que el narrador y Natalia habían matado a Tanilo. ¿Qué efecto produce este hecho tan temprano en el cuento?
6. ¿Qué palabras predominan en las descripciones del medio ambiente?
7. ¿Qué papel juega la devoción a la Virgen María en la iglesia católica?
8. Algunos de los detalles de la historia se comunican como si fuera una confesión. ¿Qué efecto tiene este hecho en el cuento?

ANÁLISIS DEL TEXTO

1. Discuta el tema del remordimiento en esta obra.
2. Describa la estructura circular de este cuento y su efecto.
3. ¿Qué significado le atribuye Ud. al clima y al ambiente árido de este cuento?
4. Describa la dinámica entre los personajes de esta obra. ¿Qué siente cada uno por los otros? ¿Cómo evolucionan las relaciones entre Natalia y el hermano de Tanilo a lo largo del cuento?
5. Discuta el punto de vista narrativo en este cuento.
6. Analice el elemento de censura y la actitud de Rulfo hacia la iglesia católica.
7. ¿Qué visión filosófica del mundo presenta Rulfo en este cuento?

PERSPECTIVA PERSONAL

1. ¿Qué papel tiene la religión en su propia vida?
2. ¿Comparte Ud. la visión del mundo ofrecida por Rulfo? Explique.
3. Describa algunas situaciones personales que puedan haberle causado algunos de los mismos sentimientos expresados en el cuento.

BIBLIOGRAFÍA

Coulson, Graciela B. "Observaciones sobre la visión del mundo en los cuentos de Rulfo." In *Homenaje a Juan Rulfo,* edited by Helmy F. Giacoman, Madrid: Las Américas, 1974. See especially 323–324.

A. REGULAR VERBS: SIMPLE TENSES

INFINITIVE PRESENT PARTICIPLE PAST PARTICIPLE	INDICATIVE					SUBJUNCTIVE		IMPERATIVE
	PRESENT	IMPERFECT	PRETERITE	FUTURE	CONDITIONAL	PRESENT	IMPERFECT	
hablar hablando hablado	hablo	hablaba	hablé	hablaré	hablaría	hable	hablara	
	hablas	hablabas	hablaste	hablarás	hablarías	hables	hablaras	habla tú, no hables
	habla	hablaba	habló	hablará	hablaría	hable	hablara	hable Ud.
	hablamos	hablábamos	hablamos	hablaremos	hablaríamos	hablemos	habláramos	hablemos
	habláis	hablabais	hablasteis	hablaréis	hablaríais	habléis	hablarais	hablad, no habléis
	hablan	hablaban	hablaron	hablarán	hablarían	hablen	hablaran	hablen
comer comiendo comido	como	comía	comí	comeré	comería	coma	comiera	
	comes	comías	comiste	comerás	comerías	comas	comieras	come tú, no comas
	come	comía	comió	comerá	comería	coma	comiera	coma Ud.
	comemos	comíamos	comimos	comeremos	comeríamos	comamos	comiéramos	comamos
	coméis	comíais	comisteis	comeréis	comeríais	comáis	comierais	comed, no comáis
	comen	comían	comieron	comerán	comerían	coman	comieran	coman
vivir viviendo vivido	vivo	vivía	viví	viviré	viviría	viva	viviera	
	vives	vivías	viviste	vivirás	vivirías	vivas	vivieras	vive tú, no vivas
	vive	vivía	vivió	vivirá	viviría	viva	viviera	viva Ud.
	vivimos	vivíamos	vivimos	viviremos	viviríamos	vivamos	viviéramos	vivamos
	vivís	vivíais	vivisteis	viviréis	viviríais	viváis	vivierais	vivid, no viváis
	viven	vivían	vivieron	vivirán	vivirían	vivan	vivieran	vivan

B. REGULAR VERBS: PERFECT TENSES

INDICATIVE					SUBJUNCTIVE	
PRESENT PERFECT	PAST PERFECT	PRETERITE PERFECT	FUTURE PERFECT	CONDITIONAL PERFECT	PRESENT PERFECT	PAST PERFECT
he hablado	había hablado	hube hablado	habré hablado	habría hablado	haya hablado	hubiera hablado
has comido	habías comido	hubiste comido	habrás comido	habrías comido	hayas comido	hubieras comido
ha vivido	había vivido	hubo vivido	habrá vivido	habría vivido	haya vivido	hubiera vivido
hemos	habíamos	hubimos	habremos	habríamos	hayamos	hubiéramos
habéis	habíais	hubisteis	habréis	habríais	hayáis	hubierais
han	habían	hubieron	habrán	habrían	hayan	hubieran

C. IRREGULAR VERBS

INFINITIVE / PRESENT PARTICIPLE / PAST PARTICIPLE	INDICATIVE					SUBJUNCTIVE		IMPERATIVE
	PRESENT	IMPERFECT	PRETERITE	FUTURE	CONDITIONAL	PRESENT	IMPERFECT	
andar andando andado	ando	andaba	anduve	andaré	andaría	ande	anduviera	
	andas	andabas	anduviste	andarás	andarías	andes	anduvieras	anda tú, no andes
	anda	andaba	anduvo	andará	andaría	ande	anduviera	ande Ud.
	andamos	andábamos	anduvimos	andaremos	andaríamos	andemos	anduviéramos	andemos
	andáis	andabais	anduvisteis	andaréis	andaríais	andéis	anduvierais	andad, no andéis
	andan	andaban	anduvieron	andarán	andarían	anden	anduvieran	anden
caer cayendo caído	caigo	caía	caí	caeré	caería	caiga	cayera	
	caes	caías	caíste	caerás	caerías	caigas	cayeras	cae tú, no caigas
	cae	caía	cayó	caerá	caería	caiga	cayera	caiga Ud.
	caemos	caíamos	caímos	caeremos	caeríamos	caigamos	cayéramos	caigamos
	caéis	caíais	caísteis	caeréis	caeríais	caigáis	cayerais	caed, no caigáis
	caen	caían	cayeron	caerán	caerían	caigan	cayeran	caigan

INFINITIVE PRESENT PARTICIPLE PAST PARTICIPLE	INDICATIVE					SUBJUNCTIVE		IMPERATIVE
	PRESENT	IMPERFECT	PRETERITE	FUTURE	CONDITIONAL	PRESENT	IMPERFECT	
dar dando dado	doy das da damos dais dan	daba dabas daba dábamos dabais daban	di diste dio dimos disteis dieron	daré darás dará daremos daréis darán	daría darías daría daríamos daríais darían	dé des dé demos deis den	diera dieras diera diéramos dierais dieran	da tú, no des dé Ud. demos dad, no deis den
decir diciendo dicho	digo deces dice decimos decís dicen	decía decías decía decíamos decíais decían	dije dijiste dijo dijimos dijisteis dijeron	diré dirás dirá diremos diréis dirán	diría dirías diría diríamos diríais dirían	diga digas diga digamos digáis digan	dijera dijeras dijera dijéramos dijerais dijeran	di tú, no digas diga Ud. digamos decid, no digáis digan
estar estando estado	estoy estás está estamos estáis están	estaba estabas estaba estábamos estabais estaban	estuve estuviste estuvo estuvimos estuvisteis estuvieron	estaré estarás estará estaremos estaréis estarán	estaría estarías estaría estaríamos estaríais estarían	esté estés esté estemos estéis estén	estuviera estuvieras estuviera estuviéramos estuvierais estuvieran	está tú, no estés esté Ud. estemos estad, no estéis estén
haber habiendo habido	he has ha hemos habéis han	había habías había habíamos habíais habían	hube hubiste hubo hubimos hubisteis hubieron	habré habrás habrá habremos habréis habrán	habría habrías habría habríamos habríais habrían	haya hayas haya hayamos hayáis hayan	hubiera hubieras hubiera hubiéramos hubierais hubieran	
hacer haciendo hecho	hago haces hace hacemos hacéis hacen	hacía hacías hacía hacíamos hacíais hacían	hice hiciste hizo hicimos hicisteis hicieron	haré harás hará haremos haréis harán	haría harías haría haríamos haríais harían	haga hagas haga hagamos hagáis hagan	hiciera hicieras hiciera hiciéramos hicierais hicieran	haz tú, no hagas haga Ud. hagamos haced, no hagáis hagan

C. IRREGULAR VERBS (Continued)

INFINITIVE PRESENT PARTICIPLE PAST PARTICIPLE	INDICATIVE						SUBJUNCTIVE		IMPERATIVE
	PRESENT	IMPERFECT	PRETERITE	FUTURE	CONDITIONAL		PRESENT	IMPERFECT	
ir yendo ido	voy vas va vamos vais van	iba ibas iba íbamos ibais iban	fui fuiste fue fuimos fuisteis fueron	iré irás irá iremos iréis irán	iría irías iría iríamos iríais irían		vaya vayas vaya vayamos vayáis vayan	fuera fueras fuera fuéramos fuerais fueran	ve tú, no vayas vaya Ud. vayamos id, no vayáis vayan
oír oyendo oído	oigo oyes oye oímos oís oyen	oía oías oía oíamos oíais oían	oí oíste oyó oímos oísteis oyeron	oiré oirás oirá oiremos oiréis oirán	oiría oirías oiría oiríamos oiríais oirían		oiga oigas oiga oigamos oigáis oigan	oyera oyeras oyera oyéramos oyerais oyeran	oye tú, no oigas oiga Ud. oigamos oíd, no oigáis oigan
poder pudiendo podido	puedo puedes puede podemos podéis pueden	podía podías podía podíamos podíais podían	pude pudiste pudo pudimos pudisteis pudieron	podré podrás podrá podremos podréis podrán	podría podrías podría podríamos podríais podrían		pueda puedas pueda podamos podáis puedan	pudiera pudieras pudiera pudiéramos pudierais pudieran	
poner poniendo puesto	pongo pones pone ponemos ponéis ponen	ponía ponías ponía poníamos poníais ponían	puse pusiste puso pusimos pusisteis pusieron	pondré pondrás pondrá pondremos pondréis pondrán	pondría pondrías pondría pondríamos pondríais pondrían		ponga pongas ponga pongamos pongáis pongan	pusiera pusieras pusiera pusiéramos pusierais pusieran	pon tú, no pongas ponga Ud. pongamos poned, no pongáis pongan
querer queriendo querido	quiero quieres quiere queremos queréis quieren	quería querías quería queríamos queríais querían	quise quisiste quiso quisimos quisisteis quisieron	querré querrás querrá querremos querréis querrán	querría querrías querría querríamos querríais querrían		quiera quieras quiera queramos queráis quieran	quisiera quisieras quisiera quisiéramos quisierais quisieran	quiere tú, no quieras quiera Ud. queramos quered, no queráis quieran

𝒟. STEM-CHANGING AND SPELLING CHANGE VERBS

INFINITIVE PRESENT PARTICIPLE PAST PARTICIPLE	INDICATIVE					SUBJUNCTIVE		IMPERATIVE
	PRESENT	IMPERFECT	PRETERITE	FUTURE	CONDITIONAL	PRESENT	IMPERFECT	
pensar (ie) pensando pensado	pienso piensas piensa pensamos pensáis piensan	pensaba pensabas pensaba pensábamos pensabais pensaban	pensé pensaste pensó pensamos pensasteis pensaron	pensaré pensarás pensará pensaremos pensaréis pensarán	pensaría pensarías pensaría pensaríamos pensaríais pensarían	piense pienses piense pensemos penséis piensen	pensara pensaras pensara pensáramos pensarais pensaran	piensa tú, no pienses piense Ud. pensemos pensad, no penséis piensen
volver (ue) volviendo vuelto	vuelvo vuelves vuelve volvemos volvéis vuelven	volvía volvías volvía volvíamos volvíais volvían	volví volviste volvió volvimos volvisteis volvieron	volveré volverás volverá volveremos volveréis volverán	volvería volverías volvería volveríamos volveríais volverían	vuelva vuelvas vuelva volvamos volváis vuelvan	volviera volvieras volviera volviéramos volvierais volvieran	vuelve tú, no vuelvas vuelva Ud. volvamos volved, no volváis vuelvan
dormir (ue, u) durmiendo dormido	duermo duermes duerme dormimos dormís duermen	dormía dormías dormía dormíamos dormíais dormían	dormí dormiste durmió dormimos dormisteis durmieron	dormiré dormirás dormirá dormiremos dormiréis dormirán	dormiría dormirías dormiría dormiríamos dormiríais dormirían	duerma duermas duerma durmamos durmáis duerman	durmiera durmieras durmiera durmiéramos durmierais durmieran	duerme tú, no duermas duerma Ud. durmamos dormid, no durmáis duerman
sentir (ie, i) sintiendo sentido	siento sientes siente sentimos sentís sienten	sentía sentías sentía sentíamos sentíais sentían	sentí sentiste sintió sentimos sentisteis sintieron	sentiré sentirás sentirá sentiremos sentiréis sentirán	sentiría sentirías sentiría sentiríamos sentiríais sentirían	sienta sientas sienta sintamos sintáis sientan	sintiera sintieras sintiera sintiéramos sintierais sintieran	siente tú, no sientas sienta Ud. sintamos sentid, no sintáis sientan
pedir (i, i) pidiendo pedido	pido pides pide pedimos pedis piden	pedía pedías pedía pedíamos pedíais pedían	pedí pediste pidió pedimos pedisteis pidieron	pediré pedirás pedirá pediremos pediréis pedirán	pediría pedirías pediría pediríamos pediríais pedirían	pida pidas pida pidamos pidáis pidan	pidiera pidieras pidiera pidiéramos pidierais pidieran	pide tú, no pidas pida Ud. pidamos pedid, no pidáis pidan

D. STEM-CHANGING AND SPELLING CHANGE VERBS (Continued)

INFINITIVE PRESENT PARTICIPLE PAST PARTICIPLE	INDICATIVE					SUBJUNCTIVE		IMPERATIVE
	PRESENT	IMPERFECT	PRETERITE	FUTURE	CONDITIONAL	PRESENT	IMPERFECT	
reír (i, i) riendo reído	río ríes ríe reímos reís ríen	reía reías reía reíamos reíais reían	reí reíste rió reímos reísteis rieron	reiré reirás reirá reiremos reiréis reirán	reiría reirías reiría reiríamos reiríais reirían	ría rías ría riamos riáis rían	riera rieras riera riéramos rierais rieran	ríe tú, no rías ría Ud. riamos reíd, no riáis rían
seguir (i, i) (ga) siguiendo seguido	sigo sigues sigue seguimos seguís siguen	seguía seguías seguía seguíamos seguíais seguían	seguí seguiste siguió seguimos seguisteis siguieron	seguiré seguirás seguirá seguiremos seguiréis seguirán	seguiría seguirías seguiría seguiríamos seguiríais seguirían	siga sigas siga sigamos sigáis sigan	siguiera siguieras siguiera siguiéramos siguierais siguieran	sigue tú, no sigas siga Ud. sigamos seguid, no sigáis sigan
construir (y) construyendo construido	construyo construyes construye construimos construís construyen	construía construías construía construíamos construíais construían	construí construiste construyó construimos construisteis construyeron	construiré construirás construirá construiremos construiréis construirán	construiría construirías construiría construiríamos construiríais construirían	construya construyas construya construyamos construyáis construyan	construyera construyeras construyera construyéramos construyerais construyeran	construye tú, no construyas construya Ud. construyamos construid, no construyáis construyan
producir (zc) produciendo producido	produzco produces produce producimos producís producen	producía producías producía producíamos producíais producían	produje produjiste produjo produjimos produjisteis produjeron	produciré producirás producirá produciremos produciréis producirán	produciría producirías produciría produciríamos produciríais producirían	produzca produzcas produzca produzcamos produzcáis produzcan	produjera produjeras produjera produjéramos produjerais produjeran	produce tú, no produzcas produzca Ud. produzcamos producid, no produzcáis produzcan

$\mathcal{V}$OCABULARY

This vocabulary contains all words that appear in the text with the exception of (1) articles, numerals, possessives, demonstratives, personal pronouns, and other words that an average student of intermediate Spanish would be expected to know; (2) very close or exact cognates; and (3) conjugated verb forms.

Gender has not been indicated for masculine nouns ending in **-o** nor for feminine nouns ending in **-a, -dad, -ión, -tad,** or **-tud.** Adjectives and most nouns are given in the masculine form only. When a verb is radical changing, the change is indicated in parentheses.

ABBREVIATIONS

adj.	adjective		*n.*	noun
adv.	adverb		*pl.*	plural
coll.	colloquial		*p.p.*	past participle
conj.	conjunction		*prep.*	preposition
f.	feminine		*pron.*	pronoun
ger.	gerund		*rel.*	relative
inf.	infinitive		*sing.*	singular
int.	interjection		*v.*	verb
m.	masculine			

A

a: a borbotones in a torrent, gush; **a cambio** in exchange; **a cuestas** on one's shoulders; **a empujones** roughly; **a escondidas** hidden; **a estirones** with strong jerks, pulls; **a fines de** at the end of; **a fuer de** as, in the manner of; **a gatas** on all fours; **a horcajadas** astride, straddling; **al** + *inf.* upon (*doing something*); **a la zaga** behind; **a mediados de** in the middle of; **a palos** with blows from a stick; **a pedazos** in pieces; **a pesar de** in spite of; **a plomo** high overhead (*sun*); **a rastras** dragging; unwillingly; **a salvo de** safe from; **a tiempo que** at the same time as; **a tientas** gropingly, feeling one's way; **a tirones** in stops and starts; **a trueque de** in exchange for

abajo below, down; **boca abajo** face down; **cabeza abajo** upside down; **hacia abajo** downward

abandono abandonment

abanicarse to fan oneself

abatido demolished, battered

abismo abyss

abogado lawyer

abordar to board

abotonarse to button up

abrasar to burn

abrazar to hug; to clasp

abrazo hug; embrace

abrigado sheltered, protected from the cold

abrir to open; **abrirse paso** to force one's way

abrojos *pl.* sorrows, grief

abrumar to overwhelm

absoluto: en absoluto not at all

absorto entranced, absorbed

abstraído distracted

aburrido bored

aburrimiento boredom

aburrirse to become bored

acá here; over here

acabar to finish, end; **acabar** + *inf.* to end up (*doing something*); **acabar con** to put an end to; to destroy; **acabar de** + *inf.* to have just (*done something*); **acabar por** + *inf.* to end by (*doing something*)

acaecido: lo acaecido the incident, what happened

acalenturado feverish

acallar to quiet; to calm

acariciar to caress
acaso perhaps
acecho watching, observation
aceite *m.* oil
acera sidewalk
acerca de about, regarding
acercar to bring or place near(er); **acercarse (a)** to approach
acodarse to lean
acoger to welcome
acólito altar boy; disciple, follower
acomodado having an easy job
acomodar to accommodate; to place; **acomodarse** to find oneself a seat
acomodo arrangement; lodging
acongojar to distress
aconsejar to advise
acontecimiento event, incident
acordar (ue) to agree; to remember; **acordarse de** to remember
acorde *m.* chord; triad
acorralados *n.* driven or penned up cattle; cornered
acoso harassment; pursuit
acostar (ue) to lie down; **acostarse** to go to bed
acostumbrado accustomed
acostumbrarse (a) to become accustomed (*to*)
acto continuo immediately afterward
acudir (a) to go or come (*to*); to resort or turn to for help; to attend
acuerdo: de acuerdo con in agreement with; **estar de acuerdo** to agree
adecuadamente adequately
adelante forward; **hacia adelante** forward
adelgazar to lose weight
ademán *m.* gesture
además in addition, furthermore
adentro inside; **de muy adentro** from deep within; **hacia adentro** inside
adivinar to divine; to guess
adolorido in pain, suffering
adormecido drowsy, sleepy
adosar a to place against or near to
adquirir (ie) to acquire
aduana *sing.* customs
advertencia warning
advertir (ie, i) to warn; to notice
afecto affection
afeitar(se) to shave
aferrar to grip, hold, seize
afiebrado feverish
aflojarse to weaken

afuera *adv.* outside; **afueras** *n.* outskirts
agachar to lower, bend; **agacharse** to crouch, squat
agarrar(se) to grab; to catch
agarrotado stiff; stuck
agazapado caught; stalked
agolpar to crowd together; to heap up
agónico agonizing
agradable pleasant
agradecer (zc) to thank
agradecido grateful
agradecimiento thanks
agravar to aggravate, make worse
agregar to add
agrio sour
agua (*f.*, *but:* **el agua**) water; **agua dulce** fresh water
aguamanil *m.* wash basin
aguantar to bear, put up with
aguardar to wait for
aguardiente *m.* brandy
agudísimo very acute, coming rapidly to a crisis (*illness*)
aguja needle
agujero hole
ahí there; **por ahí** over there
ahogar to drown
ahogo choking; distress, anguish
ahora now; **ahora mismo** right now
ahumado smoky
aire *m.* air; look, appearance; **al aire libre** outdoors
aislado isolated
aislamiento isolation
ajedrez *m.* chess
ajeno (a) far away (*from*)
ajo clove of garlic
ala (*f.*, *but:* **el ala**) wing
alabar to praise
alado winged
alambrado fenced off with barbed wire or wire netting
alambre *m.* wire; **alambre de púa** barbed wire; **alambre tejido** wire mesh
alameda tree-lined walk, avenue
alargar(se) to lengthen, stretch, extend
alarido scream
alboroto tumult; disturbance
alcalde *m.* mayor
alcance: al alcance de within reach of
alcanfor *m.* camphor
alcanforado: alcohol alcanforado rubbing alcohol

alcanzar to reach; to achieve; to be sufficient;
  alcanzar a + *inf.* to manage to, be able to
  (*do something*)
alcaraván *m.* stone curlew (*type of bird*)
aldea village
alegar to allege, contend
alegrar to make happy; **alegrarse** to be happy
alegre happy
alegría happiness
alejamiento *n.* moving away
alejar to remove to a distance; **alejarse** to go
  far away; to withdraw
alemán *adj.* German
alentador encouraging
alentante *adj.* breathing
alentar (ie) to encourage, cheer up
alero *sing.* eaves
aletazo blow with a wing
aleteo flapping of wings
alfiler *m.* pin
alfombra carpet
alfombrado carpeted
algo *pron.* something; *adv.* somewhat; **por
  algo** for some reason
alguacil *m.* constable; peace officer
alguien someone
algún (alguno) some; any; **alguna parte**
  somewhere; **alguna vez** ever; some time
alimento food
aliviar to comfort; **aliviarse** to get relief
alivio relief
alma (*f.*, *but*: **el alma**) soul; **estado de alma**
  state of being; condition
almendra almond
almendro almond tree
almohada pillow
almohadón *m.* pillow
almorzar (ue) to have lunch
almuerzo lunch
alojamiento lodging
alrededor (de) around
altamar *m.* open sea, high sea
alterar to upset
alternarse to alternate
alternativamente alternately
alto high; tall; **en alta voz** out loud; **la Muy
  Alta** the Most High; **lo(s) alto(s) de** the
  highest part of; **pasar por alto** to overlook;
  to omit
altura height; **a esas alturas** at that point, at
  that advanced stage
alumbrar to illuminate, light
alumno student

alzar to raise, lift
allá there; **allá arriba** up there; **mas allá de**
  beyond; **por allá** over there
allí there; **allí mismo** right there; **por allí** over
  there
amabilidad kindness
amable kind
amar to love
amanecer (zc) *v.* to dawn; to wake up (in the
  morning); *n. m.* dawn
amante *m.*, *f.* lover
amargo bitter
amarillento yellowish
amarrar(se) to tie, fasten
amazacotado stodgy; formless
ambiente *m.* environment; atmosphere; **medio
  ambiente** environment
ambos both
ambulante traveling
amenaza threat
amenazar to threaten
amistoso friendly
amonestar to reprove; to warn
amontonadero heap
amor *m.* love; sweetheart
amoratado black and blue
amoroso amorous
amplio ample; numerous
ampolla blister
ampollado blistered
amuleto amulet, charm
anca (*f.*, *but*: **el anca**) croup or haunch of a
  horse
ancho broad, wide
anda *int.* come on
andar to walk; to go, function; **andar** + *ger.* to
  have been (*doing something*); to go around
  (*doing something*); **andar a rastras** to go
  unwillingly; **andar en puntillas** to tiptoe
anegado flooded
anfitrión *m.* host
anhelante anxious, eager
anhelosamente anxiously
anillo ring
ánimo encouragement; **dar ánimos** to encourage; **estado de ánimo** mood, frame of mind
aniquilar to annihilate
anís *m.* anisette (licorice liqueur)
anoche last night
anochecer *v.* to get dark; *n. m.* nightfall, dusk
ansiedad anxiety
ansioso anxious
ante before, in front of; **ante todo** above all

anteayer *adv.* day before yesterday
antebrazo forearm
anteceder to precede
antenoche *adv.* night before last
anteojos eyeglasses
anterior previous; anterior, front
antes *adv.* before; previously; **antes de** before; **antes que** *conj.* before; **cuanto antes** as soon as possible
anticuario antique dealer
antigüedad antique
antiguo ancient; former
antipático unpleasant
antojársele (a alguien) to fancy; to seem (*to someone*)
antorcha torch
añadir to add
año year; **tener...años** to be . . . years old
apaciguar to pacify
apagadamente in a hushed tone
apagar to turn off, put out
aparato apparatus
aparcería partnership; sharecropping
aparcero partner; sharecropper
aparecer (zc) to appear
apartado remote, distant
apartar to separate; to push aside; **apartarse** to withdraw; to step aside
aparte de apart from, besides
apasionado passionate
apearse to dismount
apelotonado curled up into a ball
apellido last name
apenas barely, scarcely; **apenas si** scarcely, hardly
apio celery
aplastar to flatten, crush
aplicado studious
aplicar to apply
aplomo poise
apoderado attorney; manager
apoyar(se) to lean
apreciar to appreciate
aprender to learn
apresar to capture, take prisoner
apresurarse to hurry
apretar (ie) to tighten; to squeeze; to push
aprisa rapidly
aprovechador shrewd, opportunistic
aprovechar to take advantage, use profitably
apuntar to begin to appear
apurarse to hurry, make haste

apuro hurry, haste
arado plow
arameo Aramaic (Semitic language)
araña spider
árbol *m.* tree
arbusto bush
arder to burn
arena sand
argolla ring, hoop
armario wardrobe; cabinet
armazón *m.* frame
arnés *m.* harness; set of tools, equipment
arrabal *m.* slum
arrancada jerk; sudden start (*of car*)
arrancar to uproot; to tear off or away
arrastrar to drag
arrear to get going; to hurry up
arrebatado impetuous, rash
arreglar to arrange; to pack (*suitcase*)
arrellanar to make oneself comfortable
arrepentido: estar arrepentido to regret
arrepentirse (ie, i) to repent, regret
arriba up; **allá arriba** up there; **boca arriba** face up, on one's back
arriesgarse to take a risk
arrimar to place or bring near; **arrimarse** to approach
arrodillar to make (*someone*) kneel
arrojarse to throw oneself
arroyo stream
arroz *m.* rice
arrullar to lull
arrullo lullaby
artificio trick
arzobispado archbishopric
arzobispo archbishop
asar to roast
ascensor *m.* elevator
asco nausea; disgust
asegurar to assure; **asegurarse** to make sure
asemejarse to be alike
asentimiento consent, assent
asentir (ie, i) to assent
así so, thus; **así como** as soon as; **así de +** *adj.* this + *adj.* (*relating to size*)
asidero handle; handhold
asiento seat
asistir to attend
asoleado sunned, put in the sun
asomarse to lean out; to show oneself, appear before
asombrar to amaze, astonish
asombro surprise

asombroso astonishing
aspaviento fuss, excitement
aspecto aspect; appearance
áspero rough
astucia cleverness
asunto matter, affair
asustarse to be frightened
atabal *m.* tambour, drum
atado *n.* bundle; *p.p.* tied; restricted
atardecer *m.* late afternoon
atarearse to busy oneself
atención: prestar atención (a) to pay attention (*to*); **llamar la atención** to attract or draw one's attention
atender (ie) to pay attention (*to*); to attend (*to*)
aterrado terrified
atiborrar de to pack, cram with
atinar a + *inf.* to manage to (*do something*)
atractivo *n.* attraction
atraer *v.* to attract; *n.* attraction
atrapar to catch
atrás *adv.* behind; back; **hacia atrás** back, behind
atravesar (ie) to cross, go through; to pierce
atreverse to dare
atribuir to attribute
atroz atrocious
aturdir to daze; to confuse
audaz audacious
aullar to howl
aun even
aún yet, still
aunque although
auricular *m.* headphone
auscultar to listen (*often with a stethoscope*)
auto judicial decree or ruling
auxiliado *p.p.* aided, comforted
avance *m.* advance
avaricia greed
avaro greedy person
ave (*f., but*: **el ave**) bird
avergonzarse to be ashamed; to feel embarrassed
averiguar to find out, ascertain
avispa wasp
ayuda help
ayudar to help
azar *m.* hazard; chance
azaroso risky, hazardous
azotar to flog, whip
azotea flat roof
azufre *m.* sulphur
azulado *adj.* bluish, blue

B

baba *n.* drivel, slaver; slime
bailar to dance
baile *m.* dance; **pista de baile** dance floor
bajar to go down; to lower
bajo *adj.* low; *adv.* under, beneath
balanceo *n.* swinging, swaying
balazo shot
balcón *m.* balcony
baldado cripple
baldosa floor tile
baloncesto basketball
bananal *m.* banana grove
banano banana tree
bañarse to bathe
baño bathroom
barba beard
barco boat
barra bar, rod
barranco ravine, gully
barrer to sweep
barrio neighborhood
barro mud
bastante enough; rather
bastar to be sufficient, be enough
basura garbage
baúl *m.* trunk
beber to drink
bello beautiful
beneficiarse de to benefit from
berenjena eggplant
besar to kiss
beso kiss
bestiario medieval fables about animals
biblioteca library
bienes *m. pl.* goods
billar *m. sing.* billiards
bisabuelo great-grandfather
bizquear to squint
blanco white; **en blanco** blank
blancura whiteness
blando soft, tender
bloc *m.* writing pad
bobalicón *adj.* silly, foolish
boca mouth; **boca abajo** face down; **boca arriba** face up, on one's back
bocacalle *f.* intersection
bocado mouthful
bocanada puff (*of smoke, air*)
bocina megaphone
bochorno embarrassment
boda wedding
bodegón *m.* small restaurant

bola ball
bolígrafo ballpoint pen
bolsa bag; purse
bolsillo pocket
bombilla lightbulb
bondad goodness
bonito pretty
borbotones: a borbotones in a torrent, gush
borde *m.* edge; border
bordear to border; to approach
borrachera drunkenness
borracho drunk
borrar to erase
borravino winestain (color)
borroneado scribbled
bosque *m.* forest, woods
bostezar to yawn; to gape
bota boot; wineskin
botella bottle
botín *m.* half boot
botón *m.* button
brazo arm
breve brief
brillar to shine
brillo shine
brincar to skip, jump
brinco *n.* hop, jump, leap
brindar to offer; **brindar por** to drink a toast to
broma joke
bromear to joke
bronce *n. m.* bronze
brujo sorcerer, magician
bruma fog, mist
bruscamente brusquely, roughly; suddenly
brusco abrupt
buche *m.* mouthful; **hacer buches** to gargle
buen (bueno) good, kind; well-behaved; of good quality; **buen rato** good while
bueno *int.* well
buitre *m.* vulture
bulto bundle, package
bullir to move, budge; to bustle about
burbuja bubble
Burdeos Bordeaux (*city in France*)
burla joke, jest; insult
busca *n.* search
buscar to look for

C

caballete *m.* ridge (*of roof*)
caballo horse
cabaña cabin, cottage
cabaret *m.* cabaret, nightclub

cabecera: médico de cabecera attending physician
cabellera hair, head of hair
cabello hair
caber to fit
cabeza head; **cabeza abajo** upside down
cabida: dar cabida (a) to make room (*for*)
cabo: al cabo de at the end of, after; **al fin y al cabo** after all; at last
cabra female goat
cacerola saucepan
cacharro ordinary pot
cada each; every; **cada vez menos** less and less
cadena chain
caer to fall; **caer a plomo** to fall flat; **dejar caer** to drop, let fall
café *m.* café; coffee; **un café** a cup of coffee
cajero cashier
cajita small box
cajón *m.* large box; case; drawer
cal *f.* lime
calabozo dungeon; jail
caldo broth
calentar(se) (ie) to warm up
calentura fever
calidad quality
caliente warm; hot
calor *m.* heat; **hace calor** it's warm, hot (*weather*)
caluroso warm, enthusiastic
calvo bald
calzada wide road, highway
calzarse to put on footwear
calzoncillos underpants
callar(se) to be quiet
calle *f.* street
cama bed
camarero waiter
cambiar to change
cambio change; **a cambio** in exchange; **en cambio** on the other hand
camilla chaise longue; stretcher
caminar to walk
camino road; route; walk(ing); **en medio camino** halfway there
camisa shirt
campamento camp
campana bell
campaña campaign
campo field; countryside
camposanto cemetery
canasto narrow-mouthed basket
cancel *m.* screen; **cancel de tela** cloth screen

canción song
canela cinnamon
cangrejo crayfish; crab
cansancio weariness
cansarse to become tired
cantar to sing
cantidad quantity
canto song
cánula small reed; shaft (*of feather*)
caña cane, reed
capaz capable
capelo cardinal's hat
capellán *m.* chaplain; clergyman
capuchino Capuchin monk
cara face
carajo *int.* blast it
cárcel *f.* jail
cardenalato cardinalship
careta mask
carga load; worry
cargadores (*m.*) **elásticos** suspenders
cargar to carry; to load
cargo: hacerse cargo de to take over, take charge of
Caribe *m.* Caribbean
caricia caress
caridad charity
caritativo charitable
carne *f.* flesh; meat
carnero sheep; ram
carpintería carpentry; carpenter's shop
carrera career; route, run
carretera highway; route, run (*of a shipping line*)
carrito gurney (*wheeled cot*)
carta letter
cartera wallet
cartón *m.* cardboard
casarse to get married
cáscara rind; shell
casi almost
caso: hacer caso to pay attention
castigar to punish
castigo punishment
casualidad: por casualidad by chance
cataclismo cataclysm, catastrophe
catecismo catechism
caudal *m.* wealth
causa: a causa de because of
causante *m., f.* one who causes, originator
cautela caution
cauteloso cautious
cautiva capture

cautivar to capture
cautivo captive; imprisoned
cayado shepherd's staff, hook
caza hunt
cazador *m.* hunter
cazar to hunt
cebolla onion
cecina cured meat; jerky
ceder to give up
cegador blinding
cegar (ie) to blind
ceja eyebrow
cejar to withdraw
celda cell
celo jealousy
cena dinner
cenar to eat dinner
ceniza ash
cenizoso ashen
centro center; downtown
ceñido girded
ceñidor *m.* belt
cera wax
cerca *adv.* near(by); **cerca de** near
cerco fence, wall
cerebro brain
cerradero *n.* corral, sheep pen
cerrar (ie) to close
cerrazón *m.* fog
cerro hill
cerrojo bolt, latch
certeza certainty
cerveza beer
césped *m.* lawn
ciego *adj.* blind; *n.* blind man
cielo sky; heaven; ceiling; **cielo raso** ceiling; **hacer una raya en el cielo** to chalk one up
ciempiés *m.* centipede
ciénaga swamp
cierto certain; true
cine *m.* cinema; movie theater
cinto belt
circo circus
cita quote
ciudad city
clamar to clamor, cry out
claro *adj.* clear; *int.* of course; **claro que sí** of course
clasificar to classify
clavar to pierce
clave *n. f.* key; *adj.* key
clima *m.* climate
cloqueo clucking

coartada alibi
cobertizo lean-to; shed
cobijarse to take shelter or lodging; to cover oneself
cobrar to charge (*for a service*); to obtain, get back
cocina kitchen
cocinero cook
coche *m.* car
códice *m.* manuscript, codex
codicia greed, covetousness
codiciado coveted
coger to pick up; to take; **coger rabia** to get angry
cola tail; **hacer cola** to stand in line
colcha bedspread
colchón *m.* mattress
cólera anger; cholera
colgar (ue) to hang
colmar to fill up
colorete *m.* rouge
comedor *m.* dining room
comentario comment
comenzar (ie) to begin
comer to eat; **comerse** to eat up
comercio business
comicidad comicalness
comida food; meal; lunch
comisura corner
cómoda *n.* chest of drawers
cómodo comfortable
compaginar to arrange in order
compañero companion
compartimiento compartment
compensar to make up for
complejo *n.* complex
comportamiento behavior
comportarse to behave
comprar to buy
comprender to understand
comprensión understanding
comprobar (ue) to prove; to verify
compuesto sober, circumspect
concluir to conclude, finish
condena condemnation
condenado condemned
conducir (zc) to guide
conferencia meeting
confiado *adj.* trusting
confianza confidence
confiar to trust
conforme a in accordance with
confundir to confuse

confuso confusing
congoja anguish, grief
conjetura conjecture
conjeturar to conjecture
conjunto whole, entirety; group
conjurar to exorcise; to ward off
conmover (ue) to move (emotionally), touch
conocer (zc) to know, be acquainted with; to meet; **dar a conocer** to reveal
conocido *n.* acquaintance
conocimiento knowledge; consciousness
cono de hormigas anthill
conseguir (i, i) to get, obtain; **conseguir +** *inf.* to manage to (*do something*)
consejo piece of advice; *pl.* advice
consentir (ie, i) to consent
conservar to keep
conspiración conspiracy
constar to be clear, obvious
constatarse to prove to be
construir to construct
consuelo consolation
consumido emaciated
contagiarse de to become infected by
contar (ue) to count; to tell
contemporáneo contemporary
contento happy
contestar to answer
contiguo contiguous, adjoining
continuidad continuity
continuo: acto continuo immediately after
contra against
contradecir (i, i) to contradict
contraer to contract (*a disease*)
contrariar to annoy, vex
contrario opposite
contratar con to hire, engage
contrato contract
contribuir to contribute
contusión bruise, contusion
convenir (ie, i) to be suitable, convenient; to correspond, belong
convertir (ie, i) to transform, turn into
convulso convulsed
copa goblet; cup; drink; treetop; **echarse una copa** to have a drink
copal *m.* copal (*resin*)
copetín *m.* drink, cocktail
coraje *m.* courage, bravery; anger
corazón *m.* heart
corbata tie
cordal *m.* wisdom tooth
corona crown

corpulento fat
corredor *m.* corridor
correo mail
correr to run; to go
corriente *m.* current month; *f.* current (*of water*)
cortadura cut
cortar to cut
cortés courteous
cortesía courtesy
corteza bark
corto short
cosa thing
costado side; **de costado** *adv.* sideways
costar (ue) to cost; to be difficult
costear to enter; to come close to
costumbre *f.* custom; habit; practice; **de cos-tumbre** as usual
cráneo cranium
crear to create
crecer (zc) to grow; to increase
creciente growing, increasing
creencia belief
creer to think; to believe
creolina cleaning fluid
crepuscular of or at twilight
crepúsculo twilight, dusk, dawn
criadero breeding place
criado servant
criatura creature
crines *f. pl.* mane
crispado twitching, convulsing
cristal *m.* glass; crystal; pane of glass
criterio criterion
crónica chronicle
crucecilla small cross
crujido creak
cruz *f.* cross
cruzar to cross
cuaderno notebook
cuadra (city) block
cuadrado squared
cuadro painting
cualquier(a) any; anyone
cuanto *adv.* how much; **cuanto antes** as soon as possible; **en cuanto** as soon as; **en cuanto a** as for, in regard to
cuánto *adj.* how much, how many
cuartillo liquid measure of .504 liters
cuarto *n.* room; quarter (*hour*); *adj.* fourth
cubierto covered
cuchara spoon
cuchillo knife
cuello neck; collar

cuenta bill; **darse cuenta de** to realize; **por su cuenta** on its own
cuentista *m., f.* storyteller
cuento story, short story
cuerda rope
cuerdo sane; sensible
cuero leather
cuerpo body
cuervo crow; raven
cuestas: a cuestas on one's shoulders
cuestión matter; issue; question
cuidado *int.* be careful
cuidadosamente carefully
cuidar(se) to take care of (*oneself*)
culminante culminating, high
culpa guilt; fault; **echarse la culpa** to blame oneself; **tener la culpa** to be guilty
culpabilidad guilt
culto worship; cult
cumbre *f.* summit; top
cumplimiento performance
cumplir: cumplir...años to turn . . . years old; **por cumplir** as a courtesy
cuna cradle
cúpula dome
cura *m.* priest
currusco bread
cuyo whose

CH
chacra small farm
chalet *m.* summer house
chaparral *m.* grove of dwarf oaks
chapotear to splash the feet or hands with water
chaqueta jacket
charco puddle
charlar to chat
chico boy
chicotazo lash from a whip
chicotear *v.* to whip; *n.* whipping
chicharra cicada
chillar to scream
chirca cigarette butt; thin, worn-out horse
chirimía shwam (*double-reed wind instrument resembling the oboe*)
chirriar *v.* to sizzle, spatter; *m.* squeak
chopo rifle; black poplar
choque *m.* crash, collision
chorrear to gush, spurt
chorrete *m.* mark (*left by liquid*)
chozo small hut
chupar to suck

D

danza dance; dancing
danzante *m., f.* dancer
dañado damaged
dar to give; **dar a** to face; **dar a conocer** to reveal; **dar a entender** to lead one to believe; **dar ánimos** to encourage; **dar cabida (a)** to make room (*for*); **dar con** to meet, come upon; **dar en** to hit or strike on; **dar énfasis** to emphasize; **dar gritos** to shout; **dar paso a** to give way to; **dar tumbos** to stagger; **dar una vuelta** to take a stroll; **dar un paso** to take a step; **dar un puntapié** to kick; **dar vueltas** to turn, turn around; **darle la gana (a alguien)** + *inf.* to feel like (*doing something*); **darle los buenos días (a alguien)** to say good morning to someone; **darse cuenta de** to realize; **darse media vuelta** to turn half-way around; **darse prisa** to hurry
dato fact, piece of information
deán *m.* dean (*ecclesiastical*)
debajo *adv.* under, underneath; **debajo de** *prep.* under
deber must, should, ought; to owe
débil weak
debilidad weakness
decálogo Ten Commandments
decanazgo deanship
decano dean (*of a university*)
decepcionado disappointed
decir (i, i) to say, tell; **a decir verdad** to tell the truth; **es decir** that is to say; **querer decir** to mean
decisión: tomar una decisión to make a decision
decoro decorum
decoroso decorous, dignified
decreciente declining
decrepitud senility, old age
dedo finger; toe
dejar to let, allow; to leave; **dejar caer** to drop, let fall; **dejar de** + *inf.* to stop (*doing something*); **dejar frente a** to stop in front of; **dejarse** + *inf.* to let or allow oneself to be (+*p.p.*)
delante (de) before; in front, ahead (*of*); **por delante** in front, ahead
delantero *adj.* front
delator *adj.* accusing, denouncing; *n. m.* informer, denouncer, accuser
deletrear to spell
delgado slim
delicado delicate

delirar to be delirious; to rave, talk nonsense
delirio delirium
demarcado demarcated, with established limits
demás: los demás the others; the rest
demasiado too; too much
demonio demon
demorar to delay
demostrar (ue) to demonstrate, show
dentadura postiza *sing.* set of false teeth
dentro (de) inside; within
deparar to supply, provide
derecha *n.* right (*direction*); **a derechas** correctly, properly
derecho *n.* right (*legal*); *adj.* right (*direction*); **al derecho y al revés** frontwards and backwards; **estar en su derecho** to be within one's rights
deriva: a la deriva adrift
derramar(se) to pour out; to spread
derredor: en derredor de around
derretirse (i, i) to dissolve
derrotar to defeat
derruido demolished
desabotonarse to unbutton
desabrochar to unfasten, unbuckle
desacostumbrado unusual
desagradar to displease
desalentado discouraged
desalmado cruel, cold-blooded
desangrarse to bleed to death
desanimado disheartened, discouraged
desánimo discouragement
desapacible unpleasant
desaparecer (zc) to disappear
desaprobación disapproval
desarrollar to develop
desarrollo development
desasosegar (ie) to disturb, upset
desayuno breakfast
desbaratar to wreck, ruin
desbocado coarse, foul-mouthed
descalzo barefoot
descansar to rest
descanso rest
descargar to discharge, let loose
descascarado peeled (*of bark*); broken in pieces
descender (ie) to go down, descend
descolgar (ue) to take down
descolorido faded
desconcertado surprised, baffled
desconcierto confusion, bewilderment
desconfiar (de) to distrust

desconocido *adj.* unknown; *n.* stranger
descrito *p.p.* described
descubierto *p.p.* discovered; **al descubierto** exposed; openly
descubrir to discover
descuidar to abandon, neglect
desde from; since; **desde entonces** from that time on, since then; **desde hace** (+*period of time*) for (+*period of time*); **desde niño** from childhood; **desde que** *conj.* since; as soon as
desdén *m.* disdain
desdichado unfortunate; wretched
desdoblar(se) to split into several parts
desear to wish, want
desechar to reject
desembocar to empty, flow
desenfado diversion
desenlace *m.* end (*of story*)
desenterrar (ie) to unearth, dig up
deseo desire, wish
desesperado desperate
desesperar to exasperate
desfalco embezzlement
desfondado broken
desgajar to break away; to separate from
desganado unwilling, indifferent
desgarrador heart-rending
desgracia misfortune; mishap; disgrace
desgraciadamente unfortunately
deshacer to unmake; to undo; **deshacerse de** to get rid of
deshilachado frayed
deshinchar to reduce or relieve the swelling of
deshonra dishonor, disgrace
desierto deserted
desinteresado altruistic, disinterested
deslizar(se) to slip, slide; **deslizarse por** to slide down
desmantelado dilapidated
desmayo fainting spell
desmesuradamente wide
desmigajarse to crumble, break into pieces
desmontarse to be dismantled
desnudar to undress; to strip
desnudo nude, bare
desobedecer (zc) to disobey
desolado desolate
desorden *m.* disorder
desordenar to disarrange, make untidy
despacio slowly
despacito very slowly
despacho office

despatarrado fallen on the ground with legs wide apart
despectivo contemptuous
despedida *n.* farewell, leave-taking
despedirse (i, i) (de) to say good-bye (*to*)
despegarse to detach oneself
desperdigado scattered, separated
despertar (ie) to waken, awake; **despertarse** to wake up
despiadado pitiless, inhuman
despierto awake
desplomarse to collapse, tumble down
desplumado plucked (*fowl*)
despoblado deserted
despotricar to rant, rave
despreciar to scorn
desprecio scorn
desprenderse to come loose, become detached
desprestigio loss of prestige
desproporción disparity; lack of order or sense
desprovisto deprived
después (de) after, afterward; later
destacar to make stand out
destemplado loud
desteñirse (i, i) to fade
desterrado exile, outcast
destilar to drip with, ooze with; to distil
destinado: estar destinado a to be destined for
destino destiny
destruir to destroy
desvanecerse to disappear, vanish
desvanecido feeling faint
desvestirse (i, i) to undress
desviarse to turn off, go off
detalladamente in detail
detallado related in detail
detalle *m.* detail
detener(se) (ie) to stop
detenidamente thoroughly, in detail
detenido fainthearted, timid; dilatory
detras de behind
devolver (ue) to return (*an item*), send back
devorar to devour
diablo devil
diario *n.* newspaper; *adj.* daily
dibujar to draw
dibujo drawing
dictar to dictate
dicha happiness
diente *m.* tooth
dificil difficult
dificultosamente with difficulty
digna: por digna de worthy of

dignarse to condescend
dignidad dignity
diminuto diminutive
dinero money
dios (Dios) *m.* god (*God*)
dique *m.* dike, dam
dirigir to direct; to manage (*a business*); **dirigirse a** to go to; to address, speak to
disco disk; record
disculpa apology
disculparse to apologize
discurso speech
discutir to discuss; to argue
disfrutar de to enjoy
disimular to conceal
disiparse to dissipate
disminuir to diminish
disparatado foolish, silly
disparate *m.* foolishness; *pl.* nonsense
dispensador *m.* distributor
displicente unpleasant; disagreeable
disponer to get ready; to arrange; **disponerse a** to prepare oneself to
disponible available
dispuesto *p.p.* ready; willing
distinguir to distinguish
distinto different
distraído distracted
disyuntiva dilemma
divagación wandering, rambling
diván *m.* couch
diversión diversion; entertainment, amusement
divertido fun, entertaining
divulgarse to become known
dizque supposedly
doblar to turn; to bend; **doblarse** to bend down
doble double
doblegarse to yield, give in
dolencia pain; illness
doler (ue) to hurt, ache
dolor *m.* pain, ache
dolorido painful
dominar to dominate
dominio knowledge (*of a language*)
don *m.* gift; talent; *title of respect used with a man's first name*
doncella maiden
dorado golden
dormir (ue, u) to sleep; **dormirse** to fall asleep
dormitorio bedroom
dorso back (side)
dote *f.* dowry

duda doubt; **poner en duda** to put in doubt, cast doubt on; **sin duda** doubtless
duelo pain
dueño owner
dulce sweet; **agua dulce** fresh water
dulzón sweetish
duodeno duodenum
duplicarse to be duplicated
durar to last
dureza harshness
duro hard, harsh; rough

E

e and (*before words beginning with* **i** *or* **hi**)
eco echo
echado lying down
echar to throw, cast; to apply (*brakes*); **echar a** + *inf.* to begin, start to (*do something*); **echar mano de** to grab, seize; **echar una ojeada** to cast a glance; **echarle algo de comer (a alguien)** to give someone something to eat; **echarse la culpa** to blame oneself; **echarse una copa** to have a drink
edad age
edificio building
efectivamente in effect, indeed
efecto: en efecto really, actually
efectuar to effect
eficacia efficiency
eficaz efficient
efusión de sangre spilling of blood
egregio distinguished
ejecutar to execute
ejecutor executor
elásticos: cargadores (*m.*) **elásticos** suspenders
elegir (i, i) to elect, choose
embargo: sin embargo nevertheless
embarrado splashed with mud
emborracharse to become drunk
embotado blunt, dull; drowsy
embotellar to bottle
embromarse to loiter; to become damaged
embustero liar
emoción emotion; excitement
emotivo emotional
empaquetar to package, wrap
emparejar to match
empequeñecido reduced
empezar (ie) to begin
empleado *n.* employee; *p.p.* used, employed
emplear to use; to employ
empleo job; employment

emponzoñado poisoned; harmed, hurt
emprender to begin, undertake
empresa enterprise, undertaking
empujar to push
empujones: a empujones roughly
empuñadura hilt
encadenar to chain (up)
encallado bogged down
encantado haunted
encantamiento enchantment
encarcelar to put into jail
encargar to entrust; to ask (*someone*) to bring
(*something*); **encargarse de** to be in charge of
encargo task
encarnado pink, flesh-colored
encender (ie) to turn on (*lights*); to light
encerrar (ie) to shut in, lock in
encima (de) on top (*of*); **llevar encima** to
have with one; **por encima de** on top of; in
addition to
encogerse de hombros to shrug one's shoulders
encomendarse (ie) to entrust oneself
encontrar (ue) to find
encuentro meeting, encounter
enderezar to go straight (*for somewhere*); to
stand up straight; **enderezarse** to stand up
straight, straighten up
endurecido hardened
enemigo enemy
enfadado angry
énfasis: dar énfasis to emphasize
enfatizarse to be emphasized
enfermarse to become ill
enfermedad illness
enfermero nurse
enfermo *n.* sick person; patient; invalid; *adj.*
sick, ill
enfilar to go down or along (*the street*)
enfrentamiento confrontation
enfrentarse a to oppose
enfrente: enfrente de in front of; **de enfrente**
in front
enfrentito de right in front of
enfurecido enraged
engañar to deceive; **engañarse** to be deceived
engarruñado wrinkled
engullir to gulp down
enjuagar to rinse
enjuto thin
enloquecido de crazed with
enlutado dressed in black
enojar to anger

enorme enormous
enredar to entangle
enrevesado mischievous; nonsensical
enrojecer (zc) to redden; to blush
enrollado rolled up
ensalzar to exalt, glorify
ensangrentado bloody
enseñar to teach; to show
ensopado drenched
ensordecerse (zc) to become deaf
entender (ie) to hear; to understand; **dar a
entender** to lead one to believe; **entenderse** to get along; to be understood
entendimiento understanding
enterarse de to find out about
enternecimiento compassion
entero whole, entire; **por entero** entirely
enterrar (ie) to bury
entibiarse to become warm
entonces then, next; **desde entonces** from
that time on, since then
entornar to set ajar; to close partway
entrada entrance
entre between, among
entrecortado intermittent
entrega delivery; handing over; surrender
entretanto in the meantime, meanwhile
entretenerse to entertain oneself
entretenimiento game
entrever to see vaguely
entreverado intermixed
entrevista interview
entrevistado *n.* person being interviewed
entrevistador *m.* interviewer
entrevistar to interview
enviar to send
envidia envy
envidiar(se) to envy
envoltura cover, wrapping
envolver (ue) to surround; to wrap; to
cover
enyesado *adj.* in a plaster cast
epistolar *adj.* in the form of a letter
época epoch, era, age
equivocarse to make a mistake
erizarse to stand straight up
errante *adj.* wandering, rambling
errar to wander, stray; to make a mistake
esbelto svelte, slim
esbozar to sketch, outline
escalera stair; staircase
escalinata front steps (*of a building*)
escalofrío chill

escapulario scapular (*sleeveless outer garment falling from the shoulders, worn as part of a monk's habit*)
escarbar to scrape, dig
escarmiento warning, lesson
escaso scarce, few
escena scene
escenario stage, setting
escobazo: sacar a escobazos (a alguien) to kick (*someone*) out
escoger to choose
esconder to hide
escondidas: a escondidas hidden
escribir to write
escritor *m.* writer
escritorio desk
escuchar to listen (to)
escudero squire; nobleman
escuela school
escupidera spittoon
escurrirse to drip; to slide
esfuerzo effort; **sin esfuerzo** effortlessly
esfumarse to vanish
esgraciao (desgraciado) unfortunate
espalda back; **a la espalda de (alguien)** behind (*someone's*) back; **a sus espaldas** behind someone; **de espaldas** with one's back turned; backward
espaldarazo backing, support
espantar to frighten
espanto fright
espantoso frightening
especie *f.* species; type
espectáculo spectacle; show
especular to speculate
espejo mirror
espera wait, waiting; **salita de espera** waiting room
esperanza hope
esperar to wait for; to hope; to expect
espeso thick
espiar to spy
espina thorn
espinazo backbone, spine
espíritu *m.* spirit
esposado handcuffed
esposo spouse
espulgar to delouse (*to free of lice*)
esquina corner
esquinado corner
establecer (zc) to establish
estaca club
estadio stadium

estado state; **estado de ánimo** mood, frame of mind
estafar to swindle
estampido crash; explosion
estante *m.* bookcase; set of shelves
estaño tin
estaquear staked, pinned down
estar to be; **estar a punto de** + *inf.* to be about to (*do something*); **estar cuerdo** to be sane; **estar de acuerdo** to agree; **estar en su derecho** to be within one's rights; **estar loco** to be crazy
estatua statue
estatura height
estelar stellar
estera straw mat
estéril sterile, barren
estiércol *m.* manure
estilo style
estirar to stretch
estirón: a estirones with strong jerks, pulls
estirpe *f.* stock; lineage
estómago stomach
estorbo hindrance; nuisance
estratagema stratagem, scheme
estrechar la mano a to shake hands with
estrecho narrow
estrella star
estremecimiento shiver
estrepitoso noisy, deafening
estridencia stridence, shrillness
estropeado damaged
estuco stucco
estudio study
estudioso studious
estupefacción astonishment
estupefacto stupefied, astonished
etapa stage, step
evadir to avoid; to evade
evitar to avoid; **no poder evitar** + *inf.* not to be able to help (*doing something*)
exactitud exactness
eximir to exempt; to free
éxito success; **tener éxito** to be successful
experimentar to experience
expiración expiration, dying
explayarse to expiate, speak at length
explicación explanation
explicar to explain
exponer to expose, show
exposición exhibit
expresamente expressly, specifically
exprimir to squeeze out, wring out

extender(se) (ie) to extend; to spread
extensión extension; length
extinguirse to fade
extinto extinct
extranjero *n.* foreigner; *adj.* foreign
extrañar to miss, long for; to surprise
extraño *n.* outsider, stranger; *adj.* strange; foreign
extravío: con extravío confusedly
extremadamente extremely

F
fábrica factory
fabricante *m.* manufacturer, maker
fabricar to manufacture
faceta side, aspect
fácil easy
facultad school (*in a university*)
faja belt, girdle
falsete *m.* falsetto
falta lack
faltar to be lacking, missing; **faltarle a uno** not to have; to need
fallecer (zc) to die
fallecimiento death
fama rumor
fantasma *m.* ghost
farmacia pharmacy
farsa farce
fascinar to fascinate
fastidiar to annoy, irritate
fatal fatal; unavoidable
fatigado tired
fatigoso wearying; annoying
favorecer (zc) to favor
fe *f.* faith
fecha date
fechado dated
felicidad happiness
feliz happy
feo ugly
feria fair
fermentar to ferment
festejar to laugh at
ficticio fictitious
ficha form; index or filing card
fichero filing cabinet
fiebre *f.* fever
fierro iron
figura figure, shape; face
fijamente attentively
fijar to establish; **fijarse (en)** to pay attention (*to*); to notice

fijo fixed
fila row, line
filtrarse to filter
fin *m.* end; **a fines de** at the end of; **al fin** finally; **al fin y al cabo** in the end, when all is said and done; **por fin** finally; **sin fin** endlessly
final *n. m.* end; *adj.* final, last
finca farm
fingir to pretend
finlandés *adj.* Finnish
fino fine
firma signature
firmar to sign
flaco skinny
flauta flute
fleco fringe
flojera idleness, laziness; weakness
flojo lazy; weak
flor *f.* flower
florecer (zc) to bloom
florido covered with flowers; choice, select
flotante floating
fogata bonfire, blaze
fondo bottom; back; background; essence; content
fórmula set phrase
foro forum; tribunal, court
fortalecer (zc) to strengthen
fósforo match (*for igniting*)
fracasar to fail
frasco bottle
frase *f.* phrase; sentence
fray *m.* Brother (*used before the name of clergy of certain religious orders*)
frenar to brake
freno brake
frente *f.* forehead; **de frente** from the front; **(de) frente a** facing; **dejar frente a** to stop in front of
fresa dentist's drill
fresco fresh; cool
frescura freshness, coolness
frío cold; **hace frío** it's cold (*weather*)
friso frieze (*architecture*)
frito fried
frotar to rub
fuego fire
fuente *f.* fountain
fuera outside
fuerte strong; powerful
fuerza strength; force
fugaz fleeting, brief

fulguración flash
fulgurar to sparkle
fumar to smoke
funda case, cover
fúnebremente gloomily
fútbol *m.* soccer

G

gabinete *m.* (*dentist's*) office
gafas eyeglasses
gallera coop for fighting cocks
gallina hen
gallinazo turkey buzzard
gallinero hencoop, henhouse
gallo rooster
gana desire; **darle la gana (a alguien)** + *inf.* to feel like (*doing something*); **tener ganas de** + *inf.* to feel like (*doing something*)
ganado cattle, livestock
ganar to win; to gain, overtake; to win (*someone's*) support; **ganarse** to win; to earn; **ganarse el pan** to earn a living
garganta throat
garrapata tick, chigger
garrote *m.* club, stick
gastar to spend
gatas: a gatas on all fours
gatillo trigger; dentist's forceps
gato cat
gaucho gaucho (*Argentine cowboy*)
gaveta drawer
gavilán *m.* sparrow hawk
gemelos de teatro opera glasses
gemido groan
gente *f. sing., pl.* people
gerencia management
gerente *m., f.* manager
gesto gesture
gigante *adj.* giant
gigantesco gigantic
gemir (i, i) to groan, moan
gimnasia gymnastics
gimnasio gymnasium
girar to spin around, rotate
girasol *m.* sunflower
glacial icy, freezing
goce *m.* pleasure
golondrina swallow (*bird*)
golosamente greedily
golpe *m.* blow; **de golpe** suddenly
golpear to beat, strike
gollete *m.* neck (*of bottle*)
goma rubber

gordo fat; thick
gordura fatness, plumpness
gotear to drip
gótico Gothic
gozar de to enjoy
grabación recording
gracia grace; wittiness; *pl.* thank you
gracioso funny
grama Bermuda grass
gramilla grass lawn
gran(de) great; big
grandeza grandeur
granero grain loft, barn
grasiento oily; grimy
grato pleasant; free
grave *adj.* grave, serious
gravedad seriousness
graznar to caw, croak
grieta crack, crevice
grisáceo grayish
gritar to shout
grito shout
grosero crude, vulgar
grueso thick
guapo handsome, pretty
guardapolvo dust cover
guardar to keep, save
guardia *m., f.* guard; **en guardia** on guard
guerra war
guerrera high-buttoned tunic, jacket
guerrero warrior; soldier
gusano worm
gustarle a uno to like (*to be pleasing to one*)
gusto taste (*aesthetic discernment*); pleasure; **a (su) gusto** as one wants or wishes; **con gusto** gladly, with pleasure

H

haber to have (*auxiliary v.*); to exist (*inf. of* **hay**); **haber de** + *inf.* to have to, must (*do something*); **hay que** + *inf.* to be necessary to (*do something*)
hábil skillful
habitación room; bedroom
habitante *m., f.* inhabitant
habitual usual
hablar to speak, talk
hacer to do; to make; **desde hace** + *tiempo* for (*a period of time*); **hace** + *tiempo* (*time period*) ago; **hace calor/frío** to be hot/cold (*weather*); **hacer buches** *m.* to gargle; **hacer caso** to pay attention; **hacer cola** to stand in line; **hacer el juego** to go together, match;

hacer la siesta to take a nap; **hacer un papelón** to make a fool of oneself; **hacerle caso (a alguien)** to pay attention to someone; **hacerse** to make, become; **hacerse cargo de** to take over, take charge of
hacia toward; **hacia abajo** downward; **hacia adelante** forward; **hacia adentro** inside; **hacia atrás** backward
hallar to find; to discover
hambre *f.* hunger; **tener hambre** to be hungry
hambriento hungry, longing
hasta *prep.* until; up to; as far as; *adv.* even; also; **hasta que** *conj.* until
hebra thread; layer
hecho fact; action; event
helado frozen
helar (ie) to freeze
herencia inheritance
herida *n.* wound
herido *p.p.* wounded
hermético secretive
hermoso beautiful
herramienta tool
hervidero crowd, swarm
hervir (ie, i) to boil
hielo ice
hierba grass
hierro iron; **hierro de marcar novillos** branding iron
hilacha strand
hilo thread
hincarse to kneel down
hinchado swollen
hiperbólico hyperbolic, exaggerated
hipo hiccup
historia history; story
hogaza large loaf of bread
hoguera bonfire
hoja leaf; blade; sheet (*of paper*)
hojarasca rubbish; fallen leaves
hombro shoulder; **encogerse de hombros** to shrug one's shoulders
homenaje *m.* homage
hondo deep; profound
hora hour; time
horcajadas: a horcajadas astride, straddling
horcón *m.* pitchfork; forked prop (*for trees or vines*)
hormigas: cono de hormigas anthill
horno oven
horrorizar to horrify
hortalizas vegetables, garden produce
hotelero innkeeper

hoy today
hucha piggybank
hueco hole; hollow; opening
huele (*from* **oler**) it smells
huelga strike
huérfano orphan
hueso bone
huevo egg
huidizo evasive
huir to flee
humedad dampness
humedecido dampened
húmedo humid; wet
humo smoke
humor *m.* humor; mood
hundimiento sinking; collapse
hundir to plunge; **hundirse** to sink
hurgar to poke, rummage

I

ida departure; **de ida** leaving
idioma *m.* language
idisch Yiddish
iglesia church
ignorar to ignore; not to know
igual equal; same; **(me) pasa igual** the same thing happens (*to me*); **tenerlo igual** to have one like it
iluminarse to be lit up
imagen *f.* image
impasible impassive, unfeeling
imperio pride, arrogance
impertérrito bold, fearless
impiedad irreverence
implicar to imply
imponer to impose, require
importar to matter, be important
importuno inopportune one; bothersome one
impostura fraud, imposture
impresionar to impress
imprevisto unforeseen
improcedente inappropriate; contrary to law
inadvertido unnoticed
incansable tireless
incapaz incapable
incauto *n.* unwary person; *adj.* heedless
incendiarse to catch fire
inclinado leaning; inclined
incluir to include
incluso even; including
incomodar to make uncomfortable
incómodo uncomfortable
incomodidad discomfort

incomprensible incomprehensible
inconexo disconnected
inconfundible unmistakable
inconveniente *m.* disadvantage
incorporarse to sit up
increíble unbelievable, incredible
indicar to indicate
índice *m.* index finger
indígena *m., f.* native
indignado indignant, outraged
indigno despicable
indio Indian
índole *f.* kind, type
indolencia apathy; laziness
ineludiblemente inevitably
inerte inert, motionless
inesperado unexpected
inexplicable unexplainable
infaltable ever-present
infame infamous; disgusting
infamia infamy; disgrace
— **infantil** *adj.* child
inferior lower
infernal infernal, hellish
infierno hell
ínfimo smallest; humblest
influir to influence
informe *m.* report; piece of information
ingenioso ingenious
ingenuidad naiveté
ingerir (ie, i) to ingest
iniciar to initiate
injuriar to insult
inmóvil immobile; fixed, set
inmovilidad immobility
inmutarse to become or look worried
inquietante disturbing
inquietar to disturb
inquietud uneasiness, discomposure
insatisfecho dissatisfied
inscribirse to enroll; to register
insensible insensitive
insípido dull, lifeless
insolación sunstroke
insoportable unbearable
insoslayable inescapable
insospechado unsuspecting
instancia request; **de primera instancia** right from the start
instantáneo instantaneous
instante *m.:* **(a) cada instante** every moment; **al instante** immediately
intemperie *f.* inclemency (*weather*)

intentar to try, attempt
intento attempt
interesado interested party or person
interlocutor *m.* speaker
interminable endless
interrogante *adj.* questioning
intervenir (ie, i) to intervene
íntimo *n.* close friend; *adj.* intimate
inútil useless
inverso opposite, reverse
invierno winter
ir to go; **ir** + *ger.* to be beginning to (*do something*); **irse** to leave, go away; **vaya** + *n. int.* what a (*n.*)
irrealidad unreality
irritante irritating
irritar to irritate, annoy
irrumpir to burst in
izquierda *n.* left (*direction*)
izquierdo *adj.* left (*direction*)

J

jadeante panting
jadear to pant
jamaiquino *n.* Jamaican
jamás never
jardín *m.* garden
jaula cage; cell
jefe *m.* boss
jodidos: estar de jodidos (*coll.*) to be screwed
jornal *m.* day's work
joven *n. m., f.* young person; *adj.* young
joyería jewelry store
juanete *m.* bunion
juego game; play; **hacer el juego** to go together, match
jugador *m.* player
jugar (ue) to play
juicio judgment; sanity; trial
juntar to unite; **juntarse** to meet
junto *adv.* together; *adj. pl.* together; **junto a** near, next to; **junto con** along with
juntura joint
jurar(se) to swear
justificar to justify
juventud youth
juzgar to judge

L

laberíntico labyrinthic
laberinto labyrinth
labio lip
labrado carved; engraved

labrador *m.* farmer; peasant
Lacroze *m.* bus
ladera hillside, slope
lado side; direction; **al lado de** next to; **a uno y otro lado** to one side and another; **de al lado** beside, next door; **de un lado para otro** from one place to another; **por todos lados** everywhere; on all sides
ladrar to bark
ladrido barking
ladrón *m.* thief; **ladrón de puños** strong-arm thief
lago lake
lágrima tear
lamerse to lick
lana wool
lanzar to hurl, throw; to emit (*a sigh*); to let loose
lápida gravestone
largamente at length
largo long; lengthy; **a largo plazo** long-term; **a lo largo de** along, throughout; **largo rato** a long while; **pasar de largo** to pass by
lástima pity
lastimar to injure, hurt
lastimoso pitiful
lateral *adj.* side
latido beat, heartbeat
látigo whip
latir to beat, throb
lavar to wash
lealtad loyalty
lector *m.* reader
lectura reading
lecho bed
leer to read
legado legacy
legaña sleep
legua league
legumbre *f.* vegetable
leitmotivo leitmotif (*recurring theme*)
lejano *adj.* far-off, distant
lejos (de) far, far away (*from*); **a lo lejos** in the distance
lengua tongue; language; **no ser de buena lengua** to have a harsh tongue
lento slow
leñador *m.* woodcutter
leproso leper
letra handwriting
levantar to lift up, raise up; **levantarse** to get up
leve light, slight
léxico lexicon

ley *f.* law
liar to roll (*a cigarette*)
libertad: poner en libertad to set free
libre free; **al aire libre** outdoors
libro book
licenciado lawyer; university student; licentiate, holder of a Masters degree
ligarse to unite, bind together
ligero light, slight
limpiar to clean; to wipe
limpio clean
lindo pretty
línea line
liso smooth
lista *n.* list
listo *adj.*: **ser listo** to be clever, intelligent
lobo wolf
localizarse to be located
loco *n.* crazy person; *adj.* crazy; **estar loco** to be insane
locura madness, insanity
locutor speaker
lodazal *m.* quagmire, mudhole
lodo mud
lograr to achieve, attain; **lograr** + *inf.* to manage to, succeed in (*doing something*)
loma slope
loro parrot
losange *m.* diamond-shaped ornament
loto lotus
loza porcelain
lucidez *f.* clarity
lucha battle
luchar to fight
lúdico playful
luego then, next; soon; at once
lugar *m.* place; **tener lugar** *m.* to take place
lumbrada bonfire
lumbre *f.* light; fire
luminaria *sing.* sanctuary lights
luna moon; **luna de miel** *f.* honeymoon; **pensar en la luna** to have one's head in the clouds
lustroso shiny
luto: de luto in mourning
luz *f.* light; **primera luz** direct light

LL

llaga wound
llama flame
llamar to call, name; **llamar la atención** to attract attention; **llamarse** to be named
llano plain, prairie

llanto cry, crying, sobbing
llanura plain, prairie
llave *f.* key
llegada arrival
llegar to arrive, reach, get, come; **llegar a +** *inf.* to manage, get to (*do something*); **llegar a ser** to become
llenar to fill (*up*); to fill out
lleno full
llevar to bring; to carry; to wear; to take; to lead (*to*); to lead away, carry off; to have spent (*amount of time*); **dejarse llevar** to let oneself be carried away; **llevar encima** to have with one; **llevarse** to take away, take with one; **llevarse (bien)** to get along (*well*)
llorar to cry
lloriqueo whimpering, whining
llover (ue) to rain
lluvia rain

M

macanear to talk nonsense or rubbish
maceta flowerpot
macizo strong
madera wood
madrugada dawn
madrugador *m.* early riser
maestro teacher, master
magia magic
magnánimo generous
magnificarse to be magnified
magnífico magnificent
maíz *m.* corn
mal *adv.* badly; *adj.* (*short form of* **malo**) bad; *n. m.* illness
malacara horse with a white spot on the forehead
maldecirse (i, i) to curse oneself
maldito accursed, damned
malestar *m.* malaise, uneasiness
maleta suitcase
malhumor *m.* ill humor
malignidad intense ill will; great malice
malo bad; ill
maltratado mistreated
malva mallow (*plant*)
malvo mauve-colored
mancha stain, spot; **la Mancha** region of Spain
manchar to stain
mandadero messenger
mandar to send; to order; **mandar a paseo** to send packing
mandíbula jaw; jawbone

manejar to handle, manage
manejo handling
manga sleeve; **en mangas de camisa** in shirt sleeves
mango handle
manicomio insane asylum
maniobra maneuver
mano *f.* hand
manso mild
mansedumbre *f.* meekness
manta blanket
mantener (ie) to maintain, keep
manto mantle, cloak
manzana (city) block
mañana tomorrow; morning
máquina machine
mar *m.* sea
maravilloso marvelous
marcado marked; stressed
marcar to dial (*a phone number*); **hierro de marcar novillos** branding iron
marco background, setting
marcha march; progress; walk; **poner en marcha** to start (*engine*)
marchar to march, walk
marchito withered, faded
mareado nauseated, dizzy
mareo nausea; dizziness
marido husband
marinero sailor
marino *adj.* marine
mariscos *pl.* shellfish
marisma salt marsh
mármol marble (*stone*)
más more; most; any longer; **más allá de** beyond; **más bien** rather
matar to kill
matiz *f.* hue, tint, shade
maya *adj.* Mayan
mayor *adj.* older, oldest; greater, greatest; larger, largest; **en su mayor parte** for the most part
mayordomo steward; foreman
mayores *n. m.* adults
mayoría majority
mazmorra dungeon
media stocking
mediados: a mediados de in the middle of
mediano average, mediocre
medianoche *f.* midnight
médico doctor
medida measure, means; measurement; step; **a medida que** at the same time as

medio *n.* middle; environment; *pl.* means; *adj.* half; half past (*with time*); **a medias** half; **a medio cerrar** half closed; **darse media vuelta** to turn halfway around; **en medio camino** halfway there; **en medio de** in the middle of; **medio ambiente** environment; **por medio de** by means of

mediodía *m.* noon

medir (i, i) to measure

mejilla cheek

mejor better; best; **a lo mejor** perhaps

menester: ser menester to be necessary

menguante waning (*moon*)

menor *m.*, *f.* minor; *pl.* children

menor *adj.* minor; younger, youngest; smallest; slightest; lesser

menos less; except; least; **por lo menos** at least

mente *f.* mind

mentir (ie, i) to lie

mentira lie

mentón *m.* chin

menudo minute, small; **a menudo** often

mercader *m.* merchant, dealer

mercado market

merced *f.* favor, help

merecer (zc) to deserve

mero nearly

mes *m.* month

mesa table

metáfora metaphor

metálico: red metálica screen

meter to put; to insert; **meterse a** + *inf.* to take it upon oneself to (*do something*); **meterse en** to get mixed up in; **metersele a uno en la cabeza** to get it into one's head

metro meter

mezclarse to get mixed up

mezquino mean, stingy

miedo fear; **tener miedo** to be afraid

miel *f.* honey; **luna de miel** honeymoon

miembro member

mientras while

milagro miracle

militar *adj.* military

mimos *pl.* pampering, indulging

miope *n. m.*, *f.* near-sighted person; *adj.* myopic

miopía near-sightedness

mirada *n.* look; **echar una mirada** to take a look at; **mirada de reojo** look out of the corner of one's eye

mirar to look (*at*), watch, observe; **mirar de través/soslayo** to look at out of the corner of one's eye

mirlo blackbird

mirra myrrh

misa Mass (*religious*)

misericordia mercy, compassion

mismo same; myself, yourself, herself, himself, itself, ourselves, yourselves, themselves; very; **ahora mismo** right now; **allí mismo** right there

mitad half; middle; center

mitigar to mitigate, alleviate

modismo idiom

modo manner, way; **de modo que** so that; **de todos modos** at any rate

modorra drowsiness

mohoso rusty

mojarse to wet, moisten

molde *m.* mold, cast

moler (ue) to pulverize

molestar to bother

molestia: tomarse la molestia de + *inf.* to take the trouble to (*do something*)

molesto annoyed, bothered

molido *adj.* ground

momentáneo momentary

momento moment, minute

moneda coin

monísimo very cute or amusing

monótono monotonous

monstruo monster

montar to mount, get on top of

monte *m.* mountain, mount

montón pile; stack

morado purple

morderse (ue) to bite

moreno dark-haired; dark-complected

moribundo dying person

morir(se) (ue, u) to die

mortificar to irritate; to mortify

mortuorio pertaining to a burial or the dead

mosca fly

mostrador *m.* counter

mostrar (ue) to show

motivar to motivate

moto(cicleta) motorcycle

mover(se) (ue) to move

movimiento movement

muchedumbre *f.* crowd

mudar to move

mudo mute, silent

muebles *m. pl.* furniture

muela molar (*tooth*)

muerte *f.* death

muerto *n.* dead person; *adj.* dead

mugido moo (*of a cow*)
mujer *f.* woman; wife
muladar *m.* dunghill, rubbish heap
mulo mule
multiplicarse to multiply
mundo world; **por nada del mundo** not for (*anything in*) the world
municipio municipality; town; town hall
muñeca wrist; doll
muralla wall
murciélago bat
murmullo murmur
murmurar to murmur, mutter
muro wall
museo museum
musitar to mutter; to whisper
muslo thigh

N

nacer (zc) to be born; to sprout; to appear
nacido: recién nacido newborn
nada nothing, (*not*) anything; not at all; **por nada del mundo** not for (*anything in*) the world
nadie no one; (*not*) anyone
nariz *f.* nose; nostril; **sonarse la nariz** to blow one's nose
narrar to narrate
naturaleza nature
naufragio shipwreck
náufrago shipwrecked person
nave *f.* ship
navegante *m., f.* navigator
neblina fog
necesitar to need
necio foolish; stubborn
nefasto ominous
negar (ie) to deny; **negarse a** + *inf.* to refuse to (*do something*)
negocio business, transaction, affair
ni nor; not even; **ni...ni** neither . . . nor; **ni siquiera** not even
nido nest
niebla fog, mist
nieto grandson
nieve *f.* snow
ningún (ninguno) *adj.* not any; no; *pron.* none; no one
niñerías *pl.* childish behavior
niño: desde niño from childhood
nivel *m.* level
noche *f.* night; **de noche** at night
nombramiento appointment; nomination

nombrar to name
nombre *m.* name
nopal *m.* nopal cactus
noruego *n.* Norwegian; Norwegian language
notar to note, notice, observe
noticia (*sing. or pl.*) news; information
novedad novelty
novelesco fictional
novenario period of nine days of prayer or mourning
novia bride; fiancée; girlfriend
novillos: hierro de marcar novillos branding iron
novio groom; fiancé; boyfriend; *pl.* newlyweds; sweethearts
nube *f.* cloud
nuca nape (*of the neck*)
nudillo knuckle
nuevamente again
nuevas *n.* news
nuevo *adj.* new; **de nuevo** again
nunca never, not ever; **ya nunca** never again

O

obispado bishopric
obispo bishop
obligar to obligate, force
obra work
obrar bien to do good works
obrero worker
obsequiar to compliment
obstante: no obstante nevertheless
obstinación obstinacy
obtener (ie) to obtain
ocasión occasion; opportunity
ocote *m.* torch pine
ocultar to hide
ocupar to occupy, take up
ocurrir to occur, happen; **ocurrírsele (a alguien)** to come to (*someone's*) mind, occur to someone
odiar to hate
odio hatred
oeste *m.* west
oferta offer
oficina office
oficio occupation, work; position
ofrecer (zc) to offer
ofuscado confused; blinded
oído (*inner*) ear
oír to hear; **oír decir** to hear (it) said
ojeada glance; **echar una ojeada** to cast a glance

ojo eye; **vendar los ojos** to blindfold
oleada wave, surge
oler (ue) to smell; **oler a** to smell like
olor *m.* odor; smell
olvidar to forget; **olvidársele a uno** to forget
ombligo navel (*anatomy*)
ómnibus *m.* bus
onda wave (*ocean*)
opaco opaque
opalino iridescent
operar to operate (*on*)
opinar to think, have an opinion
oprimido pressed, squeezed
oprobio shame, disgrace
optar por + *inf.* to opt to (*do something*)
opuesto opposite
oración sentence
orden *m.* order (*e.g., chronological*); *f.* order (*command*); **a la orden** at your orders *or* service
ordenar to order (*e.g., chronologically*); to command
oreja (*outer*) ear
organismo body
orgullo pride
orgulloso proud
oro gold
oscurecer (zc) to obscure; to get dark; **oscurecerse** to become dark
oscuridad darkness
oscuro dark
otoñal autumnal
otoño autumn
otro *n. and adj.* other, another; **a uno y otro lado** to one side and another; **uno que otro** one or another
oye *int.* hey
oyente *m., f.* listener

P

pabellón *m.* pavilion
pacer (zc) to pasture, graze
padecer (zc) to suffer
padre *m.* father; priest
pagar to pay (*for*)
paisaje *m.* landscape
pájaro bird
pajarraco ugly bird
pajizo thatched with straw
palabra word
pálido pale
palmadita slap
palmear to pat

paloma dove
palos: a palos with blows from a stick
palpitar to quiver
pan *m.* bread; **ganarse el pan** to earn a living
pantalón *m.* (*sing. and pl.*) pants
pantano swamp, marsh
pantufla slipper
pañuelo handkerchief
papa *m.* pope
papado papacy
papel *m.* paper; role
papeleta difficult matter
papelón: hacer un papelón to make a fool of oneself
papilla soft food
paquete *m.* package
par *m.* pair; **de par en par** wide open
parado standing (*up*); motionless
paradoja paradox
paraguas *m. sing.* umbrella
parangón *m.* parallel, comparison
parapetarse to protect oneself, hide
parar to stop
parasitario parasitic
parecer (zc) to appear, seem; to look like; **al parecer** apparently
parecido similar
pared *f.* wall
pareja pair
pariente *m.* relative
parpadear to blink
párpado eyelid
párrafo paragraph
párroco parish; parish priest
parsimonia discretion
parte: en su mayor parte for the most part; **de todas partes** from everywhere
particular particular; special, peculiar
partida *n.* departure
partido *n.:* **sacarse partido de** to profit from
partir to leave; to split; **a partir de** as of, from
pasada: mala pasada mean trick
pasadizo corridor; alley
pasado *n.* past
pasar to pass; to cross, go through; to happen; to spend (*time*); to elapse; to move, take; **(me) pasa igual** the same thing happens (*to me*); **pasar de largo** to pass by; **pasar por alto** to overlook; to omit
pasear(se) to go for a walk
paseo walk; avenue; **mandar a paseo** to send packing
pasillo passage, corridor

pasividad passiveness
paso step; walk; **abrirse paso** to force one's way; **al paso** in passing; **dar paso a** to give way to; **dar un paso** to take a step; **de paso** in passing
pasta *sing.* makings, qualities
pastor *m.* pastor; shepherd
pastorear to shepherd, pasture; to minister
pata foot (*of an animal*)
patata potato
patear to kick
patetismo suffering
paulatinamente little by little
pausar to interrupt
pavada flock of turkeys
pavimento pavement
pavoroso terrifying
paz *f.* peace
pecado sin
pecar to sin
pecho chest
pedalear to pedal
pedazo piece, fragment; **a pedazos** in pieces
pedido request
pedir (i, i) to ask for, request
pedregoso stony
pedregullo soil
pegajoso sticky, adhesive
pegar to stick; to hit, beat; **pegar un tiro** to shoot
pelado bare; hairless
peldaño step (*of a staircase*)
película film
peligro danger
peligroso dangerous
pelo hair
peludo hairy
peluquería hairdresser's shop
penca fleshy leaf (*of cactus*)
pendiente *n. f.* slope; *adj.* hanging
pensamiento thought
pensar (ie) to think; **pensar** + *inf.* to plan to (*do something*); **pensar en** to think about
pensativo pensive; absorbed
pensión boardinghouse
penumbra semi-darkness
peor worse, worst
pequeño small; little
percance *m.* misfortune
percibir to perceive
percha hanger
perchero clothes hanger or rack

perder (ie) to lose; to spoil; **tener tiempo que perder** to have time to lose
perdiz *f.* partridge
perdón (*m.*): **con perdón** by your leave
peregrinación pilgrimage
peregrino pilgrim
perejil *m.* parsley
perfil *m.* profile
pericote *m.* large rat
periódico newspaper
periodista *m., f.* journalist
perlarse de to become beaded with
permanecer (zc) to remain
permear to permeate
permiso permission
perplejo perplexed
perro dog
perseguidor *m.* pursuer
perseguir (i, i) to pursue
personaje *m.* character (*in a story*)
personal *n. m.* staff; *adj.* personal
pertenecer (zc) to belong
pesada heavy; massive
pesadilla nightmare
pesar to weigh; **a pesar de** in spite of
pésimo very bad
peso peso (*unit of currency*)
pestaña eyelash
peste *f.* stench; evil
pétalo petal
petate *m.* straw sleeping mat; bedroll
piadoso pious
piapiá daddy
picadura (*insect*) bite
pícaro roguish
picotear to peck
pie *m.* foot; **ponerse de pie** to stand up
piedad piety
piedra rock
pierna leg; **dormir a pierna suelta** to sleep like a log
pieza room; piece
pileta swimming pool
pimentón *m.* paprika
pino pine
pintar to paint
pinzas forceps
pisar to step
piso floor; apartment
pisotón *m.* stamp, heavy tread on someone's foot
pista de baile dance floor
pitillo cigarette

pito chirping
piyama *sing.* pajamas
placenteramente pleasantly
placer *m.* pleasure
planchar to iron
planear to plan
plano *n.* plane, surface; *adj.* flat; **de plano** lying flat
plantear to raise or pose (*a question, issue*)
plata silver; money
plato plate, dish
playa beach
plazo: a largo plazo long-term
plegaria prayer, supplication
pleno full; **en pleno** + *n.* in the middle of + *n.*
pletórico overfull
plomo lead; **a plomo** high overhead (*sun*); **caer a plomo** to fall flat
pluma feather
pobre *n. m., f.* poor person; *adj.* poor
poco little; *pl.* few; **poco a poco** little by little; **por si fuera poco** as if that weren't enough; **un poco** a little bit
poder (ue) *v.* to be able; *n. m.* power
podrido rotted, rotten; putrid
poesía poetry
polea pulley
policial pertaining to police; detective (*novel*)
polvareda cloud of dust
polvo dust; powder
polvoriento dusty
pomo vial
poner to put, place; **poner al tanto de** to bring up to date about; **poner cara de** + *n.* to put on an air of + *n.*; **poner en duda** to doubt; **poner en libertad** to set free; **poner en marcha** to start (*engine*); **poner la mesa** to set the table; **poner término a** to put an end to; **ponerse** to become; to put on (*clothing*); **ponerse a** + *inf.* to begin to (*do something*); **ponerse de pie** to stand up
pontífice *m.* pontiff
por ahí over there; **por allá** over there
porche *m.* porch
porfiado persistent
pormenor *m.* detail
portador *m.* bearer, carrier
portal *m.* entrance
portería doorkeeper's lodge or office
portero doorkeeper, concierge
porvenir *m.* future
posar to rest, settle
poseer to possess

poste *m.* post, pole
postergar to postpone; to hold back (*a promotion*)
postiza: dentadura postiza set of false teeth
postrero last, final
potrero cowboy looking after colts; cattle ranch; pasture ground
pozo well
practicar to practice
precioso precious
predecir (i, i) to predict
predominar to predominate
preferido favorite
prefiguración foreshadowing
pregonar to proclaim
pregunta question
preguntar to ask a question; **preguntarse** to wonder
prelado prelate
premio prize
prender to catch; apprehend
prendido *p.p.* turned on (*light or candle*)
prensa press; newspaper
preocupante *m., f.* worrier
preparativo preparation
presentar to present; to introduce
presión pressure
prestar to lend; to render; **prestar atención (a)** to pay attention (*to*)
presumido vain
pretender (ie) to try to
pretendiente *m., f.* candidate; suitor
prevenido careful
prevenir (ie, i) to prevent
previsto foreseen
primado primate (*ecclesiastical*)
primavera spring
primer (primero) first; **a primera vista** at first sight; **primera luz** *f.* direct light
primo cousin
principio: al principio in the beginning; **a principios de** in the beginning of
prisa haste, hurry; **darle prisa a alguien** to hurry someone; **de prisa** quickly; **tener prisa** to be in a hurry
probar (ue) to test, try
procurar to endeavor
prodigioso wonderful
profano profane, irreverent
profundo deep, profound
prohibir to prohibit
proliferar to proliferate
prometer to promise

pronto soon; **de pronto** suddenly; **por lo pronto** for the present
propio own
proponer to propose
proporcionar to supply
propósito aim, object; **a propósito** by the way
proseguir (i, i) to continue
proteger to protect
próximo *adj.* nearby
proyecto project
prueba proof, test
púa: alambre (*m.*) **de púa** barbed wire
publicar to publish
pudor *m.* modesty; shyness
pudoroso bashfully
pueblo town; population, people
puente *m.* bridge
puerro leek
puerta door
puerto port
puesto *n.* post; **puesto que** *conj.* since
pulir to shine
pulmón *m.* lung
pulsar to take one's pulse
punta point, tip
puntapié (*m.*): **dar un puntapié** to kick
puntillas: en puntillas on tiptoe
punto point; **a punto de** on the point of, about to; **de punto** with the toe; **punto de vista** point of view
punzada shooting pain
puñado handful
puñal *m.* dagger
puño handle; **ladrón de puños** strong-arm thief
pureza purity

Q

quebrantar to defile, desecrate
quebrarse (ie) to be broken
quedar to remain, be left; to stop; **quedar en** + *inf.* to agree to (*do something*); **quedar por** + *inf.* to remain to be (*done*); **quedarse con** to keep
quejar(se) to complain
quejido groan, moan
quejoso plaintive, complaining
quejumbroso plaintive, complaining
quemar to burn
querer (ie) to want; to love; **no quiso** (+ *inf.*) he/she refused (*to do something*); **querer decir** to mean
quevedos *pl.* pince-nez

quicio: fuera de quicio beside oneself (*with fury, joy, etc.*)
quieto still, calm
quietud stillness, calm
quirúgico surgical
quitar to take off (*clothing*)
quizá(s) perhaps

R

rabia anger, fury; **coger rabia** to get angry; **darle rabia a alguien** to make someone angry
rabiar to get furious
rabioso furious
radiografía X-ray
raíz *f.* root
rajadura split, crack
raleado thinned out
ralo sparse, thin
rama branch
rapado close-shaven, cropped (*hair*)
rapidez: con rapidez rapidly
raro rare; strange; **raras veces** rarely
ras: a ras de close to
rascarse to scratch
rasgo characteristic, trait
rasguño scratch
raso: cielo raso ceiling
rastras: a rastras dragging; unwilling
rastro trace, sign; track
raterillo petty little thief; harmless flirt
ratero petty thief
rato *n.* while, short time; **a ratos** at times, sometimes; **al rato** in a little while; **buen rato** good while; **largo rato** a long while
ratón *m.* mouse
raya: hacer una raya en el cielo to chalk one up
rayado streaked
rayas: a rayas striped
rayo thunderbolt
rayuela hopscotch
raza race, breed
razón *f.* reason; **tener razón** to be right
razonable reasonable
razonar to reason
reaccionar to react
real real; royal
realizar to carry out, do
rebanada slice
rebaño flock
rebotar to rebound, bounce
rebozo shawl

recapitular to summarize
recargado leaning heavily
recaudado collected
receloso suspicious
recepción reception; front desk
recibir to receive
recién *adv.* recently; **recién nacido** newborn
reclamar to demand
recobrar to recover
recoger to pick up; to take (*someone*) in; to retrieve; to draw together
reconocer (zc) to recognize
recordar (ue) to remember; to remind
recorrer to go or pass through; to travel
recorrido trip, journey
recortar to cut out; **recortarse** to be outlined
recova poultry stand; market
recreo recreation; recess
rector *m.* director; principal
recuerdo memory
recuperar to recuperate
recurrir to resort (*to*), have recourse (*to*); to revert (*to*)
recurso (*literary*) device
rechazar to reject
red *f.* net; **red metálica** screen
redentor redemptive
redoblar to redouble
redondo round
referir (ie, i) to refer (*to*); to relate, tell; **referirse** to refer oneself (*to*)
reflejar to reflect; **reflejarse** to be reflected
reflejo reflection
refrescar to air out
refugiarse to take refuge
regalar to give as a gift
regalo gift
regresar to return
regreso *n.* return; **venir de regreso** to come back
rehacer to do or make again
rehuir to avoid; to refuse
reinar to reign
relación relationship, relation
relacionar to relate
relajamiento relaxation
relámpago lightning flash
relampaguear to flash
relatar to tell, relate
relato story
relieve *m.* relief (*art*)
reloj *m.* watch
rellenar to fill up (*again*)

rematar to auction off
remedio remedy; **no tener más remedio** to be hopeless; to have no alternative
remitir to slacken; to forgive
remoción removal
remolino swirling
remordimiento remorse
removerse (ue) to stir, move about
remozarse to become rejuvenated
renacer (zc) to be born again
rencor *m.* bitterness
rendija split, crack
renegrido blackened
reojo: de reojo out of the corner of one's eye
repartido distributed
repasar *v.* to review; *n., coll.* striking (*of a match*)
repaso review; inspection
repente: de repente suddenly
repentino sudden
repicar to ring, sound (*bell*)
repintar to repaint
repique *m.* chiming, ringing
replicar to reply
reponerse to recover
reposar(se) to rest
reposo repose, rest
representante *m., f.* representative
repudiar to repudiate
requemado burned
requerir (ie, i) to require
resbalar to slip
rescoldo hot ashes; doubt, apprehension
reseco dry
resolverse (ue) to be resolved
resonancia importance
resonar (ue) to resound
resoplar to snort
resorte *m.* spring (*mechanical*)
respaldo back
respecto: con respecto a with respect to; **respecto a** with respect to
respirar to breathe
resplandecer (zc) to shine
resplandor *m.* brilliance, shine
responder to answer
respuesta answer
restante remaining
restañar to stanch, stop the flow of
resuello breathing
resultado result
resultar to result; to turn out to be
retardarse to slow down

retener (ie) to retain; to detain
retirarse to withdraw, get out
retiro retirement; retreat
retorcerse (ue) (zc) to twist, writhe; to go into convulsions
retozar to romp, frolic
retrasar to delay, retard
retrato portrait
retumbo boom, rumble
reunir to gather, collect
revelar to reveal
reventar(se) (ie) to burst, explode
reventazón *f.* explosion, bursting
revés *m.* reverse; back side; **al derecho y al revés** forward and backward; **al revés** backward
revisación revision
revisar to review
revista magazine
revivir to relive
revolcar (ue) to knock down
revolver (ue) to stir; to disarrange; to turn round
rey *m.* king
rezar to pray
rezno bot, larva of the botfly
rezumante oozing
rico *n.* rich person; *adj.* rich
ridiculez *f.* ridiculousness, absurdity
reírse (i, i) de to laugh at
riente laughing
riesgo risk
rincón *m.* corner
riñón *m.* kidney
río river
risa laughter
ritmo rhythm
rizado curly
roble *m.* oak
roca rock
rodar (ue) to roll; to tumble, fall
rodear to surround
rodeo evasion
rodilla knee
rogar (ue) to entreat, implore
rojizo reddish
romper(se) to break
ronco hoarse; raucous
ronquido snore
ronronear to purr
ropa *sing.* clothes
ropero clothes closet *or* cupboard
rosario rosary
rostro face

rotundo categorical
rozado cleared, trimmed
rubio blond(e)
ruborizarse to blush
rubricar to sign and seal
rueda wheel
rugoso wrinkled
ruido noise
rumbo course, direction
rumor *m.* rumor; murmur

S

saber to know; to find out about; **saber** + *inf.* to know how to (*do something*)
sabio *n.* wise man; *adj.* wise
sabor *m.* taste
saborear to savor, taste
sacar to take out; to remove; to extract (*tooth*); to obtain; to get out; to bring out; **sacarse partido de** to profit from
sacerdote *m.* priest
saco bag
sacrificar to sacrifice
sacudir to shake, shake off
sagrado *n.* sanctuary; haven; *adj.* sacred
sal *f.* salt
sala room; living room
salida exit
salir to leave, go out; to come out
salita: salita de espera waiting room
salón *m.* salon, drawing room
salpicar *v.* to splatter, splash; *n. m.* splattering
saltar to jump
salto jump, start
salud health
saludar to greet
salvar to save
salvo: a salvo de safe from
san (santo) saint
sangrar to bleed
sangre *f.* blood
sano healthy
Santidad *f.:* **Su Santidad** His Holiness
sardinel *m.* bordering or edging of bricks
Satanás *m.* Satan
satinado satiny
satisfecho satisfied
sebo tallow; fat
secar(se) to dry
seco dry
sed *f.* thirst
seda silk
seductor *m.* seducer

seguida: en seguida right away
seguido *adj.* straight, direct; *adv.* uninterruptedly
seguir (i, i) to follow; to continue; to continue to be; **seguir + ger.** to continue, keep on (*doing something*)
según according to
segundo *n.* second (*of time*); *adj.* second (*in order*)
seguridad safety; certainty
seguro sure; reliable
selva jungle
sello stamp
semáforo traffic light
semana week
semblante *m.* countenance
sembrado scattered; sprinkled
semejante such a
semejanza similarity
semental *m.* male breeding animal
sencillo simple
senda path; means, way
sendero path
senil senile
seno breast
sensato sensible, sane
sensibilizar to sensitize, make sensitive
sensible sensitive
sentado seated
sentarse (ie) to sit down
sentencia sentence (*law*)
sentido sense; meaning; direction
sentimiento feeling
sentir(se) (ie, i) to feel; to regret; **lo siento** I'm sorry
seña sign, signal; *pl.* address
señal *m.* sign, signal
señalar to designate; to point out
señor *m.* gentleman; lord
señora lady
señorita young lady; Miss
separar to separate
sepultar to bury, conceal
sepultura tomb, grave
sequoia sequoia tree
ser *v.* to be; *n. m.* being; **llegar a ser** to become; **ser listo** to be clever, smart
serenidad serenity
sereno night watchman
serie *f. sing.* series
seriedad seriousness
serio serious; **en serio** seriously
serpiente *f.* snake

servidor *m.* servant
servir (i, i) to serve; to be useful; **servirse de** to use
sésamo *n.* sesame
sestil *m.* shaded resting place for cattle
seto hedge, fence
sideral astral; pertaining to space
sien *f.* temple (*of the head*)
siesta: hacer la siesta to take a nap
sigilosamente secretly
siglo century
significado meaning
significar to mean
siguiente next, following
silbar to whistle
silbato whistle
silencioso silent
silvestre wild
silla chair
sillón *m.* armchair
símbolo symbol
simpático nice, pleasant
simpatizar to sympathize
simple *adj.* simple; mere; *n. m., f.* fool
simplicidad simplicity
simultáneamente simultaneously
sin without; **sin duda** doubtless; **sin embargo** nevertheless; **sin fin** endless; **sin que** *conj.* without
síncope *m.* fainting spell
sino but, but rather
sinónimo synonym
siquiera: ni siquiera not even
sirviente *m.* servant
sitio place
situarse to be situated
soberbia pride, arrogance
sobra: de sobra surplus; *pl.* leftovers
sobrar to be left over; to be more than enough
sobre on; over; about; concerning; **sobre todo** especially
sobrenatural supernatural
sobreponerse to recover
sobresaliente protruding, visible
sobresalir to protrude, be visible
sobresaltado frightened, startled
sobrevenir (ie, i) to happen suddenly
sobreviviente *m., f.* survivor
sobrevivir to survive
sobrinos nephews and nieces
sociedad society
socio partner
sofocadamente suffocatingly

sofocante suffocating
soga rope, cord
sol *m.* sun; **al sol** in the sunlight
solamente only; **solamente que** provided that
soldado *n.* soldier; *p.p.* welded
soledad solitude
soler (ue) to be accustomed to, be in the habit of; **soler** + *inf.* to be in the habit of (*doing something*)
solo *adj.* alone; sole; single; lonely; **una sola vez** just once
sólo *adv.* only
soltar (ue) to let loose; **soltarse** to loosen up, become more at ease; **soltarse de** to let go of
sollozo sob
sombra shadow
sombrío shaded; gloomy
sonaja rattle; timbrel
sonámbulo *n.* sleepwalker
sonar (ue) to sound; to strike; **sonarse la nariz** to blow one's nose
sonido sound
sonoro sonorous
sonreír (i, i) to smile
sonrisa smile
soñar (ue) to dream; **soñar con** to dream about
sopa soup
sopesar to heft
soplo blowing sound
soportable bearable, tolerable
soportar to bear, endure
sordo *n.* deaf person; *adj.* silent; muffled
sorprendente surprising
sorprender to surprise; **sorprenderse** to be surprised
sorpresa surprise
sosegado quiet, peaceful
soslayo: de soslayo out of the corner of one's eye
sospecha suspicion
sospechar to suspect
sospechoso suspicious
sostener (ie) to hold, hold up; to support
suavemente softly, smoothly
suavidad softness, smoothness
subdelirio subdelirium
súbdito citizen, subject
subir to go up; to take up; to rise in position; **subirse** to climb
súbito sudden
subrayar to emphasize

subrepticiamente surreptitiously
subterráneo subterranean
suceder to happen
suceso event
sucio dirty, filthy
sudado sweaty
sudar to sweat
sudor *m.* sweat
sudoroso sweaty
sueco *adj.* Swedish
suelo floor; ground
suelto *n.* short article (*in a newspaper*); *p.p.* loose; **dormir a pierna suelta** to sleep like a log
sueño sleep; drowsiness; dream; **tener sueño** to be sleepy
suerte *f.* luck
sufrimiento suffering
sugerencia suggestion
sugerir (ie, i) to suggest
sumamente extremely
sumido plunged
sumo greatest; **Sumo Pontífice** Sovereign Pontiff (*Pope*)
superior superior; upper, top
súplica supplication
suplicante pleading
suponer to suppose
supuesto: por supuesto of course
surco furrow; ridge
surgir to arise, appear
suscitar to cause
suspensivos: puntos suspensivos dots or dashes
suspirar to sigh
suspiro sigh
sustancialmente basically, essentially
sustantivo noun
sustentarse to support oneself
susurrar to whisper
susurro whisper
suturar to suture

T
taberna tavern
tabla board
tablero switchboard; **tablero telefónico** telephone book
taburete *m.* (bar)stool
taco heel
tacón *m.* **alto** high-heeled shoe
tajamar *m.* dike, embankment
tajo mountain pass; **de un tajo** with one cut

tal such; **de tal forma** in such a way; **tal como** just as; **tal vez** perhaps; **un tal** a certain
talón *m.* heel
tamaño size
tambor *m.* drum
tamborilear to drum
tamo chaff, grain dust
tampoco neither, not either
tan so, as; such (a)
tanda round (*of drinks*)
tanto so much, as much; *pl.* so many, as many; **poner al tanto de** to bring up to date about; **uno de los tantos** one of many
tapar to cover (*up*); to stop up
taparrabos *m. sing.* loincloth
tapia mud or adobe wall; wall fence
tapiar to wall in
tapiz *m.* tapestry
tardar *tiempo* **en** + *inf.* to take (*a period of time*) to (*do something*)
tarde *n. f.* afternoon; *adv.* late; **de (la) tarde** in the afternoon; **más tarde** later
tarea task, chore
taza cup
teatral theatrical
teatralería theatrics
teatro: gemelos de teatro opera glasses
técnica technique
técnico technician
techo roof
techumbre *f.* ceiling
tejado roof
tejido *adj.* woven, spun; *n.* textile; weave, texture; **alambre tejido** wire mesh
tela: cancel (*m.*) **de tela** cloth screen
telaraña spider web
telefónico: tablero telefónico switchboard
tema *m.* theme
tembladeral *m.* quagmire
temblar (ie) to tremble
temblor *n. m.* trembling
temer to fear
temible fearful
temor *m.* fear
temporal *m.* storm
temprano early
tender (ie) to extend, offer; to make (*a bed*); **tenderse** to stretch out, lie down
tener (ie) to have; to hold; **no tener más remedio** to be hopeless; to have no alternative; **tener...años** to be . . . years old; **tener éxito** to be successful; **tener ganas de** + *inf.* to feel like (*doing something*); **tener**

hambre to be hungry; **tener interés** to be interested; **tener la culpa** to be to blame; **tener lugar** (*m.*) to take place; **tener miedo** to be afraid; **tener prisa** to be in a hurry; **tener que** + *inf.* to have to (*do something*); **tener que ver con** to have to do with; **tener razón** to be right; **tener sueño** to be sleepy; **tener tiempo que perder** to have time to lose; **tenerlo igual** to have one like it
teniente *m., f.* lieutenant
tenso tight, taut
tentación temptation
tentativa attempt
teoría theory
tercer (tercero) third
terciopelo velvet
terminante conclusive, final, definite
terminar to finish, end; **terminar por** + *inf.* to end up by (*doing something*)
término end
ternura tenderness
terraza terrace
terrestre terrestrial, earthly
terrón *m.* clod (*of earth*)
tersura smoothness
testigo witness
tibio lukewarm; indifferent
tiempo time; weather; **a tiempo que** at the same time as; **tener tiempo que perder** to have time to lose
tienda store
tientas: a tientas gropingly, feeling one's way
tierno soft, delicate
tierra earth; land; ground
tinieblas *pl.* darkness
tío uncle
tipo type; guy
tirante tense, shrill
tirar to throw
tiro: pegar un tiro to shoot
tironear to pull, jerk
tirones: a tirones in stops and starts
título title
toalla towel
tobillo ankle
tocadiscos *m. sing.* record player
tocar to touch; to play (*music*); **tocarle a uno** to be one's turn
todavía still, yet
todo all, whole; every; **de todas partes** from everywhere; **sobre todo** especially
tomar to take; to eat or drink; **tomar una decisión** to make a decision; **tomarse la**

molestia de + *inf.* to take the trouble to (*do something*)
tonalidad tone
tono tone
tontería silliness, foolishness
tonto silly, foolish
torcido twisted
tormenta storm
tornasol: de tornasol iridescent
torpe clumsy
torre *f.* tower
torturar to torture
toscamente coarsely
toser to cough
trabajar to work
trabajo work, job
trabalengua *m. pl.* tongue twister
traer to bring
tragar to swallow
trago *n.* swallow
Trajano Trajan (*Roman emperor*)
traje *m.* suit
trajín *m.* bustle
trama plot (*of a story*)
tramar to hatch a scheme, plot
tranquera fence
tranquilizar to calm
tranquilo quiet, calm
transcurrir to pass, elapse
transcurso passage (*of time*)
transeúnte *m., f.* transient
transmitir to transmit, send
tranvía *m.* trolley car
trapecio trapeze
trapero rag dealer
trapo rag; dirty linen
tras after; behind; in pursuit of
trascendencia transcendence
trascendido transcended
traslucir (zc) to be translucent; **traslucirse** to be deduced
trasnocharse to stay up all night
traspasar to go over, go across
trasto junk
trastorno upset; disturbance
trasudar to perspire
tratar to treat, deal with; to try; **tratar de** + *inf.* to try to (*do something*); **tratarse de** to be a question of, be the subject discussed
través: a través de through, throughout
trayecto journey
trayectoria trajectory
trazar to describe, outline

trecho stretch, distance
tremendo tremendous
tren *m.* train
trepar to climb
tribunal *m.* court, tribunal
trigueño dark-complexioned
triste sad
tristeza sadness
triunfar to triumph
trompa snout
tronco trunk
tronchado split
trono throne
tropa troop
tropezar(se) (ie) to trip, stumble; **tropezar(se) con** to stumble against; to run into
trozo piece
trueno thunder
trueque: a trueque de in exchange for
truncado cut short
tullido crippled
tumbado lying down
tumbar to knock down
tumbo: dar tumbos to stagger
turbio cloudy, muddy
turpial *m.* troupial (*type of bird*)

U

ulterior subsequent, following; ulterior
último last
ultraísta *m., f.* ultraist (*member of an important literary movement created around 1919 by Spanish and Latin American poets*)
ultraje *m.* outrage, insult
umbral *m.* threshold
uña fingernail
único *n.* only one; *adj.* only; unique
unido attached
útil useful

V

vaciar to empty
vacilar to hesitate
vacío *n.* void; *adj.* empty
vago vague
vaina: es la misma vaina it's the same thing
vaivén *m.* backward and forward motion
valer to be worth something; to be of use; **valerse de** to make use of
valija suitcase
valioso valuable
valor *m.* value, worth
valle *m.* valley

vano *n.* opening (*in a door*); *adj.* vain
vapor *m.* vapor; steamship
variar to vary
varios *adj. pl.* various; several
varicela chicken pox
varón *m.* male
vaso glass
vecindario neighborhood
vecino *n.* neighbor; *adj.* neighboring
vela candle
velador *m.* candlestick
velar to watch over
velo veil
velocidad speed
velludo downy, hairy
vena vein
vencer to overcome
vendar los ojos to blindfold
vender to sell
venganza vengeance; revenge
vengar to avenge
vengativo vindictively
venida coming, arrival
venir (ie, i) to come
ventaja advantage
ventana window
ventanal *m.* large window
ventanilla small window
ventarrón *m.* gust
ventear to sniff
ventilador *m.* fan
ver to see; **tener que ver con** to have to do with
veraneo summer vacation
verano summer
veras: de veras truly
verdad *n.* true; truth; **a decir verdad** to tell the truth
verdadero *adj.* true
vereda path; way
veredicto verdict
vergüenza shame
verificar to verify
verja gate
veronal *m.* type of barbiturate
verosímil credible
vertiginoso very swift
vértigo dizziness
vestíbulo hall, foyer
vestido dress; costume
vestir (i, i) to dress; to wear; **vestirse** to dress, get dressed
vez *f.* time; **a la vez** at the same time; **alguna**

vez ever; **a su vez** in turn; **a veces** sometimes; **cada vez menos** less and less; **en vez de** instead of; **otra vez** again; **raras veces** rarely; **tal vez** perhaps; **una y otra vez** over and over
vía road, path
viajar to travel
viaje *m.* trip
viajero traveler
vibrante vibrant
vida life
vidriera glass window; glass case
viejo *n.* old person; *adj.* old
viento wind
vientre *m.* belly
vigilancia watchfulness
vigilante *m.* watchman
vigilar to watch, (*keep*) guard
vigilia vigil, watch
villa villa, country house
vínculo bond, link
vino wine
virar to turn into, change
virgen *f.* virgin
virtud virtue
viscoso viscous, sticky
visitante *m., f.* visitor
vislumbrar to see vaguely, catch a glimpse of
víspera eve, day before
vista sight, view; **a la vista** in sight; **a primera vista** at first sight; **punto de vista** point of view
vitrina display window; showcase
viuda widow
viviente animated; alive
vivir to live
vivo live, alive; bright
vocear to shout out
volador *adj.* flying
volante *m.* steering wheel
volar (ue) to fly
voluntad willingness
volver (ue) to return; to recover (*consciousness*); to turn; **volver a** + *inf.* to (*do something*) again; **volver atrás** to back out; **volver en sí** to regain consciousness; **volverse** to return; to turn into; to turn around; to become; **volverse de** to turn into
voz *f.* voice; **a media voz** in a low voice, softly; **en alta voz** out loud
vuelo flight
vuelta turn; return; **dar la vuelta** to go around; **darse media vuelta** to turn half-way around;

dar una vuelta to take a stroll; **dar vueltas** to turn, turn around; **de vuelta** back
vulgar vulgar; common, unrefined

Y

ya already; now; **ya no** no longer; **ya nunca** never again; **ya que** since
yacer (zc) to lie, recline
yermo barren
yeso plaster cast

Z

zafarse de to get out of, get rid of
zaga: a la zaga behind
zagal *m.* lad
zaguán *m.* doorway; lobby
zambullir to plunge
zapatilla slipper
zapato shoe
zarpar to set sail; to set out
zozobra anxiety
zumbar *v.* to buzz; *n. m.* buzz
zurrón *m.* leather pouch

$\mathscr{A}$BOUT THE AUTHORS

Edward Mullen is Professor of Spanish at the University of Missouri–Columbia, where he has taught since 1971. He is co-editor of the *Afro-Hispanic Review*. He received the Ph.D. in Romance languages from Northwestern University and has also taught at Purdue University. Professor Mullen has received Woodrow Wilson and American Council of Learned Societies fellowships. He has served on the Executive Committee of the Association of Departments of Foreign Languages (ADFL) and was the President from 1991 to 1992. He is author of *Carlos Pellicer; Langston Hughes in the Hispanic World and Haiti; Contemporáneos: Revista mexicana de cultura; The Life and Poems of a Cuban Slave; La poesía de Carlos Pellicer: Interpretaciones críticas; Critical Essays on Langston Hughes;* and *Sendas literarias: Hispanoamérica,* written with David Darst.

John F. Garganigo is Professor of Romance Languages and Literatures at Washington University in St. Louis, where he has taught since receiving the Ph.D. from the University of Illinois in 1964. He is the author of *Javier de Viana, Life and Works; Carlos Germán Belli: Antología crítica; El perfil del gaucho,* and *Osvaldo Dragún: Su teatro*. He has also contributed numerous articles on narrative, poetry, and drama to professional journals.